印光大师 修订 弘化社 编

四大名山志·九华山志

四大名山志・九華山　目録

九華山志卷首

重新編修九華山志發刊流通序

眞如佛性·生佛體同·在凡不減·在聖不增。但以性德雖同·修德各別·故致生佛迥異·苦樂懸殊。諸佛以順性而修·因茲返妄歸眞·背塵合覺·斷盡煩惑·徹證此卽心本具之眞如佛性·故得安住寂光·永享涅槃常住之法樂。衆生以逆性而修·由是迷眞逐妄·背覺合塵·起惑造業·全迷此卽心本具之眞如佛性·故致常住娑婆·恆受六道輪迴之幻苦。諸佛以衆生心體同而心相異·故不勝憐愍·不惜勞苦·發弘誓願·度脫衆生·以視一切衆生皆是佛故。故梵網經云·一切衆生皆有佛性。又云我是已成佛·汝是未成佛·若能如是信·戒品已具足。以若信自己是未成之佛·決定不肯隨順凡情·造生死業·決定直下信受佛教·修菩提道。其有迷之淺而宿根深者·一聞佛教·卽得了悟·信受奉行。若迷之深而宿根淺者·一聞佛教·反生誹謗·或至毀滅·令盡無餘·以視佛爲衆生故。以己之衆生貪瞋癡心·測度佛心·謂其所說·皆爲誆騙愚夫愚婦·奉彼教之妄語、絕無眞實、不可依從。若一依從、則永入迷途、莫由而出。諸佛於此種衆生、了無一念棄捨之心、倍生憐愍愛惜之念。如人病狂、撻罵父母、父母不以罪治、更增憐愍之心、知其失本心故、狂病若瘉、自無此過。若迷之極深者、從劫至劫、亦難省悟。故諸佛以盡未來際、度脫衆生爲誓願而已。證法身之諸菩薩、亦莫不皆然。彼以自私自利闢佛者、若知此義、能不愧死。迷之淺而宿根深者、古今固不乏人、今舉其尤者、如宋之丞相張商英、明之居士鍾大朗。商英初不知佛法、因遊一寺、見佛經莊嚴殊勝、忽然曰、胡人之書、如此莊嚴、吾聖人之書、尙不能及。夜間執筆呻吟、莫措一詞。夫人向氏頗信佛、因問所呻吟者何事、曰、吾欲作無佛論耳。夫人曰、既然無佛、又何可論、且汝曾讀佛經否。曰、吾何肯讀彼之經。曰、既未讀彼之經、將據何義爲論、遂止。後於同僚處、見案頭有維摩詰經、偶一翻閱、覺其詞理超妙、因請歸、卒讀未及半、遂大生悔悟、發願盡此報身、弘揚法化、於教於宗、皆有心得、所著護法論、極力贊揚、附入大藏。徽宗朝入相、時旱久、夜即大霈甘霖、徽宗書商霖二大字以賜、蓋取商書說命·若歲大旱·用汝作霖雨之義以褒之。鍾大朗·蘇州木瀆人·其父母禱觀音而生·幼時隨父母禮誦。及入塾·聞聖學·即以聖學爲己任·因不禮誦·而輒作闢佛文字。後見蓮池大師自知錄序·始知愧悔·不復闢佛。讀地藏菩薩本願經·發心學佛·爲居士·遂研究天台禪宗各書·各有所得·乃禮憨山大師門人出家·法名智旭·字蕅益。其戒行淨若冰雪·其見地明若日月。而且注重淨土一法·以末世衆生·不仗佛力·決難現生了脫生死。一生弘法·不作住持·多居北天目靈峯寺·故後人每以靈峯稱之·實未爲靈峯主人也。至韓歐闢佛·但據儒教倫常近迹·及禮樂刑政爲論·絕無引及佛經之文·固知所闢·皆是未見顏色之瞽論。韓由晤大顛禪師·歐由晤明教大師·方稍知佛·特不能如張鍾之弘揚耳。而宋之周程張朱·爲接孔孟心傳之人·其原皆由學佛而得·周茂叔極爲淳篤·絕無一字闢佛。二程張朱·則陰奉陽違·取佛經之奧義·以釋儒經。恐人謂己之所說·系出佛經·遂極力闢佛所說之三世因果·六道輪迴之實事實理·謂爲虛構·以作賺愚夫愚婦奉教之據·實無其事等語·冀掩人耳目。由此以後·

凡儒者皆不敢說因果・恐人攻擊以爲異端。凡理學皆偷看佛經以自雄・皆力闢佛法以自固・以致愈趨愈下・　設使大家皆提倡因果・斷不至如此之極・夫因果者・聖人治天下・諸佛度衆生之大權也・捨此則無法可設矣。今則亂極思治・若猶不以因果爲本・則以後之禍・當更慘劇矣。九華山者・地藏菩薩應化之道場也。地藏菩薩・於無量劫前・久證法身・已成佛道・而不居佛位・以衆生度盡・方證菩提・地獄未空・誓不成佛爲願・其悲愍衆生受生死苦之心・莫名深切。故佛於忉利天爲母說法時・凡十方世界諸佛菩薩・天龍八部・皆來集會・雖以佛眼・莫能數知・此諸佛菩薩・皆由地藏教化・方得道果。而地藏尚示聲聞儀式・其於十方世界現種種身以說法外・又常在幽冥極苦之處・以行救度。十方諸佛菩薩・莫不讚歎其與慈運悲之深心。而藕益大師讀菩薩本願經・即發大菩提心。以地藏乃諸佛之師・菩薩之母・尚汲汲以度吾人衆生爲事・儻不以自他同出生死爲急務・其孤負慈恩也・大矣。菩薩示生在唐新羅國（唐高宗之前・原有高句麗・新羅・百濟・三國之分。高宗滅高句麗百濟之地・悉歸新羅・併爲一國。）

五代時・王建繼之・國號高麗。自明初至今・乃名朝鮮・人多以新羅爲暹羅・實誤。王族・姓金・名喬覺・高宗永徽四年來九華。苦行道迹・世難比倫・識者知爲地藏示現・詳見本志・此不多敍。而拘墟者・不知菩薩分身塵刹世界應化之迹・每謂此之地藏・非本願經之地藏・然則布袋和尚・亦可云非當來下生之彌勒菩薩乎。此山由菩薩建立道場後・歷年久遠・屢經鼎革・故致志書失傳。至明嘉靖時・方輯志書・歷萬曆崇禎以及清康熙乾隆光緒・凡經七次。萬曆二次。皆官廳主持・儒士編輯・於菩薩弘慈大悲法門精妙旨趣・未能發揮。蓋與尋常山經水志無異・殊失名山道場爲國祝釐・爲民祈福之所之意・然亦無毀謗佛法之文字。光緒志周山門修時・作許多毀謗之文附之・以彰己之知見高明。令僧出資而板存縣署・且不許翻刻・吾不知其意爲何故也。茲由李圓淨・請重修・祈許止淨居士爲之鑑訂・德森法師爲之編輯。書既成・一切成就因緣・侯卷末德師跋中詳述・此不贅。因將菩薩度生深慈大悲略爲發揮・期見聞者・各生正信・庶可仗菩薩慈力・離幻妄苦・得究竟樂。爰爲讚曰。

大士誓願不可測・運悲周偏塵刹國。衆生盡後誓方休・地獄空時願始息。受化多成無上道·自身猶示聲聞迹。祇緣生佛性維一·欲令同獲究竟即。

中華民國二十七年·歲次戊寅孟夏月吉日常慚愧僧釋印光謹撰。

民國甲戌重新鑑訂九華山志序

粤稽載籍·唐僧應物·始作九華山記·宋劉放·作九華拾遺·元楊少愚·作九華外史·均未敢言志。宋末處士陳巖·以絕句詩徧詠九華·於注中悉載山巒形勝名人歷史·但以詩爲主·亦未足言志。明嘉靖朝王教諭一槐·始輯山志·計詩文四卷·餘二卷。萬曆朝·蔡大令立身重修·則山水建置物產人物四卷·文翰二卷·漸臻詳備。清康熙乾隆二朝·均有續修·而散佚無考。至光緒朝·周訓導山門·修爲十卷·考證較舊爲確·文亦較工。然藝文占十之四·所尊奉而津津樂道者·無非太白秀出芙蓉·夢得宇宙尤物之句。嗚乎·志書之義·蘊止於此乎。虞書望於山川·徧於羣神·歲二月東巡守·至於岱宗·柴望秩于山川。注云·五月南巡祀南嶽·八月西巡祀西嶽·十一月北巡祀北嶽·仿此。至命官·曰典朕三禮。注云·三禮·爲祀天神·人鬼·地祇之禮。周官大宗伯掌天神人鬼地祇之禮·佐王建保邦國。祀五嶽以至山川邱陵各因其方、建神位而祭之。器物儀文、分官掌之、必敬必備。大舜、周公、豈愚夫婦無知之比、而何兢兢於此。易曰、聖人以神道設教而天下服、不誠然哉。子墨子曰、夏商周書、皆信有鬼神、能賞賢而罰暴。故吏治不敢不廉潔、善不敢不賞、暴不敢不罪、富貴强武不可恃、鬼神之罰必勝之。民之爲淫暴盜賊以自利者、由此止。此即古聖王崇祀山嶽、神道設教之精義也。夫山嶽之神、遠在天道之下、歷代帝王、尚奉事維謹。况乎九華應化之地藏菩薩、位鄰極聖、爲娑婆世界唯一導師。纂志者、僅置諸人物後、於菩薩之大願神力、無一字紀載。而徒搜羅名人題詠、以耀山靈、而策遊興、置淑世牖民之大端於不顧、而導人游觀之域、玩物喪志、此可謂知本耶。修志者、莫不儒學自命、於古聖王崇祀山川之禮、習而不察、反對於善信男女入山禮佛者、輒加以愚迷蚩蚩之名、而皇帝遺官致祭、則又爲山神不勝榮幸、弁諸卷首。其見解顛倒、殆亦不能自解矣。即以遊觀論、亦當思知者樂水、仁者樂山、畢竟所樂在何處。孔子登東山而小魯、登泰山而小天下、即千載下遊山者之模範。蓋眼界一空、心胸自闊、視大地若微塵·我相了不可得。人我衆生相泯·而民胞物與之心·自油然而生。故仁者樂山·能靜且壽。儻若謝靈運之遊山水·役夫數百伐木開途·使閭閻驚擾·於仁爲戕賊·於靜爲背馳·卒亦不保首領·短折其壽·後人安可不以爲戒·轉以爲勸乎。壬申之冬·師座印公屬修三名山志。淸凉體例完善·祇文字略加修飾。峨眉凌亂·點竄稍繁·然祇具稾本·呈師裁政。今從事九華·細閱周志文字尙佳·但於淑世覺民之義·殊少建白·不得不另標宗旨·振聵覺聾·爰增立聖迹·梵剎高僧靈應檀施各門·廣宣佛化·濟度迷津。而藝文中亦必有裨於身心修持之文·意境高尙之詩·始爲採錄·其餘概從汰略。世之好文學者·或不無疵議。然易模山範水之作·爲慈雲法雨之施·私心終覺獲安。呈師法眼·再加筆削·自必有裨於後之讀者·而上報地藏王菩薩應化之恩矣。

民國二十三年·歲次甲戌·江西彭澤菩薩戒弟子許止淨敬序。

明嘉靖修山志陳序

大江以南·山之峭拔而秀麗者·莫如九華。蓋其高數千丈·上有九峯·若蓮華然。合諸峯凡九十有九扶輿磅礴之氣實於是乎鍾焉然其地僻在青池之南去江百里而遠故禹跡之所不經職方之所不載自昔以九子稱至唐李太白始易今名詠之以詩且讀書其中而九華名遂聞於天下嗣是名人文士登高覽勝往往加題品焉予初筮仕已慕其勝而未獲一登嘉靖乙酉秋奉命巡撫江南明年丙戌偏行諸郡十月之交由徽而池所經郡邑率深山大谷行部所罕至者入青陽境將十餘里忽見峯巒融結璀璨奪目固已心偉而神會之既弭節行臺則茲山適對峙乎前若錦屏若芙蓉恍然心曠神怡而忘其撫政之塡委也比竣事戒行欲償斯游而朝霧晦冥風雨驟作然吾意已決遂出城而南倏雲開日霽吏民咸有喜色老僧迎而慰曰曩時士大夫之游遇陰雨者十常八九今且陰而復晴殆山靈之默相乎既入山已煙嵐森列若天柱老人二神雲門諸峯皆爭奇獻秀於雲霄之表予喟然歎曰此天設而地藏乎抑神劈而鬼鑿乎褰帷而觀應接不暇約行三十餘里上半霄亭陟天橋至化城寺乃謁太白書院遂登絕頂露坐金地藏塔前對神光嶺時夕陽西沈皓月

東出光景異常九十九峯歷歷可數神淸境絕眞天下之奇觀也已而霜氣凜然不可久坐而入寺宿漏下二十刻矣詰旦下山天色微晦而峯巒尙可辨將午至玩華亭少憩復縱觀焉凡得詩若干首付老僧藏之山中旣抵池郡取九華舊志閱之僅有邑人陳淸隱諸詩而採錄未備乃命銅陵王教諭一槐重輯之稿旣具而予以休致南還乃授之門人韓太守楷俾終其事焉越歲政通人和韓太守與張貳守邦教再加參校編成新志首之以峯巖泉洞次之以亭堂寺院又次之以古今詩文考據精博凡爲卷六將付靑陽祝知縣增刻之以傳郡守貳以予嘗與聞斯志也走使請爲之序予嘗東陟岱宗南躋衡嶽中登嵩高西北上太行其表鎭一方巍然高而大則有矣未有九華之奇秀者也矧山以氣而靈抑以人而勝若太白之流風餘韻諸名公之詞賦翰墨又所以增重乎茲山志之作其可少乎憶謁靑陽廟學也方病其宮牆不抱九華之秀及詢其人才則曰科目弗利耳亟檄有司遷之而面茲山今秋大比舉於鄉者得二人其爲功不旣多乎予方徜徉泉石夢想九華有不可再遊之

期。又恨不得結茅山阿·以靜修而終老焉。故因其請·幸得託名其間·輒序而歸之。

嘉靖七年·歲次戊子·前南京吏部右侍郎·陳鳳梧譔。

明萬曆修山志蘇序

九華舊有志·唯遐阻未躬歷者·則人人循圖指跡而云·山盡是矣。詎知茲山之奇勝·有未易盡窮者乎。不佞夙抱山水之興·亦嘗涉洞庭·陟祝融·泛沔漢·登太行·濟汝洛·遊嵩高·收覽風景矣。始承乏來·面九華·得蛸削於目·而意欣欣焉·俗沓未遑登也。退亦按圖跡而閱之·謂山如是爾。暇叩邑人士·則咸曰·茲山周二百餘里·界三邑·江左山之擅名者·如金焦·如匡廬·如黃古·今稱巨勝。九華與諸山擬·則相埒不少讓。其間峯巒巖洞·千奇萬怪·眞難殫狀·夫豈志能載哉·不佞銜之。丁丑夏仲·以事由五溪·六泉口入·抵麓日已夕·暝·火光中·盤折攀蹬而上·宿化城。次曉·升東巖·四望·長江匹練·羣峯羅列·天柱·雲門·五老等·呈奇獻秀。歎曰·奇偉哉·諒非筆之可書繪也。戊寅秋九月·緣九子寺·僧訟山遭鄰豪侵·不佞親往對覿·山北境象尤異。步輿上九子山·坐招提環視、衆峯奇峭、隱見殊態。遙望天台峯、獨崇插霄漢、又諸奇之最。則歎曰、幽峷哉、較東巖之觀愈增勝矣。乃己卯春暮、問道蓮華峯之麓、心神勃勃飛越、攜友命駕經西洪嶺、改筍輿歷崎嶇險峻、陟其巔、俯天柱拱辰諸峯、覩大江如流、山足指金陵姑孰、皖潯陽歷歷在目。池寧邇且蕞、不足經全視、昔云登東小魯、諒矣。又歎曰、宏巍哉、陋九子東巖之覽多多矣。信志所不能載也。歸與明經孫氏汝實議謀鋟梓其書識所得。某曰、舊志列圖則方隅不辨、失之略。錄文則去取未精、失之蕪。且木久字滅、新之是。然茲山之奇、卽吾儕三登、猶未盡得也。不佞更令方氏子汝明、攜繪工偏歷四境、遇一奇、則圖之、回旋得圖稾凡若干。汝明又手書其圖之不可盡者、不佞乃付之孫汝實輯次焉。此書終未罄此山之勝、而較往志則無訛舛矣。夫山亦豈有遇不遇哉。漢史遷東南遊、入會稽、探禹穴、凡收歷諸山、靡不錄。獨此山遺。迄唐李青蓮、望之江上、榮以佳句、易今名、山始顯、與金焦廬黃並稱勝。吁、豈前此人皆忽而未之奇耶。自今上溯潯陽、及皖、及姑孰、或江、或原、望者孰不凝睇欣羡。青蓮未名之前、何茲山之泯泯也。山遇李青蓮而顯名、幸矣。乃青蓮名、亦藉此山顯、而秀出芙蓉之句、與山共此不朽、則亦幸矣。不佞慕青蓮之風、今得志此山而序之、其非幸也夫。

萬曆七年己卯、仲夏之吉、知青陽縣事江陵蘇萬民序。

明崇禎修山志鄭序

九華經李青蓮目而名始定、經劉夢得目而奇秀始特聞。然劉客遊耳、李亦客處耳、夫豈無儼然符璽主此山者、以一志此山之盛。往志今已闕、如考之萬曆志屬邑令、嘉靖志屬郡侯、而郡侯亦第仰承中丞意、則未有獨抒意匠刻畫神工、如我韻翁顧侯之新茲志矣。夫名山豈堪爲俗吏知己哉。考昔歐公在滁、寬簡致治、酣暢亭泉、蘇公在杭、救活萬家、嘯咏龍井、夫然後山川受其品題。而我侯今日之政治、之與會、方於二公殆庶幾焉、則此志之爲此山增價多矣。志成而屬余爲序、予讀之、既以自幸、又復自愧。夫余家去九華非遙、人且將比爲地主焉。但此東西南北之身、遊屐所到、曾復幾何、而今且成逋客矣。侯獨儼然主盟、遊刃之暇、濟勝有具、故昔人三十年不能了者，一坐嘯了之，安得不相矜爲勝事耶。然九華固非獨以幽奇勝，而侯志九華，亦非獨以摹寫勝也。如徒以摹寫幽奇，則如前人所云虎牙、熊耳、牛首、雞頭之屬，亦庶幾盡之，又何加焉。而要皆似也，非眞也。至山之眞面目，則侯已先自序之，如所稱山之神情啼笑，才具經綸，一一取而與人爲配。夫山靜物耳，試以與人事配，疑涉虛無。然無笑也，而何以忽而春則榮；無啼也，而何以忽而秋則悴。無情也，而何以清曠沁人心脾。無才也，而何以能爲興致雲雨之造化。則種種非虛，其在於人，倘亦挾此清曠之天眞，而載以春溫秋肅，需雲解雨之作用，其於溉潤羣生，何莫不然。乃知謂山有神情可，啼笑可，才具經綸可。又謂其神情啼笑即人神情啼笑，才具經綸即人才具經綸可。而侯志此山，不獨繪其似，并繪其眞，則以爲山志可，即以爲政譜亦可耳。讀斯志而九華幾與岱、霍並焉，池幾與扶風、馮翊並焉，則志重。讀斯志而能令魯山與長往焉，少文慨臥遊焉，則志尤重。而余以爲重不獨在山也，尤在我侯。夫王文成公國朝名臣，中岱、霍也，兩居九華，闡明心性，而即其掀揭旂常之業，亦此中得力居多。蓋山水之能移人情久矣。今侯之赤絲不挂。何情可移。而名山作緣。亦更有心可會。則意其才具經綸。自性靈陶鑄而出之。以與山靈相映發者。必更有如文成公掀揭之事業。非獨比於滁杭之最績已耶。然則侯雖欲久私此山。殆不可得。而池雖欲久私我侯。亦安可得也。計侯之作鎮名山者。不日且將殿天子之邦。而余不佞。徼寵我侯。今以讀山志者讀政譜。且將以讀今譜者讀後譜。永未艾矣。

崇禎二年。歲次己巳。初夏。南京戶部尚書。郡人鄭三俊譔。

明崇禎修山志王序

周禮曰。詔觀事則有志。詔地事則有圖。郡國志掌於小史。爾雅志之宗也。班固志地理。著述家祖之。厥後代各有書。而撢人稗官。亦隨耳目所經閱。輶軒所居止。自爲紀乘。徵信當世。以並列於羲畫禹篆。故各山必有志云。嘗考春秋說題詞曰。山之爲言宣也。含澤布氣。調五神也。故地鏡云。凡入名山。必先齋五十日。精望虔格。名山有九。黃帝東至海。登九山。而國語亦載禹封九山。若會稽之岧嶙。泰山之巀嶭。首陽。太華。

岐山之屹𡾊。太行、王屋、羊腸、孟門之崆峴、嶔崎。兹九山者、潛通四瀆、巍壓十洲、森列辰象、吐吸霧雲。故帝王之所封禪、名喆之所觀游。於是有贊、有文、爲銓、爲敘、總之爲紀。乘流奕來、兹名山志林、遂爾充棟盈篋。九華山在池陽之一隅、舜巡不及、禹跡不登、職方不載、舊名九子、周漢以前、無得而稱焉。奚以志爲。乃山列九峯、狀若碧雞、唐李青蓮更名九華、爲秀出芙蓉之句。劉夢得愛終南太華、以爲此外無奇、愛女几荊山、以爲此外無秀。及登九華、自悔言失。唐以劉禹錫製爲九華歌、而兹始著名寓內矣。余本世虞墟、而家渤澥、嚮領郡而南、過齊魯之境、涉汶、達濟、渡河、歷淮、每逢佳山水、流連不欲去。蒞宛（指宛陵、即宣城。）三年、所日與敬亭相對、盼九華若在席几。即間嘗于役往來池郡、必經道五溪。則華山𧃰峯、浮藍蕩白、盡托出向余、若拱耳輪目廓之地。應接不暇、然皆望之若就、不自意竟司橐鞬、秋浦兹山、又殆有夙因焉者。每再登陟層巒、奇翠簇峙、環標極天、劃人鏤之巧、創成而上混青天、而同色映白鶴、以仝高。劉夢得所云此外無奇無秀、兹山洵足當之與。即有舊牒、殘缺紊淆、奚足爲重。余嘗欲竊班史之筆、稍稍點綴、拮据兵事未遑。幸邀山靈、獲有太守顧君、分例銓次、美彰盛傳、不幾千百祀山靈一知己也哉。太守神韻孤騫、風華絕世、山水之雋、與余同好。而胸羅祕靈、算渾儀於平子、折金奏於咸阿、莫不綜攝天人、鑄陶今古。以其餘庀此牒彙成善本示余。余憮然曰、有是哉、人地召感、良有神物作合。山得青蓮而著、得太守而傳。司馬遷南遊江淮、北涉汶泗、徧覽天下之奇、而擅史稱千載、何獨令玆山沒沒也、豈以竢千百祀後太守之筆簡耶。噫、太守輯志不第爲山水設色生韻也。太守弘其撫模自初蒞、以暨奏滿、政熙物和、祝者萬戶。尤摯心名理、鼓鐸彰教。山故有陽明甘泉兩先生遺跡在焉、志載詳明、一披覽而學士大夫嚮風宗旨、敦壹流兢、其以襄教化善風俗、不宏且遠耶。君子觀於古史之遺、知王道之易易也。史之變體爲志、則斯帙也、裨道資治、覽者毋僅作山水觀、斯不負太守苦心淵志矣。

崇禎己巳春、池陽備兵使渤海王公弼敍。

明崇禎修山志顧序

嘗考太史家言、有本紀、有年表、有世家、有列傳、備矣。更有八書、以志天官封禪諸事。洎班孟堅氏、始易其名曰志、而志自此昉矣。漢輿地圖、蓋卽古職方遺志、而名山大嶽之志、則又不昉於史、而昉於經。如書稱歲二月、東巡狩、至於岱宗。其南北西嶽如岱禮。詩稱陟其高山、墮山喬岳云者、謂非四嶽一大志哉。他若崐崘軒轅之墟、燭龍鼉鼓之埜、生日浴月之鄉、吹冬呼夏之域、則山經志之。又如桐柏金庭、句曲華陽、既侈地肺之名、復標天柱之號、則仙經瓊笈志之。又峨眉匡廬、羅浮女几、終南大滌、王屋會稽、一切洞心駭目之觀、則古今登眺吟詠之士志之。雖不必盡出於經、而羽翼鼓吹、寧詎可闕者。予不佞、少負子長游覽之願、嘗欲採錄海內名山、著成一書、而力未逞也。茲幸承匱池陽、得與九華作緣、亦生平一大快也。甫下車、卽齋宿往謁。第見夫岡巒之巃嵸隱嶙也、泉瀑之飛濺澄鮮也、竹柏之鬱蓊嬋媛也、宮觀之博敞鴻紛也、鳥獸之豐潤悅妍也、以爲九華之勝、而勝固不盡於此也。升而望之、其光熊熊、其氣魄魄、意必有出雲吐澤、膚寸而合、不崇朝而雨天下者、顧壓於衡、而不得嶽於南、其宜嶽而不得嶽也。雖山靈亦有數哉。然予遡覽九派之江·湍渤濆薄·迅澓懸騰。自岷山而東·所過都會·郡國之水·每出而會之·如鄱陽諸河·不可指屈。愈東而溢皖諸水·復會於池·則池固扼江之要者。假令任其滔滔汨汨·直注於海·池之爲池·不且碕爲平沙·民爲浴鷺·城爲萍葉·市爲東楚耶。則夫嵯峨聳峙如九華·非所以奪江之雄·而植之砥·吸江之脈·而聚其氣者哉。信乎函蓋之神工·而東南之巨鎭也。不特此也·昔虞允文策宋事·以爲駐池之軍·足爲襄漢後援。若出巢湖·則經略且及於淮·而收其兩用。池之爲重·自古已然。我高皇帝定鼎金陵·亦藉池當上游屏翰。要以鍾山石城·蜿蟺磅礴·非茲山聯絡拱衞之力不及此。則池得稱股肱郡者·緊惟茲山是賴。山靈有知·雖不得嶽·奚恧焉。顧訪閱圖象·而漫漶放失·不勝憮然。遂蒐之碑板之所紀載·與夫薦紳先生之所題詠·山僧逸民之所傳聞·網羅考證·彙成若干卷·而付之梓。因歎志與史傳·體殊功埒。傳而徒志官爵名位·志而徒傳草木鳥獸·亦奚足有無者。惟人有神情啼笑·山亦有神情啼笑。人有才具經綸·山亦有才具經綸。竊希識其大者・此志所以重修乎。雖不敢追虞書周詩・山經仙笈・而聊爲茲山補遺。亦欲後之君子・讀是志而興起焉・使池無失其爲上游則不佞編輯意也。然則劉夢得天下奇秀之目・猶是騷客恆言・幸無執此以求此書・而例之謝康樂游山一志也・不佞幸矣。

崇禎己巳仲春下浣・西吳顧元鏡序。

清康熙修山志李序・

我國家彙集天下輿圖以纂大一統之全書・猶衆星之經天・無不拱極・江河之行地・莫不朝宗・山川志乘・在所不略也。閒嘗曠觀古來名勝・若滁陽之瑯琊・楚黃之赤壁・永州之小丘・不遭諸巨公遊覽紀述・則山蕪沒而無聞矣・烏足志。他若山海經傳仙笈圖著瑤島蓬萊之境・洞心駭目之奇・山非不足志矣。而古今聖賢足跡之所不至・題咏之所不及・君子又奚取焉。夫志者紀也・紀山川之靈異・以闡天地之大觀。紀賢哲之徽音・以證人文之萃聚。然而兼有之者・戛戛乎其難矣・山川志乘・豈易言耶。池郡九華・一山坤輿磅礴之氣・實鍾于是。詎止峯名九子・峭拔凌空・與天下爭勝哉。其重巖疊嶂．各賦奇形。潭止溪流．咸秉異趣。以至泉飛月落．壑邃雲封．無一不天造地設．自呈一部大志於天地間也。自唐李青蓮爲秀出芙蓉更名九華．而名始著。及至德間．新羅國王子金地藏．航海來居．得道顯異．而山益彰。至於高人傑士．龍遊豹隱．若費拾遺王季文．杜荀鶴輩．接踵丘林．宋更僕數。迨勝朝弘治正德間．王陽明先生兩居其地．講學考道．從遊日衆．而吾道以南之數人者．挺生天地．爲茲山主持。故迄今浮屠梵宇．書院講堂．猶令人曠覽憑弔不置．此華山志之所由作也。華山一志．夫豈一丘一壑．一吟一咏．流傳紀述於影響間哉。粵稽載籍．唐僧應物．宋滕宗諒．有九華山錄．劉放有九華拾遺．楊少愚有九華外史．均未敢言志。宋末處士陳巖．釋希坦．偏歷吟咏．元義士方時發彙集製序．亦未嘗以志稱。明初始編爲志．嗣後增訂不一。崇禎已巳．郡守顧公修刻成帙．迄今已越六十載。天時人事．三十年一小變．且中經鼎革．世更時遷．其間豈無高人逸士．遁跡山阿．覽景物之攸殊．睹煙霞之變幻．有得於中．發爲文章．播爲歌咏．足爲茲山生色者乎。況景運維新．又豈無賢豪長者．歷遊所至、秣馬停驂、登高作賦、以鳴一代之盛、足爲茲山增重者乎。此正物華天寶、人傑地靈、文章人物鍾聚一大會也。然事無耑司、或留蹤於緇流、或傳記於野老、欲訪其事、而零星散失、十無一二存者、可勝歎哉。華山一志、待人而修也、蓋亟亟矣。不佞謬守池郡、爲茲山主人。丙寅秋下車、展閱舊志、佳章殘缺、俚語續貂、不禁掩卷太息、慨然有重輯之意焉。二三年來、鞅掌於簿書訟獄之事、奔走於楚漢戎馬之間、鹿鹿風塵、未暇一陟茲山、探奇索勝。亦嘗登秋浦樓、遙挹山靈、天半峯青、一屏如畫、已得其大概焉。又嘗公巡於青陽道上、車輪馬足、絡繹於五溪林麓間。每於玩華亭而稅駕、東望九十九峯、縹緲拱揖、不可端倪、劉禹錫以爲造化一尤物、斯言不吾欺矣。因加修葺、增構小軒、亦以愛此山者愛斯亭也。已巳春、前守喻公自江右轉任、嵯使遺函於白下、張子南村馳以告予曰、九華一山、不特池陽名勝、實爲宇內奇觀、山之有志、猶國之有史、郡邑之有志、不可不修也。僕與華山號稱知己、十載交遊、而未能一成其事、是蓋有待而然也。今華山已得賢主人矣、借穎增光、山靈厚望、不佞竊思之、班固著漢書・以風俗諸事・分爲十志。志・猶史之一也・褒貶雖殊・而筆削則一。名山志・猶之郡邑志也・隱揚無異・而去取亦同。夫苟搜羅未及・則遺逸堪嗟。考核未眞・則附會可慮。更且刪訂未當・增續未精・則失山川眞面目矣。此不佞徘徊而未敢輕心承也。嘗稽古之君子・一遇茲山・輒加品題。或一至再至・卜居讀書・甚而遁跡終老・與茲山並垂不朽。不佞竊叨主人・三載於茲・竭蹶民謨・曾無暇日。今春聖天子南巡・山川草木・無不增輝。且蠲租之詔頻下・閭閻熙皞・政通人和。不佞亦幸無案牘・優游公餘・不亟校訂修輯・幾何不與入寶山而空手歸者同日語哉。雖然・事固未可爲淺見寡聞者道也。昔鄭國辭命・更歷四賢之手・方爲盡善。五代一史・永叔首闢衆議・乃成信史。山志雖小・不佞不敢以一己之意見・遂謂無餘・亦何敢因妄誕之參商・竟同築舍。爰屬張子南村・偕山中老僧・攜畫工・歷諸勝・探訪咨求・以與學博華子中涓・宗子鶴問・同堂校閱・考論編次。一時池陽紳士・淹通古今者・不勝指屈。若危子東原・吳子山賓輩・皆好學深思・心知其意・共襄參究。而不佞亦以政事之暇・竭其一得・謬加折衷・自夏徂秋、乃訖厥功。披覽之下、凡山川之勝概、建置之廢興、名賢逸士之棲止、讀書釋氏羽流之住錫潛眞、錯綜迭出、一若身歷其地、山僧父老指點而告予者然。若乃靈鳥啼林、奇葩滿逕、與夫芝草之幽芬、松竹之陰翳、一若神遊其境、目接心怡、留連而不忍去。至篇章吟咏、或觸景標題、或遊歷寄興、或吡情肆志、感慨係之。其流風餘韻、又若置身數百年上下、恍然相對、嗚嗚而不能自已也。由是以推天下之人、慕九華之勝、按之几席之間、亦庶幾攬拾而無遺矣。是志也、雖非奉命纂輯、上之史館、以裨大一統之全書、然而布之天下、垂之奕祀、亦以見不佞之非輕心逞智、其與附名妄作、苟且爲者、蓋有閒也。議者謂九華一山、舜巡禹跡之所不及、不得與於封禪之列、爲不幸也。不知山之有幸有不幸、猶人之有遇有不遇。人固有出乎其類、拔乎其萃、而不得尺土之封、以終老其身、百世而下、讀其書、想見其爲人、人愈尊而名愈顯。今九華之有志、名垂天壤、雖舜巡禹跡所不及、不得與於封禪也、奚不幸之有。

康熙己巳仲秋之吉、中憲大夫、知池州府事、三韓李燦撰。

歷代修志銜名表 後附專紀九華名書名

明嘉靖丙戌九華山志六卷是爲山志之始

江南巡撫陳鳳梧督修○池州知府韓　楷參校○銅陵教諭王一槐編輯

明萬曆己卯九華山志六卷○○知縣蘇萬民重修○貢生孫　檖監刻

明萬曆癸巳九華山志八卷○○知縣蔡立身重修

明崇禎己巳九華山志八卷

池陽守西吳顧元鏡重輯○靑陽令天中劉景清校○訓導姑孰孫秉道閱原款如此

清康熙己巳九華山志十二卷○○郡守金州喻成龍○郡守三韓李　燦重輯

教授錫山華　黃○訓導廣陵宗　觀○白下張　惣同校原款如此

按修是志時，喻公已去，本李公所修，因喻公有函請，特弁其名，而書即稱喻志。

修是志時，參訂姓氏附列於後。

本府同知張　都○通判金垣生○貴池知縣趙　衍○靑陽知縣李　楨

銅陵知縣孫維震〇石埭知縣趙承烈〇府學訓導沈　端〇貴池教諭秦　淵
青陽教諭黃吉迪〇訓導洪五典〇石埭訓導鄭　濂
六邑紳士危映璧〇吳　非〇徐念祖〇錢之選〇汪必遠〇方之鐸
杜巍然〇吳孟堅〇甯占咸〇蘇應檖〇王爾綱〇劉廷歐
吳國鐸〇黃甲先高〇曹有爲〇柯自遂〇江　表〇劉漢采
吳　襄〇郎　遂〇孫之綿康〇董三表〇江芝榮〇孫涵士
清乾隆己未九華山志十二卷〇〇知府三晉李　暲重修
清光緒庚子九華山志十卷〇〇知縣樂至謝維喈重修〇訓導寧國周　贇纂修

附專紀九華各書名

唐九華山錄一卷見太平御覽。不著姓氏。
唐僧應物九華山記二卷見本志高僧
宋滕宗諒九華新錄一卷始爲圖
宋沈立九華總錄四卷
宋劉放九華拾遺二卷
宋曹機石刻九華山六圖見書苑

宋程九萬合九華六圖爲二圖（見書苑）　宋程太古九華總錄十八卷（見文獻通考）

元陳巖撰九華詩二百有七首（見四庫全書）　元楊少愚九華外史四卷（見明一統志）

吳天錫九華四圖　明包廣輯九華詩二卷

清陳蔚九華紀勝二十三卷

以上各書唯陳濬隱九華詩集與陳梅緣九華紀勝尚存。其餘皆已無傳。

民國甲戌重新鑑訂九華山志凡例

一九華爲中國四大名山之一。山名洋溢於震旦。婦孺咸知者。以地藏菩薩在此應化故也。菩薩以古佛現聲聞身。佐釋迦佛濟度衆生。而於釋迦已去。彌勒未來。中間久遠無佛時。受釋迦付囑。荷擔救度之責。爲娑婆衆生唯一之怙恃。而應化乃在閻浮東土之九華。此東土衆生莫大之幸。更九華莫大之幸也。前之稱九華者。每惜未能與於五嶽之列。登朝廷封祀。豈知受封之嶽廟。不過守土官於春秋二季循例一奠。而九華奔走四方善信。至誠恭敬。香花膜拜者。無間晨昏。豈五嶽所能望其項背耶。九華既以地藏菩薩而尊·則志九華·自應以宣揚地藏菩薩聖迹爲最要。歷來舊志·均文人掌筆·於佛法絕未夢見。故對於菩薩應化事·將信將疑·等閒視之。以致地藏一傳·列於人物志·文苑仙道之後·良堪浩歎。今志特於卷一首闢聖迹一門·廣宣禮敬持名之功德·及指示法要之修行。無非體菩薩之悲憫·令衆生識所歸依·讀此志者·庶不致入寶山而空手回也。

一舊志以經皇家勅建·或賜額者·稱寺·列前。私人捐造或募建者·稱庵堂林院·列後。然其中亦有未載勅賜而稱寺者·是其體例固不嚴謹。且自唐至今千有餘載·滄桑幾變·廢興不一。有稱寺而僧衆寥寥者·有稱庵堂而佛子衆多者。且國體既變·無尊王之義·故今志以十方僧衆同居名叢林者·列前·傳子孫者·列後·另闢梵刹一門·別於其他營建·所以尊崇三寶。且以寺庵爲九華主體·非各書堂祠觀·僅留歷史上之觀念者·所可比擬也。

一時丁末法·佛日久已潛輝。即三藏十二部經文·亦幾視同故紙·無人研究。求住持佛法、接引衆生者、端爲僧伽是賴、故僧寶與佛法同尊、良有以也。九華以香火道場、各寺庵僧衆、多紛於應接來賓、致修持之功、反多忽略、此固可太息、而亦無可如何之事也。舊志因此、對於僧伽、肆口譏評、佛門如市、寺僧如儈等類之語、言不一而足。不知經云、稱名禮敬地藏菩薩、得種種利益、除種種苦惱、畢竟安置於生天涅槃之道。準此、則每年四方善信來山朝拜者、所種善根福德、詎可計量。而儻非有比丘爲東道主、則必裹足不前、善根無從種植。即彼自命高人、怡情山水者、亦終不能裹糧入山、竄荊棘而棲巖穴。是則僧伽華路藍縷、以啓山林、不僅爲善信男女之福田、其有造於遊觀者、亦正多也、安可輕心譏誚耶。況有蕅益大師一傳、岷山片玉、價重連城、較儒家陽明、有過之無不及。舊志不知三寶爲何物、故以僧傳列人物志後。況山中僧伽、雖多忙於香火、而刻苦潛修之衆、亦代有其人、安可一筆抹殺、信口謗讟。今特爲糾正、闢高僧一門、以學佛之居士附之、列梵刹後、而置諸流寓之前。

一舊儒宗仰程朱、於因果感應之談、概削而不書。今之靑年、又震於歐美物質文明、以因果感應爲野蠻時代之神話、不值一笑。致小人敢於爲惡、而爲國家大亂之源。不知至誠感神、及福善禍淫之訓、不唯佛言之、孔耶二教亦未嘗不以此詔人。近今科學益昌、而鬼神昭著、更信而有徵。故闢靈應門紀舊志各門中靈異事迹、而加入本山靈應近聞、俾讀者堅其信仰、而誘人爲善也。（按地藏菩薩靈感事迹甚多、有他書紀載、不在本山範圍者、不錄。）

一舊志作於帝制時代、故以宸翰列首、娟玆一人也。而外此檀施之功、無論創修寺院、協助齋糧、概無專門紀載。僅見於藝文志各碑記中、令人以文字及沿革歷史視之、非所以表彰檀波羅蜜也。今國體改變、人類平等、故從帝王以及士庶凡有財施之功者、另闢檀施門收之、而先之以高僧法施文字、使人知財法二施、等無差別、百世之下、庶幾聞風興起、見賢思齊也。

一歷來修山志者、其主眼全在搜羅名人題詠、爲山川生色。故藝文一門、必較各門多至倍蓰。諸大名山志·莫不皆然·而九華峨嵋特甚耳。蓋自科舉制興·學者以文章獵取功名·幾不知聖賢身心之學爲何事·由來久矣。夫虞書云·詩以言志。詩序云·先王以詩成孝敬·厚人倫·美教化·移風俗。如但描摹風景·而無高尙襟懷寄託其中·縱使筆入化工·詩中有畫·亦不過供無事者游心景物·助發遨遊之興而已·於世無補·奚以多爲。故今志一反前人去取之宗旨·凡有關於世道人心之記載·淸淨高尙之詩歌·則必錄之。此外專一描寫景物·或更毀謗佛法之章句·悉加刪削。免增人綺語之過·且消彼惡口之罪也。

一九華志創自有明嘉靖·而萬曆·而崇禎·而淸康熙·乾隆·以至光緒·均以方物列於人物前·且爲之說曰·自有此山·卽有物產·故應在前。獨不思有物產時·代豈遂無人類。如謂茲志所載之人·非太古之人·則今之物·豈卽古之物乎。倏死倏生·新陳代謝·物固與人同也·而必以物列於人前·何居。今以人物中高僧·立高僧門·而儒家道家·則改爲流寓·列藝文前·而物產列後。

民國丁丑重新編訂九華山志總目

圖說（九華山水全圖附敘十景圖說）

九華在靑陽縣西南四十里、高數千丈、延袤百八十里。發源於黃山西脈、經太平石埭、蜿蜒入靑陽南境。首起金剛尖、向北行十里、過大嶺頭、分兩脈。其左脈、東行、皆石山、矗起天台一峯、突兀雲表、爲九華主山。環迴九十九峯、俯視如兒孫繞膝。五更觀日出、與泰山日觀峯無異。故天台曉日、爲九華勝景之一。自天台漸折而北十餘里又分兩脈。向西一脈、過鳳凰嶺、盡於大橋庵。其本脈、渡太古嶺、起會仙峯。西分一脈、由碧桃巖直下、南盡於二聖殿、北盡於永豐橋南岸。碧桃巖、因唐趙知微種桃巖下、花開碧色得名。巖下瀑布、爲九華第一泉、大而長、從危巖飛落、有懸水之名。故桃巖瀑布、亦九華勝景之一。會仙峯迤北、起翠蓋峯、又一脈西行、盡於雲門之北。其東爲東芙蓉峯、下爲廣勝山。翠蓋峯、古稱蓋山、高千丈。峯旁有舒姑泉、相傳姑好音樂、每聞弦歌聲、有朱鯉出聽。即姑所化。此泉流出、匯作三潭、曰上雪潭、下雪潭、瓔珞潭。一月印水、三潭夜明。故舒潭印月、亦九華勝景之一。廣勝山之東北、爲靑猴峯、九子巖。

九華原名九子。由太白易名。而此巖仍舊稱。以巖頂如九子。迴環向背。有團聚而嬉之概。下有七布泉。冰裂七條。雪飛千尺。故九子泉聲。亦九華勝景之一。由廣勝山又北。爲蓮華峯。峯在九華非最高。而登其上者。每覺高於天台。蓋地體圓形故也。九華以蓮華得名。唯此峯畢肖。以其爲石峯抽蕊拆瓣。天工琢成。視芙蓉峯爲尤勝。置雲海中。眞有亭亭出水之態。故蓮峯雲海。亦九華勝景之一。名雲海者。山氣淸白。似雲非雲。似煙非煙。似霧非霧。猝焉而起。如平水焉。出諸峯之半。靑峯在其上。蒼翠如初。其氣磅礴瀰漫。若波濤之洶湧。良久乃散。故稱雲海。自天台至此。約三十里。奇峯峭壁。莫可名狀。有名之峯。不滿九十九。無名之峯。不止九十九。陽明所謂奇中之奇。人未知也。蓮華峯北脈。轉而西向。渡西洪嶺。北起雲冠山。其峯巍峨。如冠幘。故亦名幘山。東行三里。有靈鶴山。一名雲鶴山。更七里。入靑陽縣城。其本脈西盡於六泉口。北爲五溪。漸入秋浦縣境。故稱九華者。謂天台爲首。化城爲腹。五溪爲足也。但登化城。觀山如面壁。一無所見。著屐遊山。亦得此遺。彼難窺全豹。唯拄笏五溪。東望蓮華諸峯、煙雲縹緲間、奇峯可數、較入山近看、別饒逸致。故五溪山色、亦九華勝景之一。自大嶺頭右行、西北諸山多土質。嶺東一支、經平田岡、回香閣、向北盡於龍池、東巖、百歲宮、皆居山岡。九華衆峯、皆懸崖峭壁、遊者捫蘿附葛而行、幾不敢俯視。唯平田一岡、於羊腸鳥道中、反以平坦見奇。諸險徑遇雪、即不能行、獨平田岡、雪不能阻。故平岡積雪、亦九華勝景之一。東巖在中峯西北、崖高化城三里、其上有巖如屋、地藏菩薩初至、常處其中、即有宴坐巖之名。至陽明王公、平寧藩宸濠之亂、反爲奸黨所譖、阻不得見帝、復入九華、亦宴坐於此。因在化城寺東、又名東巖。登巖一覽、天然圖畫。故東巖宴坐、亦爲九華勝景之一。按凡石壁峭立、橫截如屏、自應稱崖。須有穴如屋、乃名爲巖。東巖、若以全峯立名、應名東崖。因崖北有巖、深覆如屋、大士入山、即宴坐其中、遂名宴坐巖、故宋末陳清隱詩集、即有宴坐巖詩。陽明亦嘗於其中宴坐讀書、因地居化城之東、遂定其名曰東巖。後人就地建寺、雖居峯頂、亦即額曰東巖寺。今爲隨寺顯名之故、則無論統稱全峯、或單稱其巖、抑另稱其寺、皆名東巖。以免同一寺一巖之名、又生出東崖東巖之歧誤、特此註明。巖下有龍女泉。西北起天柱山、山在淨居寺右、層岡突兀、如巨鰲首戴一角、即天柱峯。又上五里、乃至鰲頂、天柱陡絕、直入雲霄、人莫能上、旁有小石峯五、徘徊如人立、人乃呼爲五老峯。而天柱仙蹤，亦九華勝景之一。由東巖，東望五老諸峯，西顧古仙巖諸勝，南瞻天台，北覽長江，天然圖畫。嶺北一支，直下里許，東抽一脈，結地藏肉身殿之坐山。向北一支，環繞坐山之北而東，爲化城寺之主山。直趨迎仙橋，作九華水口。化城二字，本法華經喻語，而此處則以象形稱。蓋自山麓直上十餘里，拓一平地，東巖西嶺，環抱如城，故名。其中有溪有田，僧俗百餘家，宛然村落。入其中幾忘身在山頂。寺有大鐘，蒲牢一擊，四山響應。故化城晚鐘，亦九華勝景之一。寺北一支直下，盡於甘露寺之一天門。一支西結白雲山，又西過洋桃嶺，起仙桃山，龜山。起伏十餘里，轉趨東北，盡於廟前鎮上首支河南之黃花園。白雲山本脈北走，經八都岡，起水封山，直走廟前之義與橋自大嶺頭又一脈西行二十里，向北結龍山，曹山，盡於休波口。其本脈，過上安嶺，又北折行十里，過桐嶺，特起四峯山。又東過佛陀嶺，起黃旗山。又二里，過魁山嶺，起玉屏山，一名翠屏山。東趨六泉口，北出一脈，止於五溪橋之望華亭。登肉身殿坐山，山不甚高，而羣山環繞，拱向有情。一登其巔，有唯我獨尊之概。華嚴入法界品、大光王入大慈三昧、一切山原草樹、皆迴轉而爲敬禮。地藏菩薩、慈悲願力最深、於釋迦已去、彌勒未生前、爲娑婆衆生唯一怙恃。且又主持大地而應化在九華。故山靈擁護、實事理之當然也。

本圖說、形容全山山脈與十景、頗爲詳盡、實舊志紀勝等各書之所無。祇九華指南論山脈一篇、大約類似。且指南撮述大略、於十景全未提及。想許居士、或即根據指南山脈、與光緒志十景圖記、配合成文。但依本篇全文之第二行云、其左脈東行、皆石山。及第二十五行云、自大嶺頭右行、西北諸山多土質。所指左右、全同指南。與光緒志天台圖記所說左右全相反。查山圖、應依天台圖記爲合。恐指南與本文、依化城朝南言左右、光緒志、依天台對北言左右、則兩說皆通。特此註明。

附圖記（附九華全圖及十景分圖各記幷序。）

雲浮黃海、軒轅既白日龍飛。土菲青陽、少皞啓金天鳳紀。黃山以黃帝得名、九華從黃山來。少皞乃黃帝之子、初封青陽。山色接烏官之樹。烏官樹、乃青陽古地名。水聲通牛渚之江。傳丹訣於白龍。竇子則仙都作吏。感弦歌於朱鯉、舒姑本秋水爲神。固已國紀馬遷、而名齊鼇島矣。少皞封青陽、載於史記。竇眞君陵陽山飛昇、見神仙傳。至若天河濯秀、開山始金粟如來。尤物驚奇、潦草怪青蓮學士。宴坐俯三千三界、王陽明僅錄數篇。是編已按本集全錄。書堂對九十九峯、范文正竟無一字。文正育於青陽長山。予謂必有詩。徧搜不可得。此則風微人往、徒切低徊、而碣斷碑殘、不勝感歎者耳。然而靑山依舊、綠水長新。金地藏來遊、人誇金地。蓮華峯入畫、我愛蓮華。謝公之屐興高、周子之圖道在。四萬載名山風雨、天邊眼孰迴靑。十五年勝地琴樽、鏡裏髮驚欲白。借九華爲半臂、漫問人傳以地、地傳以人。摹十景之全神、且看畫中有詩、詩中有畫。光緒庚子七月旣望、山門山人寫幷序於蓮華峯頂。

●●九華山水全圖記○舊志稱九華一重山、必有一水絡之、此凡山之所同耳。嘗笑闞文衍以半臂畫九華、如葉公好龍。今贅出入雲泉、直以九華爲半臂者十五年於茲矣。九華以中峯爲表、天台南來、甲子北拱、天柱東峙、化城西環、九峯方嚮、爽若列眉、而水之源可見矣。五溪以中流爲經、自閔源北流、西受化城之水、而北下龍池、水勢始大、故名龍溪。又北行、東受太古嶺之縹溪水、又北、東受翠蓋峯之舒溪水、乃西北行、至廟前鎭、與雙溪水合、始可容舠。雙溪西源出西南之曹山、本名曹溪、與南塘水並北流、至曹溪院、始合爲雙溪也。又北行、東受蓮華峯之濂溪水、是爲五溪、出五溪橋以入大江。五溪源流．瞭如指掌．而山之委自明矣。舊志無全圖．若貢扇之全圖．不按方位．且有山無水．亦不得爲全圖。九華之有全圖．自周贇始。志中凡稱瀾溪者．即南塘。

●●天台圖記 景日天台曉日 ○九華分黃山西脈．由太平石埭．蜿蜒入青陽南境．特起天台一峯．突兀雲表．環迴九十九峯．唯天台最高．爲九華主山．自天台以北．又分兩脈。從天台右行．東北諸山皆石峯。從天台左行．西北諸山皆土山．如化城芙蓉．皆土而間以石。化城雖高．肩輿可達。遊者大抵以東巖爲觀止之境。若天台危峯高聳．石磴躡空．俯視九十九峯．如兒孫繞膝。五更紅日．與泰山日觀何異．古來遊蹤至者鮮矣。

●●化城圖記 景日化城晚鐘 ○昔李供奉有化城寺大鐘銘．此孫吳所建．當塗之化城寺也。當塗化城．以城爲城．九華化城．以山爲城。自山麓直上十餘里．得一平地．東峯西嶺．環抱如城。其中有溪有田．僧俗煙火百餘家．宛然村落。入其中．幾忘身在山頂．是爲遊蹤所必至．而禮佛者則無虛日。寺有大鐘．已燬於兵火．光緒年所新鑄者．比當塗尤大。每當紅日西沈．白雲歸岫．鯨鏗徐發．響徹諸天．參禪者以此洗滌塵襟．然普利冥陽、功德眞不可思議矣。

◉◉東巖圖記（景曰東巖宴坐）○東巖在中峯西北、謂之東者、在化城東也。崖高化城三里、其上有巖如屋、金地藏初至棲其間。原名東峯、宏治壬戌、陽明先生改名東巖。正德庚辰正月、先生再至、武宗使錦衣衞偵之、見先生宴坐一室、故又名宴坐巖。（宴坐之名、不自陽明始。宋末元初之陳濟隱、已有宴坐巖詩、見本志卷三梵刹東巖條。）巖北爲東巖精舍、前有錦衣石、使者坐處也。巖下有龍女泉、稍北有小天柱、高與崖齊、登崖始見。由東巖東望天柱五老諸峯、西顧古仙巖諸勝、南瞻天台、北覽長江、天然圖畫。此陽明再至所以必居東巖也。

◉◉天柱圖記（景曰天柱仙蹤）○庚子七月既望、踰東澗、直上山、從面起泉當耳流十里、至淨居寺。寺左大石巖下多蝙蝠、翅廣尺許、平生未見、疑此石卽普賢臺。尋唐人疊石塔、不得。寺空無僧、無由訪問。寺右層岡突兀、如巨鼇首戴一角、卽天柱也。又上五里、至鼇頂、天柱陡絕、直衝雲霄、人莫能上、乃知謫仙登陵陽天柱詩、亦寄興耳。旁有小石峯五、徘徊如人立、山下人呼爲五老峯。適撰圖記、聊摘紀遊數行、以徵實踐。

◉◉蓮華峯圖記（景曰蓮峯雲海）○蓮華峯、在九華非最高、乃一登其上、遂覺高於天台、此固見地體之圓、而世之恃才傲物者、視此矣。雲海爲黃山大觀、九華其少海也。然獨稱蓮峯者、局勢寬處、此峯最高、且九華以蓮華得名、唯此峯畢肖、以其爲石峯、故能抽蕊拆瓣、視芙蓉峯爲尤勝、置雲海中、眞有亭亭出水之態。

◉◉碧桃巖瀑布圖記（景曰桃巖瀑布）○唐乾寧間、羽流趙知微於九華鍊丹、種桃巖下、花開碧色、故巖名碧桃。巖巖下瀑布、爲九華第一。蓋天柱之百尺、箭長而小、九子之七布、泉大而短、且皆緣石。是泉大而且長、從危巖飛落、故有懸水之名。又有碧玉、金砂兩泉映帶縈繞、登無相寺望之、天然圖畫。昔陽明先生再遊九華、皆從此入於雙峯、雲峯、雲門、天池、金沙泉、皆有詩、而題無相、至九首之多、其勝槩可想見矣。（乾寧、縣志作乾道、誤。）

◉◉平田岡圖記（景曰平岡積雪）○九華九十九峯、皆懸崖峭壁、遊者須捫蘿附葛、幾不敢俯視。而平田一岡、於羊腸鳥道中、反以平坦見奇。蓋客從江外入山、皆由五溪、唯宣歙人乃由平岡。按志中前代諸鉅公經此境者、其唯宋寧國相國明程篁墩耳。唯其平故宜雪。且九華諸路·遇雪即不能行·唯平岡不以雪阻。自此以往·則漸入佳境·令人應接不暇。而玉峯之遊·又仙境中之仙境也。

●●舒姑泉圖記（景曰舒潭印月）○宣城志載青陽縣西北境·吳臨城縣也。臨城南有蓋山·高千丈·今九華翠蓋峯也。峯旁有泉·舒姑所化也。曷見爲舒姑所化·姑性好音·感弦歌·而朱鯉出聽也。翠蓋峯下有三潭·曰上雪潭·下雪潭·瓔珞潭·皆舒姑一泉所盈科而進也。三潭夜明·一月印也。（宣城志所記如此·實則女化鯉·而非化泉。卷八志餘門·許居士·再有按語說明。）

●●九子巖圖記（景曰九子泉聲）○九華山原名九子·是以一巖之名名全山·今全山名改·而本巖名不改·以巖頂如九子·回環向背·團聚而嬉也。昔遊齊山九頂洞·同遊謂此洞無佳作。予戲作絕句云·在昔九子巖於此洞中隱。何年走青陽·頂印留洞頂。寺左七布泉·喑呟如鐘鼓不絕。垂雲澗泉在其右·若環珮璆然·靜坐聽之·令人蕭然意遠。兵亂時·邑人避難其上·堅壁清野之計·錢江保障遺烈·堪追·豈徒以尤物玩之哉。

●●五溪橋圖記（景曰五溪山色）○九華以天台爲首·化城爲腹·五溪爲足。五溪橋·本秋浦孔道人登化城面壁一無所見不如拄笏五溪天外奇峯可數也予嘗履經蓮華諸峯之麓及從五溪東望迴異舊觀蓋致王母上元於一室與凡人何異若於懸崖雲霧閒望高人逸士即飄飄若仙矣予九華九首有云江上亭亭九朶蓮遊山不及看山妍謫仙豈少驚人句一字名成抵百篇

◉◉書九華十景圖記後○自關常侍繪九華於白綾半臂宋滕司諫始爲圖吾家大令爲六石刻程待制合爲二吳天錫分爲四皆不傳舊志則分合靡定然皆無總圖無由知山之方嚮不標景物無可名稱觀者昧焉山門先生與九華有緣因有名山聊借一官留之句始立全圖爲綱而分十景爲目然後方嚮名勝爽若列眉即圖之各記皆極精卓至其十體詩則合書畫爲三絕固與九華奇景並爲有目所共賞者也青陽曹琳珮琴甫識

按九華山水奇秀自來圖畫源委曹君書十景圖記後敍之綦詳山門先生學問淵博文詞典雅固爲有目共睹其首置山水全圖次列十景分圖自是有功名山

惜其於佛法不特懵懵無知。使且蓄意破壞。不知山水任奇。若無佛法靈感爲之啓發。又何能名聞遐邇。朝野歸心。諺云山不在高。有仙則名。水不在深。有龍則靈。況示現凡僧開闢九華之地藏願王。位鄰極聖。較之天龍八部。眞不啻輪王之比乞丐。全不一言讚及。反斥崇奉爲愚迷。及專事形容山水。究與人心世道國計民生。毫無裨益。今爲合四大名山志爲一律。及節省靡費。祇請王居士繪一全圖附十景圖記等。略表山川靈秀。其十景分圖與浮靡各詩。概從略。閱者諒之。德森識。

又附考證

顧野王輿地志曰。九子山。千仞壁立。周迴二百里。高一千丈。出碧雞。五釵松。曹學佺名山志

九華眞人峯北。有山雙髻。如巾幘然。昔顧野王望而愛之。因名幘峯。名山志

九華仙人峯傍。有陵陽蓋。九華山之本名也。蘇志圖

九華山在青陽縣西南四十里。高數千丈。延袤百八十里。舊名九子山。唐李太白以山有九峯如蓮華。易今名。唐金地藏駐錫於此。靈異甚著。今爲江東香火之宗。有

捨身崖．寶陀巖．諸名勝。峯凡九十有九。劉禹錫嘗愛太華．謂此外無奇．見女几．荆山．謂此外無秀。及登九華．而後悔其失言．蓋言江南第一名山也。江南省志

邑之山．九華山極峯巒之勝。舊名九子．李白以山有九峯如蓮華．更名九華。高數千仞．迴環百八十里。劉禹錫云．九華競秀．神采奇異．蓋指此也．距城四十里．與九華相接者．曰同山．以山同九華也。又有聯絡九華者．曰幘山．距城十里．一名雲冠山．其峯巍峨．儼如冠幘。又有靈鶴山．距城七里。魁山．曹山．並距城四十里。天台山．至伏猊嶺．則爲貴池界．山之列於西南境者。輿地圖。考池郡志．與省志．略同。而縣志．稱其南望石埭．西望貴池．東望涇川．北望大江．爲池鎮山云。

九華山錄曰．此山奇秀．高出雲表．峯巒異狀．其數有九．故號九子山．爲李白因游江漢．覩其山秀異．遂更號曰九華山。又曰．山之上有池塘數畝．水田千石．其池魚長者半尋．頒首頳尾．珠鬐丹腹．人欲觀之．叩木魚卽躍．以可食之物散於池中．食訖而藏焉．其流洩爲龍池．溢爲瀑泉．入龍潭．潭有白墡窟．其土如麪．不墋歉．歲人多

食之。（太平御覽。埰磣通。）

東至黃石溪山頂。橫過雲峯堂。西至觀音堂溪。橫過西南九子嶺。西峯庵。（西疑作四。）南至松木橋。北至小橋庵溪。此傳說九華之四至也。（九華山錄）

九華東爲背。西爲面。峯巒之奇峭。巖壑之幽邃。唯華西爲多。舊志圖。皆詳於東而略於西。殊不足以盡九華之勝。（九華山錄）

施達曰。四方遙集化城。輒詫稱九華。徒爲福地侈爾。山水則概乎其未窺陟也。如廣勝寺一帶。目睫失之。邉問其他。廣勝西接青峭灣。北漸蓮華峯。鋭崿連雲。飛瀑洞海。層巖邃谷。乳竇怪石。窮幻極態。應接不暇。何止山陰道上行也。（天柱山房記）

九華之勝。東則九峯。以南爲最。南則蓮華。雙峯。天柱。天台。爲最。化城僅一東巖。足以塵襟而已。（天柱山房記）

九華羣峯之特出者。以數十計。爭峙其間者。以數百計。稱九十九峯。亦好事者槪其成。不能縷悉也。（九華散錄）

再附交通

九華之交通○九華山周迴二百餘里。高一千丈。而支山不與焉。南望石埭。西望貴池。東望涇川。北望大江。由徽州。寧國。池州（仍沿舊府制名稱。）以達九華。均係陸路。以徽州山路爲險遠。若沿江各省登山者。水道由大通入舟行二十里。抵銅埠。夏秋水漲。東行可抵橫橋。近年添置小輪。行程尤速。自銅埠抵青陽城。修築馬路。有（橡皮鋼絲）車以便行人。唯銅埠南行抵錢家隴（又作衕）。須由大通登義渡。或自買舟。春冬水落。均由大通陸行。信件往來。有郵政。無電報。餘詳路程表列後。

池州至九華路程表（西北路）

池州府城 ↕十里 白沙鋪 ↕十里 童婆鋪 ↕十里 土齊鋪 ↕十里 宗文鋪 ↕十里 石馬鋪 ↕五里 五溪。餘與北路同。

寧國至九華路程表

東路

寧國府城 →十里→ 長橋 →二十里→ 荷花塘 →十里→ 寒亭 →二十里→ 清弋江

→十里→ 浮橋 →十里→ 十里鋪 →十里→ 南陵縣城 →二十里→ 鵝嶺

→十里→ 三里店 →十里→ 煙燈鋪 →十里→ 劉李鋪 →十五里→ 黃金塔

→十里→ 喬木灣 →十五里→ 石堰橋 →廿五里→ 木竹鎮 →二十里→ 雙陪嶺

→五里→ 青陽縣城。餘與北路同。

徽州至九華路程表

東南路

徽州府城 → 十五里 → 封口 → 廿五里 → 許村 → 五里 → 金嶺 → 十四里 → 翁嶺

→ 二十里 → 湯家橋 → 十四里 → 三口 → 十二里 → 甘棠 → 十三里 → 楊家河

→ 十里 → 石埭縣 → 五里 → 煙墩橋 → 十里 → 崇覺寺 → 十里 → 陵陽鎮

→ 十五里 → 南陽灣 → 十里 → 一天門 → 十里 → 二天門 → 五里 → 分水嶺

→ 二里 → 轉身洞 → 三里 → 三天門 → 五里 → 平田岡 → 一里 → 大嶺頭

→ 一里 → 洗手亭 → 三里 → 地藏塔

大通至九華路程表

北路

大通 二十里 銅埠

銅埠 二里 → 五里 茅田 三里 錢家隴 七里 低嶺庵 十里 五溪

銅埠 二里 → 五里 六泉口 五里 廟前鎮 五里 老田 四里 利涉橋

銅埠 → 二聖殿 六里 大橋庵 四里 甘露寺 四里 九華望江亭

銅埠 十一里 → 十五里 西洪嶺 三里 華陽橋 七里 柯家隴

銅埠 十一里 → 十里 橫橋 五里 焦家埠 五里 青陽城

九華山志卷首終

九華山志卷一

聖迹門第一 分六

一釋名　二修證　三德相　四法要　五利生　六應化

三界火宅·稚子酣嬉。諸聖憫之·曲引出離。唯地藏王·大願靡涯。地獄不空·成佛無期。新羅降生·九華開基。一瞻一禮·功德難思。志聖迹。

一釋名

地藏菩薩·久成佛道·見如來不思議境界經因愍念衆生·隱本垂迹·現菩薩身。其功德無量無邊。名號亦無量無邊。以名召德·以德彰名·今約地藏二字而略釋之。菩薩所以名地藏者·有二義。一以喻德·二以顯行。一所謂喻德者·地如大地·有住持生長荷負三義。因此菩薩·於久遠劫來·分形說法·教化六道衆生·令衆生得所依止·此住持義也。所化衆生·除已成佛者外·或尚行菩薩道·或仍滯小乘果·或終在凡夫流浪生死。菩薩不捨教化·令衆生道力增長·此生長義也。釋迦如來在忉利天宮·以娑婆衆生·於彌勒下生以前·慇懃付託·囑令度脫·此荷負義也。故喻之以地。藏·如寶藏·有伏藏·足用·

贖命三義。謂此菩薩·具法身·般若·解脫之三德祕藏。衆生雖同具·而鮮發現·不得受用·如寶藏之隱伏·此伏藏義也。此之祕藏·具足無邊功德·應用無窮·如寶藏之足用·此足用義也。衆生性具無價寶珠·爲煩惱六賊所覆·意識惡王所害。菩薩教化·令開寶藏·用贖常住慧命·此贖命義也。故喻之以藏。又地·即心地·能載能生·藏即性藏·可出可納。無不從此法界流·名之爲出。無不還歸此法界·名之爲納。此菩薩證如來藏性·入一實境界。全體大用·互攝無遺·故名地藏也。二所謂顯行者·諸大菩薩·多從所觀境而立名。此菩薩觀地獄苦·發菩提心·證得地獄界之三德祕藏·能救十方大地獄苦·故名地藏。又此菩薩·常發大願·普任持一切大地·普任持一切種子·普令衆生隨意受用。其威神力·能令大地一切草木花果·皆加生長。藥苗穀實·成熟潤澤·香潔輭美。因此菩薩·以大地爲所觀境·而證得如來藏性·故名地藏也。

晉譯華嚴經入法界品·稱大地藏菩薩。秦譯羅摩伽經·（即入法界品別譯）稱持地藏菩薩。蓋以菩薩發願·普任持一切大地·大訓普·持訓任持也。唐譯本生心地觀經·稱地藏王菩薩爲今時通稱所本。王有尊貴義。如觀世音菩薩云。我之名號尊貴。難可得聞。此菩薩示二種觀法云。能如是觀此人名爲學習聞我名者。若雜亂垢心。雖誦我名。不名爲聞。故最尊貴。又王有嚮往義。誦此菩薩名者。皆增福滅殃。離苦得樂。故如來殷勤讚歎。令衆生知所歸依。故當嚮往。所以稱爲王也。夫名以表實。卽以召德。衆生一稱此菩薩名。而菩薩之全體大用。卽具足於一念之中。菩薩之神力智慧不可思議。卽名號功德不可思議。願讀者無忽焉。

二修證

菩薩久已證窮法界。圓滿三覺。其本地修證。莫可形容。卽迹門示現。垂形六道。拔濟衆生之種種行願。亦河沙難喻。今略舉數條。以示其概。地藏本願經略云。過去久遠不可說劫以前。菩薩曾爲大長者子。時世有佛。號曰師子奮迅具足萬行如來。時長者子見佛相好。因問作何行願。而得此相。佛告之言。欲得此身。當久度一切苦惱衆生。長者子因發願言。我今盡未來劫。爲是罪苦衆生。廣設方便。悉令解脫。我方成佛。

◯又於過去不可思議阿僧祇劫·時世有佛·號曰覺華定自在王如來。彼佛像法之中·有一婆羅門女·其母信邪·常輕三寶·命終魂神·墮無閒獄。時婆羅門女·知母不信因果·必生惡趣。遂賣家宅·廣求香華·及諸供具·於先佛塔寺·大興供養。婆羅門女·瞻禮佛容·心自念言·佛具一切智·我母死後·必知處所。佛自空中發聲告女·汝早返舍·端坐思惟吾之名號·即當知母所生去處。女歸·如佛所囑·經一日夜·忽覺自身到一海邊·其水涌沸·鐵身惡獸·飛走其上·逐諸男女百千萬數·出沒海中·爭取食噉。又見惡形夜叉·驅人逐獸·復自搏攫·頭足相就。其形萬類·不敢久視。鬼王無毒·稽首來迎·曰善哉菩薩·何緣來此。時婆羅門女·問是何處。答曰·是大鐵圍山·西面第一重海·內有地獄。造惡衆生·死後無人爲作功德·救拔苦難·生時又無善因。當據本業·感墮地獄·先渡此海。海凡三重·內是地獄·大者十八·次有千百·苦毒無量。婆羅門女問曰·我母死未久·不知魂神當至何趣。鬼王曰·菩薩之母·生習何業·姓氏何等。女曰·我母邪見·譏毀三寶·婆羅門種·號悅帝利。鬼王曰·悅帝利罪女·生天以來·經今三日。因承孝順之子爲母設供修福布施如來塔寺非唯菩薩之母地獄罪人此日悉得受樂俱同生訖言畢合掌而退婆羅門女尋如夢歸悟此事已便於覺華定自在王如來塔像之前立大誓願願我盡未來劫應有罪苦衆生廣設方便使令解脫○又過去無量劫前有佛號一切智成就如來未出家時爲小國王與一鄰國王爲友同行十善饒益衆生鄰國人民多造衆惡二王議計廣設方便一王發願早成佛道當度是輩令使無餘一王發願若不先度罪苦衆生令其安樂得至菩提我終未願成佛一王發願早成佛者卽一切智成就如來是一王發願永度罪苦衆生未願成佛者卽地藏菩薩是○又過去劫清淨蓮華目如來像法之中有一羅漢敎化所至遇一女人字曰光目設食供養羅漢問之欲願何等光目答曰我以母亡之日資福救拔未知我母生處何趣羅漢愍之爲入定觀見光目女母墮在惡趣受極大苦羅漢告之光目言汝可至誠念清淨蓮華目如來目言尊者慈愍如何哀救羅漢爲作方便勸光目言汝可至誠念清淨蓮華目如來兼塑畫形像存亡獲報光目聞已卽捨所愛尋畫佛像而供養之復悲泣瞻禮忽於

夜後夢見佛身放大光明而告光目汝母不久當生汝家纔覺飢寒即當言說其後家內婢生一子未滿三日泣告光目吾是汝母自別汝來累墮大地獄蒙汝福力方得受生爲下賤人壽年十三更落惡道汝有何計令吾脫免光目聞說知母無疑哽泣而白空界願我之母永脫地獄畢十三歲更無重罪十方諸佛慈愍聽我發大誓願若得我母永離三途及斯下賤乃至女人之身永劫不受者願我自今日後對淸淨蓮華目如來像前卻後百千萬億劫中所有世界地獄及三惡道諸罪苦衆生誓願救拔令離惡趣盡成佛竟然後方成正覺如來告之曰光目汝大慈愍善能爲母發如是大願汝母當生無憂國土壽命無量終成佛果光目女者地藏菩薩是也〇又佛告文殊譬如三千大千世界所有草木叢林稻麻竹葦山石微塵一物一數作一恆河一恆河沙一沙一界一界之內一塵一劫一劫之內所積塵數盡充爲劫地藏菩薩證十地果位已來千倍多於上喩何況地藏菩薩在聲聞辟支佛地。占察經佛告堅淨信此善男子（指地藏菩薩）發心已來過無量無邊不可思議阿僧祇劫。

久已能度薩婆若海、功德滿足。但依本願自在力故、權巧現化、影應十方、十輪經、佛言、如是大士。指地藏菩薩成就不可思議殊勝功德、已能安住首楞伽摩勝三摩地。善能悟入如來境界。已得最勝無生法忍。於諸佛法、已得自在。已能堪忍一切智位。已能超度一切智海。已能安住師子奮迅幢三摩地。善能登上一切智山。已能摧伏一切邪論。

如來不思議境界經、時有十佛刹微塵等他方諸佛、爲欲莊嚴毗盧遮那道場衆故、示菩薩形、來在會坐。其名曰、觀自在菩薩、文殊師利菩薩、地藏菩薩、普賢菩薩、如是等菩薩摩訶薩而爲上首。○據此經、則大士早已成佛。據本願經、則一切衆生未成佛、終不成佛、似覺相違。大士本分中事、自非衆生肉眼所能上測。然觀本願序品、十方不可說不可說諸佛來會、釋迦告文殊、此一切諸佛、皆地藏遠劫已度已成就者。此大士既已度無數衆生成佛、豈有自身尚未成佛之理。無非悲願至深、不願在一世界成佛。而權巧現化無央數身、影應十方、度脫衆生耳。各經或據本、或據迹、故不同・非相違也。

三德相

菩薩久經長劫修證之功德不可思議・而神通妙相亦不可思議。諸佛讚莫能窮・凡夫何可妄測。唯有竭誠盡敬・禮拜瞻仰・庶與菩薩之德相不相違背。今略引經言・以明菩薩神通之相。十輪經云・爾時南方大香雲來・雨大香雨。大花雲來・雨大花雨。殊麗寶飾雲來・雨妙寶飾雨。鮮潔衣服雲來・雨妙衣服雨。從諸香花寶飾衣服・演出種種大法音聲。謂歸敬三寶聲・忍辱柔和聲・精進勇猛聲・降伏四魔聲・趣入智慧聲・念定總持聲・空無相無願聲・慈悲喜捨聲・證得諸法聲・成熟有情聲・度三惡趣聲・修治圓滿六到彼岸聲・善巧方便聲・趣入十地聲・遊戲神通聲・不退轉地聲・無生法忍聲・灌頂受位聲・趣入一切諸佛大海聲。爾時一切大眾咸見如是種種雲雨・亦聞如是諸法音聲・隨意所樂・各見其身種種香花寶飾衣服之所莊嚴。又各自見兩手掌中・持如意珠。從一一如意珠中・放諸光明・見諸佛土・一一世尊無量眾會・恭敬圍繞。見諸佛土一切有情。若有病者。衆病除瘉。諸應被殺及囚繫者。皆得解脫。諸飢渴者。亦皆飽滿。諸被刑罰。皆離憂苦。諸少衣服寶飾珍財。隨念皆足。若諸有情。樂欲殺生。乃至邪見。由此光明之所照觸。皆悉樂欲遠離殺生。乃至邪見。若諸有情。爲種種求不得苦。光明照故。隨願皆得所受衆苦。無不休息。皆悉歡娛。受諸妙樂。爾時衆會其身欻然。地界增强。堅重難舉。既覩斯瑞。咸皆驚疑。何因何緣。而現此相○又世尊告帝釋曰。有菩薩名地藏。來此禮敬供養我。故現是變化。是地藏菩薩。有無量無數不可思議殊勝功德之所莊嚴。此大菩薩。是諸微妙功德伏藏。是諸解脫珍寶出處。是諸菩薩明淨眼目。是趣涅槃商人導首。是能生長善根良田。是能盛貯解脫樂器。是出妙寶功德賢瓶。照行善者。猶如朗日。照失道者。猶如明炬。除煩惱熱。如月清涼。是三善根殊勝果報。是三善本所引等流。常行惠施。如輪恆轉。持戒堅固。如妙高山。精進難壞。如金剛寶。安忍不動。猶如大地。靜慮深密。猶如祕藏。等至嚴麗。如妙花鬘。智慧深廣。猶如大海。無所染著。譬太虛空。伏諸外道。如師子王。降諸天魔。如大龍象。爲貧匱者、作如意寶。爲恐懼者作所歸依。令諸有情、善根不壞。現妙境界、令衆欣悅。勸發有情、增上慚愧。求福慧者、令具莊嚴。辯才無滯如水激輪。安忍堅住、如妙高山。總持深廣、猶如大海。神足無礙、譬若虛空。滅除一切惑障習氣、猶如烈日銷釋輕冰。常遊靜慮無色正道、一切智智妙寶洲渚、能無功用轉大法輪。是地藏菩薩、具如是等無量無數不可思議殊勝功德、與諸眷屬、欲來至此、先現如是神通之相。

按地藏菩薩儀軌、說畫像法、作聲聞形、著袈裟、覆左肩、左手持盈滿蓮華、右手施無畏、坐蓮華上。祕藏記曰、畫地藏菩薩、肉作白色、左手執蓮華、上有幢旛、右手持寶珠。今之塑畫大士像、亦作聲聞形、此與十輪經、及儀軌所說符合。唯左手持錫杖、右手執寶珠、與古訓微異。嗚呼、地藏菩薩、不可思議功德神通之相、十方諸佛窮劫讚歎不盡。我等凡夫、安能窺見萬一。但略述經證、藉測大海之一滴耳。

四法要

菩薩悲心深重、長劫利生、無非欲衆生離苦得樂。故所說之法、淺深雖殊、皆令衆生依一實境界之眞理・解脫差別幻苦爲扼要。占察經云・堅淨信菩薩・爲末世衆生福薄・國土數亂災害頻起種種戹難怖懼逼繞・設有行善法者但求世間利養名稱・不能專心修出法要。請問如來・設何方便令生信心・得除衰惱。佛令轉問地藏菩薩。地藏菩薩・爲示三種輪相占察三世善惡業報・兼示懺悔之法・茲不繁述。但節錄菩薩開示一實境界及唯心識・眞如實二種觀法。○堅淨信菩薩・問地藏菩薩言・云何開示求大乘者・進趣方便。地藏菩薩言・若有衆生欲向大乘者・應當先知最初所行根本之業。所謂依止一實境界・以修信解。所言一實境界者・謂衆生心體・從本以來・不生不滅。自性淸淨・無障無礙。猶如虛空・離分別故。平等普徧・無所不至。圓滿十方・究竟一相・無二無別・不變不異・無增無減。以一切衆生心・一切諸佛心・皆同眞如相故。所以者何・一切有心起分別者・猶如幻化・無有眞實。盡於十方虛空一切世界・求心形狀・無一區分而可得者。但以衆生無明癡暗熏習因緣・現妄境界・令生念著。所謂此心不能自知・妄自謂有・起覺知想・計我我所。而實無有覺知之相・以此妄心畢竟無體，不可見故。若無覺知能分別者，則無十方三世一切境界差別之相。以一切法，皆不能自有，但依妄心分別故有。所謂一切境界各各不自念爲有。知此爲自，知彼爲他。是故一切法不能自有，則無別異。唯依妄心，不知不了內自無故。謂有前外所知境界，妄生種種法想，謂有謂無，謂彼謂此，謂是謂非，謂好謂惡，乃至妄生無量無邊法想。當如是知一切諸法，皆從妄想生，依妄心爲本。然此妄心，無自相故，亦依境界而有。所謂緣念覺知前境界故，說名爲心。又此妄心與前境界，雖俱相依，起無先後。而此妄心能爲一切境界源主。所以者何，謂依妄心不了法界一相，故說心有無明。依無明力因故，現妄境界。亦依無明滅故，一切境界滅。非依一切境界自不了故，說境界有無明。亦非依境界故，生於無明。以一切諸佛於一切境界不生無明。故又復不依境界滅故無明心滅。以一切境界從本已來體性自滅，未曾有故。因如此義，是故但說一切諸法依心爲本。當知一切諸法，悉名爲心。以義體不異，爲心所攝故。又一切諸法，從心所起，與心作相，和合而有，共生共滅，同無有住。以一切境界，但隨心所緣、念念相續故、而得住持、暫時爲有。如是所說心義者、有二種相、一者心內相、二者心外相。心內相復有二種。一者眞、二者妄。所言眞者、謂心體本相、如如不異、淸淨圓滿、無障無礙、微密難見。以徧一切處、常恆不壞、建立生長一切法。故所言妄者、謂起念分別、覺知緣慮、憶想等事、雖復相續、能生一切種種境界、而內虛僞、無有眞實、不可見。故所言心外相者、謂一切諸法種種境界等、隨有所念、境界現前、故知有內心及內心差別。如是當知內妄相者、爲因爲體、外妄相者、爲果爲用。依如此等義、故說一切諸法悉名爲心。又心外相者、如夢所見種種境界、唯心想作、無實外事。一切境界悉亦如是。皆依無明識夢所見妄想作故。復次應知內心念念不住、故所見所緣一切境界、亦隨心念念不住。所謂心生故種種法生、心滅故種種法滅。是生滅相、但有名字、實不可得。以心不往至於境界、境界亦不來至於心。如鏡中像、無來無去。是故一切法、求生滅定相、了不可得。所謂一切法畢竟無體、本來常空、實不生滅。故如是一切法實不生滅者、則無一切境界差別之相、寂靜一味、名爲眞如第一義諦・自性清淨心○彼自性清淨心・湛然圓滿・無分別相故○無分別相者・於一切處・無所不在○無所不在者・以能依持建立一切法故○復次彼心名如來藏・所謂具足無量無邊不可思議無漏淸淨功德之業○以諸佛法身・從無始本際來無障無礙自在不滅○一切現化種種功業・恆常熾然未曾休息○所謂徧一切世界・皆示作業種種化益故○以一佛身・卽一切佛身・一切佛身・卽一佛身○所有作業・亦皆共一○所謂無分別相不念彼此・平等無二○以依一法性而有作業・同自然化・體無別異故○如是諸佛法身徧一切處・圓滿不動故○隨諸衆生死此生彼・恆爲作依○譬如虛空・悉能容受一切色像・種種形類・皆依虛空而有建立生長・住虛空中・爲虛空處所攝○以虛空爲體・無有能出虛空界分者○當知色像之中・虛空之界・不可毀滅○色像壞時・還歸虛空○而虛空本界・無增無減・不動不變○諸佛法身・亦復如是・悉能容受一切衆生種種果報○一切衆生種種果報・皆依諸佛法身而有建立生長・住法身中・爲法身所攝○以法身爲體・無有能出法身界分者○當知一切衆生身中諸佛法身・亦不可毀滅○若煩惱斷時・還

歸法身而法身本界·無增無減·不動不變。但從無始世來·與無明心俱·癡暗因緣熏習力故·現妄境界。以依妄境熏習因緣故·起妄相應心·計我我所·造集諸業·受生死苦·說彼法身·名爲衆生。若衆生中·法身熏習而有力者·煩惱漸薄·能厭世間·求涅槃道·信歸一實·修六波羅蜜等一切菩提分法·名爲菩薩。如是菩薩中·修行一切善法滿足·究竟得離無明睡者·轉名爲佛。當知衆生菩薩佛等·但依世間假名言說故·而有差別。而法身之體·畢竟平等·無有異相·是名略說一實境界義。若欲依一實境界修信解者·應當學習二種觀道。一者唯心識觀·二者眞如實觀。學唯心識觀者·所謂於一切時·一切處·隨身口意有所作業·悉當觀察·知唯是心。乃至一切境界隨心有所緣念·當使心隨逐彼念·令心自知。知己內心自生想念·非一切境界有念有分別也。若使離心·則無一法一相而能自見有差別也。常應如是守記內心·知唯妄念無實境界·勿令休廢·是名修學唯心識觀。若心無記·不知自心念者·卽謂有前境界·不名唯心識觀。又守記內心者·則知貪想瞋想·及愚癡邪見想·知善·知不善·知無記·

知心勞慮種種諸苦。若於坐時・隨心所緣・念念觀知唯心生滅。譬如水流鐙燄・無暫時住・從是當得色寂三昧。得三昧已・次應學習信奢摩他觀心・及信毗婆舍那觀心。習信奢摩他觀心者・思惟內心不可見相圓滿不動・無來無去本性不生不滅・離分別故。習信毗婆舍那觀心者・想見內外色・隨心生・隨心滅。乃至習想見佛色身亦隨心生・隨心滅。如幻如化・如水中月・如鏡中像。非心不離心・非來非不來非去非不去・非生非不生・非作非不作。若能習信此二觀心者・速得趣會一乘之道。當知如是唯心識觀・名爲最上智慧之門。能令其心猛利・長信解力・疾入空義・得發無上大菩提心故。二若學習眞如實觀者・思惟心性・無生無滅・不住見聞覺知・永離一切分別之想。漸漸能過空處・識處・無少處・非想非非想處等定境界相・得相似空三昧。得相似空三昧時・識想受行粗分別相・不現在前。從此修學・爲善知識大慈悲者守護長養・展轉能入心寂三昧。○復次修學如上信解者・人有二種・一者利根・二者鈍根。其利根者・先已能知一切境界・唯心所作・虛誑不實・如夢如幻等・決定無疑。陰蓋輕微・散亂心少。如是等人。卽應學習眞如實觀。其鈍根者。先未能知一切境界悉唯是心。虛誑不實。故染著情厚。蓋障數起。心難調伏。應當先學唯心識觀。若人雖學如是信解。而善根業薄。未能進趣。諸惡煩惱。不得漸伏。其心疑怯。畏墮惡道。畏不常値佛菩薩。不得聽受正法。有此疑。及種種障礙者。應於一切時。一切處。常勤誦念我之名字。若得一心。善根增長。其意猛利。當觀我法身。及諸佛法身。與己自身。體性平等。無二無別。常樂我淨。功德圓滿。是可歸依。又復觀察己身心相。無常。苦。無我。不淨。如幻如化。是可厭離。若修如是觀者。速得增長淨信之心。所有諸障。漸漸損減。此人名爲學習聞我名者。亦能學習聞十方諸佛名者。名爲學習至心禮拜供養我者。亦能學習至心禮拜供養十方諸佛者。此人捨身。終不墮惡道八難之處。還聞正法。習信修行。亦能隨願往生他方淨佛國土。復次。若人欲生他方現在淨國者。應當隨彼世界佛之名字。專意誦念。一心不亂。如上觀察者。決定得生彼佛淨國。善根增長。速獲不退。

按此經。蕅益大師。稱爲末世救病神丹。特作義疏。爲之發揮。學佛者。不可不讀。

本願經·地藏菩薩言·若有衆生·不孝父母·或至殺害·出佛身血·毀謗三寶·不敬尊經·侵損常住·點汙僧尼·或殺或害。僞作沙門·欺誑白衣。違背戒律·偷竊常住財物穀米飲食衣服·乃至一物不與取者·當墮無閒地獄·千萬億劫·求出無期。求暫停苦一念不得。○又佛告四天王·地藏菩薩久遠劫來·迄至於今·度脫衆生·猶未畢願。慈愍此世罪苦衆生·復觀未來無量劫中·因蔓不斷·以是之故·又發重願·如是菩薩於娑婆世界閻浮提中·百千萬億方便而爲教化。四天王·地藏菩薩·若遇殺生者·說宿殃短命報。若遇竊盗者·說貧窮苦楚報。若遇邪淫者·說雀鴿鴛鴦報。若遇惡口者·說眷屬鬭諍報。若遇毀謗者·說無舌瘡口報。若遇瞋恚者·說醜陋癃殘報。若遇慳悋者·說所求違願報。若遇飲食無度者·說飢渴咽病報。若遇畋獵恣情者·說驚狂喪命報。若遇悖逆父母者·說天地災殺報。若遇燒山林木者·說狂迷取死報。若遇前後父母惡毒者·說返生鞭撻現受報。若遇網捕生雛者·說骨肉分離報。若遇毀謗三寶者·說盲聾瘖瘂報。若遇輕法慢教者·說永處惡道報。若遇破用常住者·說億劫輪迴地獄報。若遇汙梵誣僧者、說永在畜生報。若遇湯火斬斫傷生者、說輪迴遞償報。若遇破戒犯齋者、說禽獸飢餓報。若遇非理毀用者、說所求闕絕報。若遇吾我貢高者、說卑使下賤報。若遇兩舌鬬亂者、說無舌百舌報。若遇邪見者、說邊地受生報。如是等閻浮提衆生、身口意業惡習結果百千報應、業感差別。地藏菩薩百千方便而敎化之。○又大辯長者問地藏菩薩言、閻浮衆生、命終之後眷屬爲修功德乃至設齋造衆善因、是命終人、得利益不。地藏答言、諸衆生臨命終日、得聞一佛名、一菩薩名、不問有罪無罪、悉得解脫。若在生不修善因、多造衆罪、命終之後眷屬爲造福利、七分獲一。六分功德、生者自利。以是之故、未來現在善男女等、聞健自修、分分己獲。無常大鬼、不期而到。七七日內、如癡如聾。或在諸司辯論業果、審定之後、據業受生。未測之間、千萬愁苦。何況墮諸惡趣。是命終人、在七七日內、念念望諸骨肉眷屬造福救拔。過是日後、隨業受報。是故若爲父母乃至眷屬命終之後、設齋供養、志心勤懇、存亡獲利。○又地藏菩薩言、一切衆生、但念得一佛名號、功德無量。何況多名。是衆生等、生時死時、自得大利、終不墮惡道。若臨終人家中眷屬、爲是病人高聲念一佛名、是命終人、除五無閒罪、餘業等報、悉得消滅。何況自稱自念、獲福無量、滅無量罪。此外有金剛三昧經最後一品、地藏菩薩說諸法緣生緣生無相之義、茲不繁引。又地藏菩薩滅定業眞言、即蒙山施食中（唵鉢囉末鄰陀顊娑婆訶）十字。蕅益大師住九華時、曾結壇百日、持五百萬徧。又廣化緇素共持十萬萬、求轉大地衆生共業。蓋其時在明崇禎八九年、張李等流寇焚掠於川陝、以至長江、殺機大發。而河北中原各省、又饑荒至人相食、其慘狀正與今之時同。故大師提倡共誦眞言、以冀禍亂潛消、早見昇平。今之有心救世者、可仿而行之也。民國癸酉夏、許止淨識◯以上節錄地藏菩薩開示法要、讀者能知一實境界義、信知我等凡夫心體、豎窮橫徧、無欠無餘、自性清淨、無垢無染、與諸佛法身、無二無別、十法界依正、如幻如化、唯心所現、即是得開圓解。能修唯心識、眞如實二觀、斷惑證眞、回向淨土、固是上品資糧。即不能深修二觀、法而信知我身是彌陀心內之衆生、彌陀是我心內之本佛十萬億刹土。不隔毫端。發願往生。亦操左券。如更不能解此義諦。則實行孝順父母。恭敬三寶。持殺盜淫妄四戒。除貪瞋邪見三毒。俾不爲惡業所牽。一心念佛及菩薩名。求生淨土。亦必得生。大士說法。三根普被。究以得生淨土爲歸。學者信受而奉行之。則不負大士法施之恩矣。

五利生

菩薩悲愍之心無窮。而利生之事亦無盡。所以釋尊慇懃付囑。菩薩一肩荷擔。實爲娑婆衆生解脫諸苦之依怙。地藏本願經云。爾時百千萬億不可思議無量阿僧祇世界所有地獄處分身地藏菩薩。俱來集在忉利天宮。各方面諸得解脫從業道出者。亦各有千萬億那由他數。來供養佛。是諸衆等。久遠劫來。流浪生死。六道受苦。以地藏菩薩廣大慈悲深誓願故。各獲果證。爾時世尊摩百千萬億不可思議無量阿僧祇世界諸分身地藏菩薩頂而作是言。吾於五濁惡世。教化衆生。捨邪歸正。十有一二。尚惡習在。若墮惡趣。受大苦時。汝當憶吾慇懃付囑。令娑婆世界至彌勒出世以來衆生悉得解脫永離諸苦遇佛授記時諸世界分身地藏菩薩共復一形白佛言我從久遠劫來蒙佛接引使獲不可思議神力具大智慧我所分身徧滿百千萬億恆河沙世界每一世界化百千萬億身每一身度百千萬億人令歸敬三寶永離生死至涅槃樂但於佛法中所爲善事一毛一渧一沙一塵我漸度脫使獲大利唯願世尊不以後世惡業衆生爲慮○又佛告定自在王言地藏菩薩過去久遠劫中發恆河沙願廣度衆生未來世中若男子女人行惡者不信因果者邪淫妄語者兩舌惡口者毀謗大乘者如是衆生必墮惡趣若一彈指頃歸依地藏菩薩卽得解脫三惡道報若能志心歸敬及瞻禮讚歎香華衣服珍寶飲食如是奉事者未來百千萬億劫中常在諸天受勝妙樂若天福盡下生人間猶百千劫常爲帝王能憶宿命因果本末地藏菩薩有如此不可思議大威神力廣利衆生○又佛告普廣菩薩若有善男子善女人聞地藏菩薩名者或合掌者讚歎者作禮者戀慕者是人超越三十劫罪若彩畫形像或土石膠漆金銀銅鐵作此菩薩一瞻一禮者是人百返生於

三十三天·永不墮惡道。若惡人·見人歸敬地藏菩薩形像·妄生譏毀·謗無功德。或笑或非·乃至一念生譏毀者·是人賢劫千佛滅度·尙在阿鼻地獄·受極重罪。過是劫已·方受餓鬼。又經千劫·復受畜生。又經千劫·方得人身。貧窮下賤·多被惡業結心·不久復墮惡道。○又堅牢地神白佛言·地藏菩薩·於閻浮提有大因緣。如文殊·普賢·觀音·彌勒·亦化百千身形·度於六道·其願尙有畢竟。是地藏菩薩·教化六道衆生·所發誓願劫數·如千百億恆河沙。現在未來衆生·於所住處南方清潔之地·塑畫地藏形像·燒香供養·瞻禮讚歎·是人居處·卽得十種利益。一土地豐壤·二家宅永安·三先亡生天·四現存益壽·五所求遂意·六無水火災·七虛耗辟除·八杜絕惡夢·九出入神護·十多遇聖因。○又觀世音菩薩白佛言·地藏菩薩·具大慈悲·憐愍罪苦衆生·於千萬億世界·化千萬億身。所有功德·及不思議威神之力·正使過去現在未來諸佛·說其功德·猶不能盡。唯願世尊·爲一切衆生·稱揚地藏不思議事·令瞻禮獲福。佛告觀世音菩薩·汝於娑婆世界·有大因緣。六道罪苦衆生·聞汝名者·於無上道·必不退轉。汝今聽吾宣說地藏菩薩利益之事。諸世界中・六道衆生・臨命終時・得聞地藏菩薩名・一聲歷耳根者・永不歷三惡道苦。或使病人知道眷屬・將舍宅寶貝等・爲其自身塑畫地藏菩薩形像。是人若是業報合受重病者・承斯功德・壽命增益。命盡合墮惡趣者・承斯功德・卽生人天・受勝妙樂。一切罪障・悉皆消滅。若未來世有善男子善女人・欲救度衆生者・欲出離三界者・欲求現在未來百千萬億等願・百千萬億等事・但歸依瞻禮供養讚歎地藏菩薩形像・如是所願所求・悉皆成就。若諸人等・衣食不足・求者乖願・或多疾病・或多凶衰・家宅不安・眷屬分散。或諸横事・忤身睡夢驚怖。是人聞地藏名・見地藏形・至心恭敬・念滿萬徧・是諸不如意事・漸漸消滅。卽得安樂・衣食豐溢。若善男子善女人・或因治生・或因公私・或因急事・入山過河・或經險道・當念地藏菩薩名萬徧・所過土地・鬼神衞護・行住坐臥・永保安樂。虎狼師子・一切毒害・不能損之。是地藏菩薩・於閻浮提・有大因緣。若說於諸衆生見聞利益等事・百千劫中・說不能盡。

◯又爾時世尊・又摩地藏菩薩頂言・汝之神力・不可思議。汝之慈悲・不可思議。汝之智慧、不可思議。汝之辯才、不可思議。正使十方諸佛、讚歎宣說、千萬劫中、不能得盡。地藏、記吾今日在忉利天、於百千萬億不可說不可說一切諸佛菩薩、天龍八部、大會之中。再以諸衆生等未出三界在火宅中者、付囑於汝。無令衆生墮惡趣中一日一夜、何況更落五無間及阿鼻地獄、動經千萬億劫、無有出期。地藏、是閻浮衆生、志性無定、習惡者多、縱發善心、須臾卽退。若遇惡緣、念念增長。是故吾分形百千億、隨其根性、而度脫之。今慇懃以天人衆付囑與汝。未來之世、若有人於佛法中種少善根、一毛一塵、汝以道力擁護是人、漸修無上、勿令退失。若人隨業報應當墮惡趣、若能念得一佛名、一菩薩名、一句一偈大乘經典。汝以神力方便救拔、於是人所現無邊身、爲碎地獄、遣令生天、受勝妙樂。爾時地藏菩薩、胡跪合掌、白佛言、唯願世尊不以爲慮。未來世中、若善男子善女人、於佛法中一念恭敬、我亦百千方便度脫是人、於生死中速得解脫。何況聞諸善事、念念修行、自然於無上道、永不退轉。

十輪經、佛言、此善男子、(指地藏)每晨朝時、入殑伽河沙等諸定、徧於十方諸佛國土、成熟一切有情隨其所應利益安樂。此善男子、已於無量無數大劫、五濁惡世、無佛世界、成熟有情。復於當來、過於是數。以諸定力除刀兵劫、令諸有情互相慈愍。除疫病劫、令諸有情皆得安樂。除饑饉劫、令諸有情皆得飽滿。此善男子、以諸定力作如是等無量無邊不可思議利益安樂諸有情事。此善男子、成就無量無數不可思議殊勝功德。曾於過去無量無數殑伽沙等佛所、爲欲成熟利益安樂諸有情故、發起大悲、堅固難壞、勇猛精進、無盡誓願。由此誓願勢力、於一食頃、能度無量百千俱胝那庾多數諸有情類、皆令解脫種種憂苦。及令一切如法所求、意願滿足。若諸有情、憂苦逼切、至心念誦地藏菩薩、皆得離諸憂苦。若飢渴所逼、至心念誦地藏菩薩、皆得飲食充足。若少種種衣服寶飾醫藥牀敷、及諸資具、至心念誦地藏菩薩、一切所求、無不備足。若愛樂別離、怨憎合會、至心念誦地藏菩薩、皆得愛樂合會、怨憎別離。若衆病所惱、至心念誦地藏菩薩、皆得身心安隱、衆病除癒。若互相乖違、興諸鬬諍、至心念誦地藏菩薩、皆得捨毒害心、展轉愧悔、慈心相向。若杻械枷鎖、檢繫其身、至心念誦地藏菩薩、皆得解脫牢獄、自在歡樂。若被囚執鞭撻、臨當被害、至心念誦地藏菩薩、皆得免離鞭撻加害。若諸根不具、隨有損害、至心念誦地藏菩薩、皆得諸根具足、無有損壞。若顛狂心亂、鬼魅所著、至心念誦地藏菩薩、皆得心無狂亂、離諸擾惱。若貪欲瞋恚愚癡忿恨慳嫉憍慢惡見睡眠放逸疑等事、皆悉熾盛、至心念誦地藏菩薩、皆得離貪欲等、身心安樂。若爲火所焚、爲水所溺、爲風所飄、或於山巖崖峯樹舍、顛墜墮落、至心念誦地藏菩薩、皆得離諸厄難、安隱無損。若諸毒蛇毒蟲所螫、或被種種毒藥所中、至心念誦地藏菩薩、皆得離諸惱害。若惡鬼所持、成諸瘧病、或令狂亂、迷悶失念、至心念誦地藏菩薩、皆得解脫無畏、身心安適。若爲惡獸蠱毒厭禱呪術怨賊軍陣及餘種種諸怖畏事之所纏繞、至心念誦地藏菩薩、皆得離諸怖畏、保全身命。若爲世出世間諸利樂事、於追求時、爲諸憂苦所逼、至心念誦地藏菩薩、皆離憂苦、意願滿足。若以諸種子植於荒田、至心念誦地藏菩薩、令彼一切果實豐稔。此善男子、爲欲成熟諸有情故、常普任持一切大地一切種子、普令有情隨意受用。若諸有情、造作殺生、或不與取、或邪行誑語、或貪或瞋、或復邪見十惡業道、能至心念誦地藏菩薩、一切煩惱、皆悉消滅。遠離十惡、成就十善。此善男子、於一食頃、能於無量無數佛土、一一土中、度脫無量無數殑伽沙等所化有情、令離苦得樂。隨其所應、安置生天涅槃之道。此善男子、爲欲成熟諸有情故、於十方界、或現天身、或佛身、或菩薩身、或獨覺身、或聲聞身、或轉輪王身、或刹帝利身、或婆羅門身、或筏舍身、亦云吠奢、即商賈。或戍達羅身、亦云戍陀羅、即農人。或丈夫身、或婦女身、或童男身、或童女身、或健達縛身、阿素洛身、緊捺洛身、莫呼洛伽身、龍身、藥叉身、羅刹身、鳩畔茶身、畢舍遮身、亦作毗舍闍餓鬼身、布怛那身、亦作富單那羯吒布怛那身、奧闍訶洛鬼身、或作種種禽獸身、或作剡魔王身、或地獄卒身、或地獄諸有情身、現作如是等無量無數異類之身、爲諸有情、如應說法。隨其所應、安置三乘不退轉位。如是大士成就如是不可思議功德。假使有人、於彌勒、妙吉祥、觀自在、普賢、殑伽沙等諸大菩薩所、於百劫中、至心歸依、稱名、禮拜、供養、求諸所願。不如一食頃、至心歸依稱名禮拜供養地藏菩薩、求諸所願·速得滿足。所以者何·地藏菩薩·久修堅固大願大悲·勇猛精進·過諸菩薩。是故汝等·應當供養。爾時地藏菩薩白佛言·我當濟度四洲渚世尊弟子·令得增長憶念·增長壽命·增長色力·增長名聞·增長資具·增長親友·增長弟子·增長淨戒·增長多聞·增長慧捨·增長妙定·增長安忍·增長方便·增長覺分聖諦光明·增長趣入大乘正道·增長法明·增長成熟有情·增長大慈大悲·增長一切白法·增長妙稱徧滿三界·增長法雨普潤三界·增長一切大地精氣滋味·增長一切衆生精氣·善作事業·增長正法善行·增長智慧光明·增長六到彼岸妙行·增長五眼·增長灌頂·增長生天涅槃。

觀此·足知地藏菩薩·於釋迦已去·彌勒未來之際·其利生功德·無與比倫。能於形像前一瞻一禮者·福不唐捐。而舊志序文詩句中·每疵朝山拜佛爲愚·不知自犯極重罪業·將來後悔無及。飲狂泉者·不自知狂·而以不狂者爲狂·哀哉。

六應化

法身大士·垂形六道·隨類度生。地藏菩薩·誓願宏深·其分身塵刹·盡大地·無非爲其應化道場。忝凡愚不識、莫能瞻禮。特隨順衆生、示金地藏爲應化之身、指九華山爲駐錫之所、俾衆生投誠有地耳。宋高僧傳、載唐池州九華山化城寺釋地藏、姓金氏、新羅國王之支屬也。心慈而貌惡、穎悟天然。七尺成軀、頂聳奇骨、特高才力、可敵十夫。嘗自誨曰、六籍寰中、三淸術內、唯第一義與方寸合。於時落髮涉海、捨舟而徒、振錫觀方、邂逅至池陽、覩九子山焉、心甚樂之。乃徑造其峯、得谷中之地、面陽而寬平、其土黑壤、其泉滑甘。巖棲澗汲、趣爾度日。藏嘗爲毒螫、端坐無念。俄有美婦人作禮饋藥云、小兒無知、願出泉以補過。言訖不見、視坐石石間潺潺然、時謂爲九子山神爲涌泉資用也。其山天寶中李白遊此、號爲九華焉。藏素願寫四大部經、遂下山至南陵。有俞蕩等、寫獻焉、得以歸山。至德年初、有諸葛節、率村父自麓登高、深極無人、雲日鮮明。居唯藏孤然閉目石室、其旁有折足鼎、鼎中白土和少米、烹而食之。羣老驚歎曰、和尚如斯苦行、我曹山下列居之咎耳。相與同構禪宇、不累載而成大伽藍。建中初、張公巖典是邦、仰藏之高風、因移舊額、奏置寺焉。本國聞之、率以渡海相尋。

其徒且多・無以資歲・藏乃發石得土・其色青白・不磣如麪・而供衆食。其衆請法以資神・不以食而養命。南方號爲枯槁衆・莫不宗仰・龍潭之側・有白墡・硎取之無盡。以貞元十九年夏・忽召衆告別・罔知攸往。但聞山鳴石隕・扣鐘嘶嗄・跏趺而滅。春秋九十九。其屍坐於函中・洎三稔・開將入塔・顏貌如生。舉舁之・動骨節若撼金鎖焉。經云・菩薩鉤鎖百骸・鳴矣是知爲菩薩應世。乃立小浮圖於南臺・是藏宴坐之地。其地發光如火・因名其嶺曰神光。至今頂禮者・數千里接踵而至・歲無虛日・實爲靈感所致也。

僧傳舊志參合

上來述大士之應化已竟・讚曰・菩薩攝化衆生・遇緣乃現・往往存時不知・滅後方顯。一以令人勿輕視時僧・一以引人生聖者難遭之想。而大士之來也・不隱其名・殆亦大士度人願弘・欲使聞者早得解脫乎。觀夫謝罪獻泉・白土供衆・不可思議之神用・先已見其端倪。逮滅後感應愈彰・而九華大士道場・遂永建於千古。此土衆生・亦何其與大士之緣深若是也。然唐代至今・時越千年・而傳聞有異・紀載稍殊。應備錄之、以資參考。

按神僧傳云、佛滅度一千五百年、菩薩降迹於新羅國主家、姓金、號喬覺。唐高宗永徽四年、二十四歲、祝髮、攜白犬善聽、航海而來。至江南池州東青陽縣九華山、端坐九子山頭、七十五載。至開元十六年七月三十夜成道、計年九十九歲。時有閣老閔公、素懷善念、每齋百僧、必虛一位、請洞僧足數。僧乃乞一袈裟地、公許之。衣偏覆九峯、遂盡喜捨。其子求出家、即道明和尚。公後亦離塵綱。菩薩入定二十年、至至德二年七月三十日、顯聖起塔、至今成大道場。見百丈清規證義

又按費冠卿化城寺記、大士示寂、爲貞元十年夏。而宋傳則云十九年夏、相差九年。但皆謂年九十九歲。神僧傳則云九十九歲成道、又謂之入定、入定殆即示寂之意。而時則在開元十六年、開元十六年至貞元十九年、則相差七十七年。神僧傳、大士於永徽四年來華、時二十四歲、端坐七十五載、至開元十六年、年九十九、成道入定、考之唐史、歲數不悞。然謂入定二十年、至至德二年顯聖、考唐史有三

十年。是其所記有十年之錯。宋傳不載來華之歲。費記謂開元末。有僧檀。居九華。爲豪吏所逐。時地藏泛海來游。覩山勁進。則大士來華。當在開元末。或天寶初。較神僧傳所云永徽四年。則相去八十九年。明嘉靖九華志。更謂大士於建中元年來漢。則在至德二年造寺後之二十二年。後人考古。莫衷一是。但費冠卿家住九華。爲元和二年進士。去貞元十年。祇隔十三年。與地藏爲同時同地之人。其所記自足爲千秋信史。各傳之訛。不待辯矣。

大士送童子下山詩（此詩已載全唐詩集。及唐詩摘鈔。非但收句制勝。通篇韻律。亦覺莊嚴。）

空門寂寞爾思家。禮別雲房下九華。愛向竹欄騎竹馬。嬾於金地聚金沙。瓶添澗底休拈月。鉢洗池中罷弄花。好去不須頻下淚。老僧相伴有煙霞。

九華山志卷一終

附錄持名解厄

唐別駕健渴。信心淸淨。奉法爲旨。一日問僧。在家居士。將事何佛菩薩。諸僧異辭。有云。宜事地藏。受佛勅故。健渴自念。既受佛勅。豈捨我等。即求栴檀。造三寸像。籠於髻中。行住坐臥。稱念名號。莊宗天成中。天下兵亂。健渴被圍。受死須臾。即念地藏大將策騎。驚惶捨去。兵亂平後。語此因緣。聞者歎異。長興年中。赴任所時。怨家聞之。欲加刑害。伏路以待。只見沙門過往。都不見渴。悔謝解怨。又途中夜宿。天降大雨。燈火都滅。髻中聖像放光如晝。忽有微音如幼人曰。早去早去。即驚異之。以光前導。去宿別處。明日洪水大起。宿所深陷水底。自知地藏菩薩救護。淸泰二年。行年七十八歲。方卒。臨命終時。髻放光。合掌念佛。安然而沒。光明指天升去。

九華山志卷二

形勝門第二（內分山·峯·嶺·巖·石·洞·臺·水·泉·溪·澗·潭·池·源·灘·井·塘·灣·橋·城·門·田·二十二子目。）

謫仙詠秀·夢得驚奇。奇中之奇·文成始知。金光溢洞·翠羽流池。獅子行道·鳳凰展旗。蓮峯九九·環拱塔基。高山佛日·億載長垂。志形勝。

九華山（全山之內·另標二小山名。）　在安徽青陽縣西南四十里·俗又稱曰大九華山。因地藏菩薩應化其間·故列于震旦國中四大名山之一·與清涼·峨眉·普陀·並尊。其峯巒之聳秀·山川之幽奇·亦實甲于東南。大士特地而來·卓錫于茲·良有以也。至全山之大概·卷首圖說已詳言之·此不復贅。今特將山中形勝·分山·峯·嶺·巖·石·洞·臺·水·泉·溪·澗·潭·池·源·灘·井·塘·灣·橋·城·門·田·等一一分列子目·逐名詳載所在·俾遊者便以覽勝·文人藉作坐遊。今又于全山之中·另有二小山名·復次第列之于下。

諫堂山　因有滕子京書堂故名。●清馮淮詩·封事名高是讀書·屢逢嚴譴意何如。

後人誰不推忠孝、記得當年司諫廬。

雲鶴山　在北、又名靈鶴山。

峯共計五十九峯

天台峯　自黃山來、入靑陽南境、爲九華最高峯。横岡疊巘、星羅雲布、要以天台一峯爲統宗。其勝俱在嶺巔、雲峽間嶺東西諸小庵。巨石淸泉、蚪松怪柏、亦一登眺之逸境云。●明曹學佺詩、九峯如九子、盡與我爲羣。重露排開嶺、斜陽送入雲。偃松巖畔見、香草澗邊聞。已隔化城寺、杳無人俗氛。●劉城詩、天台高處不勝寒、四望悲風獨立難。我以輕衫當晝解、僧云巖雪昨宵乾。木皮覆屋冬能好、竹葉編籬臥亦安。忽覩金光開世界、鎭南一塔石中看。●淸宗觀詩、絕境天台最、山盤路寂寥。足危緣竹石、眼放卽雲霄。隔水鐘聲近、深林樵響遙。料應王子晉、縹緲坐吹簫。

七賢峯　在金剛尖分水嶺西。七峯端立如人、故名。

仙人峯　在陵陽山之西、一名仙姑尖。舊傳竇子明、劉光世、楊元秉、陳昇卿、所經游處。頂昂石壇·夜吐金碧光。樵夫入萬壑煙霞中·見若仙者·焉若將軍者焉·若相國儒者焉·隱現不常。歲旱·叟柴燔其壇·輒雨。●青陽縣志載·陳復源·（亦作伏元）性至孝友·父客死·源號泣奔赴·扶柩歸·母亦尋卒·合葬仙人峯下·廬墓二十餘年。

翠屏峯　在雲外峯西。

香林峯　在雲外峯南。西則平田岡·傍則金光洞。此峯多藥草。

古仙峯　在五臺院南·昔傳有仙人居之。

眞武按劍峯　在天台南。其麓有巨石·狀類龜蛇。

九子峯　在碧雲峯側·列峙者九·尤多小峯。林滋詩云·大者嶙峋若虎兕·小者巋嵬如嬰兒。初山名九子·以此。太白乃更名九華云。●明袁中道詩·多時餐黛色·逼視益孤清。切玉峯端過·盤鴉髻上行。雪明雙水合·雲布萬山平。重見眞尤物·移予選勝情。●清宗觀詩·綠水銀河挂·九華一峯雲放一峯遮。黏天青削芙蓉秀·穿出雲尖朵朵花。

天柱峯　在淨居翠峯西南。聳拔千仞、如柱倚天、此華東第一峯也。邑人施達書堂在焉。其下有天柱庵、今爲翠峯寺。●宋陳巖詩、鬼爛神焦不救燃、誰知此柱固依然。九關當藉扶持力、莫令人間憂杞天。

列仙峯　在香林峯北、與天柱峯相屬。峯頂石有人形、行者、顧者、舞者、拜者、接踵而從、儼然仙侶之列也。●明王守仁詩、靈峭九萬丈、參差生曉寒。仙人招我去、揮手碧雲端。

展旗峯　在天柱峯側。古詩云、山形南去疾如馳、高處展開三丈旗、得其狀矣。

梅花峯　在展旗峯西。五石挺峙、峭入雲端、有枯株含萼之象。●宋陳巖詩、僵立枯梢帶雪霜、至陰極處動潛陽。不嫌孤寂無人到、一點春風萬壑香。

玉甑峯　在列仙峯北、碧雲峯南。色類瑱瑚、形如盌、脫下有懸巖竈釜相似、故名玉甑。●宋陳巖詩、茹芝仙客老仙鄉、淨盡人間粒食腸。玉甑豈能無用處、幾番與世熟黃粱。

五老峯　在獅子峯側。
碧雲峯　在廣化院東南。其峯巉屹。上連空碧。
覆甌峯　在廣福院西。峯椒有石。敧如覆甌。
小天柱峯　在蓮華峯南。正直如柱。高僅天柱之半。
插霄峯　在摩空嶺左。
雲峯　在羅漢峯下。晴雨皆有雲出入。
聚猨峯　在石佛巖之上。
文殊峯　在九子峯北。形如入乘獅子。前卽獅子行道峯也。元末江華甫。以元帥保障。立砦於此。●宋陳巖詩。佛法中宣不二門。空然洗盡意根塵。山頭日月如旋磨。照見光明示現身。
蛾眉峯　在嘉魚池南。峯如新月之象。
獅子峯　在五老峯傍。●宋陳巖詩。懶上維摩室裏牀。卻來山頂現毫光。紛紛百獸俱馴伏。薝蔔春風到處香。

稻積峯　在山西。亦曰蓮華。蓋一峯二名。●宋陳巖詩。採得松苓足養身。仙家留稻滿倉囷。豈知山下人辛苦。五月青苗已糶新。

滴翠峯　在天柱庵後。有三襲。上大下小。縝潤削成。烟嵐不絕。空翠常滴。極其幽深高峻。其絕頂則人莫能上。●清黃吉迪詩。雲氣沾衣溼。風光著樹濃。玲瓏三襲幻。空翠滴芙蓉。

聚玉峯　在滴翠峯南。衆峯叢列爭奇。總名曰聚玉。

石碑峯　在滴翠峯西。舊志石牌誤。

老人峯　在雙石南。峯頭狀如老人。●宋九華僧希坦詩。一氣分時有此翁。壽年直與太虛同。想應傴僂千峯上。默笑人間說錢公。

羅漢行道峯　在文殊峯前。峯之狀。長條廣袖。圓頂肥腰。蒲伏而上。若羅漢之行道也。●宋陳巖詩。碧眼禪師錫振空。石頭無路不相通。俯看塵世三千界。總在空花起滅中。●僧閒選詩肩上袈裟半是雲。法應無說亦無聞。數莖薜髮鼓螺髻。一片苔衣篆鳥文。口借虛空經自讀。身同華嶽供還分。靈山曾授聲聞記。五百尊中獨出羣。

獅子行道峯　東連文殊。北倚螺髻。巨腦虬尾。形若狻猊。望之如行道然。以五老峯側亦有獅子峯。故別以行道也。●宋陳巖詩佛力所至物皆化。看取南山金碧堆。林游莽伏不銜毒。獅子昔曾行道來。

拱辰峯　在文殊峯後。諸峯羅列。若衆星拱北然。

羅漢峯　在五老峯西。狀若趺僧。陰冥則慈雲法雨。若人鬼鳥獸之起於旁也。俗云。有沙門。常與金地藏說法於此。●宋陳巖詩閱盡人間萬劫塵。平生結習一無存。居山更向山頭坐。兀兀眞成不動尊。註云。昔有僧挈瓶持錫。常詣地藏前。竟日談論。云住不常。人莫知其所。地藏示化後二十年。樵者登此峯。見僧居此。顏貌清古。宛如昔時。

螺髻峯　在碧雲庵西。如黛鬟高綰。

中峯　在東藏源東。衆峯環峙、而此獨中踞。上睇日月、下覼雲雨、淸泉迸石、翠霧凝空。昔有羅漢居之。●宋陳巖詩、岪鬱盤紆直拄空、衆峯環繞獨居中。山頭要看僧禪定、南北東西路各通。

會仙峯　在中峯之側。趙知微嘗中秋遇雨、率其徒登峯上、月出雲淨、諸峯呈露、及歸復雨、因名之。

大芙蓉峯　在三游洞上。怪石層嵌、如花瓣朝舒、最爲奇秀。

芙蓉峯　在化城寺西南。九華南自七井山發脈、連亙石門嶺而來。至芙蓉峯、結爲珠墩、成地藏塔院。峯不甚高、上起五巒、宛如靑蓮華。王守仁題云、九華之山何崔巍、芙蓉直傍靑天開。此峯在芙蓉閣之西南、遙與閣對者是。

雙峯　在臥雲庵東北、九華之極高者、嶄巖雙頂。其泉亦名雙溪。由甲子嶺、廣勝寺橫睇、則二峯並峙、尤爲競秀。

獨秀峯　在華池上東西俱見。孤嶠絕巘、壁立萬仞、岌嶪陵空、卓然無倚、特出烟嵐之表。左右數十里外望之，殆眞迴絕不羣。

蓮華峯　在廣福寺翠蓋峯東。亂峯層矗如蓮華，上中下三處，皆有庵。唯上蓮華尤勝。石瓣嵌空，如菡萏初舒，色青紫欲浮。

枕月峯　在雙峯野螺之間。其峯中曲，狀如石枕。每山月初上，皎皎從峯而出。以孟夏望夕候之爲準。

鉢盂峯　在茗地源之西南，形如覆鉢。南連黃池峯，西接平田岡，側有石立，儼然如僧。●明吳光裕詩，鉢盂峯畔石僧閒，終日看山不掩關。

綺霞峯　在龍池東。傍臨巨壑，林木尤美，朝暄夕照，燦若綺霞。

梟鴟峯　在綺霞北，上下龍池之間。

二神峯　在天池鳳棲之間。二峯駢肩而立，一視一顧，儼若神人。

鳳棲峯　在二神峯側。

煎茶峯　峯有二。一在香林峯北，一在廣福院東。以峯形似人，傍有石如鑪，故云。或云。金地藏入山時。行渴。覔泉而飲。則當在香林者是。●宋陳巖詩。春山細摘紫英芽。碧玉甌中散乳花。六尺禪牀支瘦骨。心安不惱睡中蛇。

眞人峯　在幘峯前。端險挺立。如眞官神人。舊傳葛稚川嘗居焉。

野螺峯　在雙峯南。臥雲庵後。烟嵐歷落。狀類旋螺。

翠蓋峯　在雙峯之北。一名蓋山。其舒姑泉爲雪潭。

少微峯　在翠峯南。以費拾遺隱居名。●淸阮續陽詩。代有求賢詔。徵書到鶡冠。少微躔自曜。眞隱似君難。

安禪峯　在蓮華庵東。梁杯渡。唐道濟。棲茅於此。●宋陳巖詩。山頭兀坐已忘年。咫尺孤雲兩角天。但有圓明眞實在。此身何處不安禪。

招賢峯　在廣福院西南。唐隱者讀書處。

雲門峯　在開元觀南。兩阜相向如門。雲氣出入。春夏有泉涌沸而下。

天池峯　在雲門峯南。峯頂有池。蒲芡菱菰。不種而生。●宋陳巖詩。鴈浴鷗棲水影

平孤蒲菱芡透波生冷風瑟瑟山前起應有天仙下濯纓

雲外峯　在雲門西醮壇側高出雲表滕司諫書堂在山之椒

昇雲峯　在少微峯東山氣觸石而起必先此峯上有淵潭歲暵不竭

翠微峯　在昇雲峯下天香嶺南凝烟積翠朝暮如一

幘峯　在眞人峯北有雙髻如巾幘然顧野王江上望而愛之因名焉

嶺共計十六嶺

牛軏嶺　在臥龍庵北

齊雲嶺　在雙石巖南或曰列仙峯側

斗嶺　在石船澗舊有止庵山房

桐嶺　在化城西望江尖側下有九華山房

鳳凰嶺　在東藏源西北又名鳳棲峯望之若鳳尾然

大還嶺　在中峯下趙知微煉丹處

神光嶺　在金地藏塔前、平田岡下。相傳金地藏現光於此。●明佘翹詩、鷲嶺盤空磴道長。幽尋重問贊公房。到來不用愁昏黑、夜夜珠光照上方。

斧柯嶺　在中峯下、世傳有仙客圍棊於此。●宋陳巖詩、偶爾觀棊忽爛柯、豈知勝負是如何。歸來笑問人間事、卻是人間勝負多。

天香嶺　在少微峯北、臥雲庵前。費拾遺隱居其下、有詔起之不就、使臣恐其逸也、遽於嶺上焚香諭旨。●明吳鐘詩、莫羨希夷避詔巖、天香曾發紫泥函。紛紛盡是終南徑、不使雙峯等傳品。●清曹繼參詩、子軍至性人、登第思祿養。未拜元和官、永廬陟屺望。薦辟與徵書、堅臥謝無狀。風清蘭芷幽、山空猨鶴傍。使者去何時、天香留嶺上。至今少微星、峯頂光芒漾。

蜃蟠嶺　在化城寺西、縈紆蜿蜒如蜃蟠。

羣蛙嶺　在蓮華峯北。

呈鳳嶺　在協濟祠南。舊傳嶺上有鳳雛、爲樵人所得、羣鳥爭撲、乃捨之。

頭陀嶺　在無相寺後・頂圓如頭陀。

歸雲嶺　在雙溪上華池下。

摩空嶺　在東巖側。嶺上望長江・千里如帶。

西洪嶺　在蓮花峯北。縈紆數里・有亭・遊山自西入必經焉。

巖共計十四巖

邃谷巖　在東藏源南。林谷深窈・人迹罕到。巖戶高迥・炎歊不生。夏秋樵豎・往往於中持冰雪而出。

雙石巖　舊爲淨居院址。雙石峭聳・一瀑懸流。相傳巖有異物・狀若蛇蜃・有角無足・異質白章・二十年一見。出不畏人・久乃復入。●宋陳巖詩・舊日禪扉松竹幽・寺移西去幾經秋。誰知一帀枯茅地・曾是談經石點頭。

觀音巖　在幘峯西・裂礫雄闢・仄倚合成・深如石室。上透天光。唐末有高僧卓庵・感觀音出現・名之。●宋陳巖詩・一性圓時萬境通・三生綺念墮眞空。如今舉眼無非佛，身在光明法界中。

屬。

透碧巖　一名透壁，在滴翠峯側。高約二丈，廣如之，深倍其數。與五老雙峯，映帶相屬。

三斧巖　在九子山東北，有大斧劈痕者三，見福海寺十景詩碑。亦稱三斧石。

東巖　在化城寺東。登巔則羣峯歷歷內向，故古稱東峯。橫截如屏，又名東崖。崖北有巖，深覆如屋，故又名東巖。金地藏卓錫於此，後異僧周經亦棲其間，故又名宴坐巖。明王陽明居此，定名東巖，今仍之。●明柯喬詩，陵晨升東巖，參差俯層碧。似練江光淨，如蒸雲氣白。幽徑盤山椒，孤燈明石室。絕壁舒綺繡，飛流戛琴瑟。其中有至人，味道薄芝朮。我欲叩玄關，伊人久超忽。南指千萬峯，天台最突兀。丹梯近可捫，鳥道險難即。改途返禪居，停驂披梵帙。即事暢沈悰，觸物祛遐慼。忘歸信茲辰，終期下容席。●柳佐詩，磴道開成竺寺東，大千一望萬塵空。嵯峨嶺樹層霄上，隱見江天宿霧中。風韻泉聲將梵樂，日移秀色照禪宮。大師曾此紆眞果，徙倚石牀思不窮。●桂應蟾詩、浮空東壁迴松煙、香閣珠林倚半天。白法有緣開勝迹、丹崖無徑傲飛仙。雲根逗老虛中石、月影澄寒靜裏泉。儵爾乘風陵絕頂、蒼茫疑泛斗牛邊。●潘耒詩、大士潛修地、雙趺尙宛然。巖空眠似屋、壁削望如船。嶺合疑無地、江翻覺有天。由來參觀者、相見別峯巓。●淸吳德照詩、爲探名勝歷華峯、積靄浮天一徑封。躡遠不知溪外路、登高略見嶺頭松。老僧座下崖千尺、古佛龕前閣幾重。心曠已忘歸路近、雲煙盡處早聞鐘。●程道光詩、獨上雲深處、東巖異衆峯。煙中籠窈窕、天半削芙蓉。密樹藏金碧、山空應鼓鐘。高人當宴坐、豈是擬仙蹤。

考異曰、東巖俗名捨身巖、謂地藏捨身空門、如梁武帝陳高祖捨身寺中、非果捐軀也。愚人誤謂爲投崖身死、即得解脫。夫投崖可以解脫、地藏胡弗先爲之。而猶坐化函中耶。

寶陀巖　在蓮華峯北、巖戶崚嶒、迴若樓閣。上垂莎羅花、菩薩綫。內有仙人塘、石牀丹竈窈如也。●宋陳巖詩、陰磴層崖洞室寬、奇花異草幾多般。彩雲不動金光起、好作金蓮法界看。

思賢巖　在保眞院東。自天香嶺·沿溪九曲而入。滕司諫書堂遺址存焉·巖名本此。巖壁有泉。

淸隱巖　在雙峯下。劉世疎結庵隱居·大書淸隱巖三字·徑二尺餘。嘉祐熙寧中·士來謁·多刻名於石。今其地呼劉沖。

處士巖　在臥雲庵東北。相傳有處士隱居數十年·人不知其名。今猶有石牀·及手植松檜存焉。

碧桃巖　在鳳栖峯下。趙知微種桃千樹·花皆碧色·每開時·率徒飲其下。

虎頭巖　在雙峯麓·狀似虎頭·故名。

滴水巖　隨處有之·舊志註在保眞院東。

拾寶巖　在圓寂寺西南。

石二十二石。又附石墩·石照·繡石·石壁·赤石壁·石室·醮壇·西天柱等·以石得名者·七處。共計二十九名。

金剛石　在平田岡南。五石疊成。高約五七丈。如人所疊。俗呼金剛尖。●查炳華詩。說法雷音衞世尊。寶刀金甲鎭山門。何時小試神通力。磊磊松梢五石蹲。

靈龜石　在碧雲庵上。以形似名。

花窗石　在福海寺東。縱橫玲瓏。透若綺疏。

加冠石　在雲峯堂側。狀類人加冠於首。

鬬雞石　在九子山前。二石相對。狀若鬬雞。●宋陳巖詩。未悟雄冠死結纓。昂然對峙祇徒爭。山頭化作千年石。盛氣虛憍不再萌。

鞋石　在琉璃灘側。

朱湖石　在小石橋左。明邑侯張𤇍題鳴湍二字。吳大藩書石。

錦衣石　在宴坐巖右。明武宗所使錦衣衞偵王陽明所坐石也。若非此公忠直。則先生危矣。●周鳳岡詩。九華一路看山行。引路偏勞念佛聲。宴坐堂前錦衣石。心香一瓣爲先生。

風輪石　在天香嶺側。勢圓旋欲轉。故名。
枕流石　在少微峯下溪中。
飛來石　在摩空嶺上。
飛雲石　在宴坐巖上。
甘泉石　在甘泉書院側。湛若水題。石底有泉涌出。故名。
定心石　在涌泉亭下。
拱笏石　在蓮華峯前。
老嫗石　在崇聖院側。俗呼老婆峯。
臥牛石　有二。一在福海院。一在金剛石下。皆以形名。
高僧石　在招賢峯側。●宋陳巖詩。柏根翻動一鑪香。自足高僧禮梵王。還了十方行腳債。卻來山頂放圓光。
伏虎石　在西洪嶺下澗中。以狀名。

沈機石　在西洪嶺澗東、廣福寺前。有巨石、狀如機、水瀑發則半沈、或云、南唐宋超回所憩、有機事常咨訪焉。●宋陳巖詩、忠誠爲國心無累、簡易臨民訟自稀。與世相安眞省事、若爲作意苦沈機。

果老石　在伏虎庵前。

淨巾石　在玉甑峯側。●宋陳巖詩、炯炯豁開明鏡臺、是中無處著塵埃。平生心地常如此、何假頻頻拂拭來。

石墩　在遂谷巖溪傍、有積石高涌、故名。

石照　在九子峯。側峯頂積石中、有方竅、如風櫺月牖、東西洞穿。日升沈則相透照。傍竅微小。

繡石壁　在淨信院南。石髮垣衣、剝蝕紫綠、宛如古錦、故云。

赤石壁　在繡石壁側。赭石峭立、一落千丈、與繡石壁、皆宋建炎時、居民避亂之所。

石室　在碧雲庵山半。內有程介翁伯南居晦、等同遊題名。●柯磊詩、藤蘿挂壁草

霏霏野洞深寒到客稀石上空懸大佛字知爲野衲古禪扉

醮壇　在碧玉泉上其石方平坎齒如級仙人竇子明嘗醮其石俗呼仙人石

西天柱　在東巖下

洞（共計十二洞又附白墖穴）

金光洞　在香林峯下洞有穴可望而不可入入則神光金色充塞洞口有致敬者則髣髴見金人像或謂金地藏嘗居洞中[redacted]明陳懋達詩卓錫歸何處金光古洞幽匪存千歲柏瀑落萬年秋雨細松濤緩嵐淸竹韻柔老僧無所住時共白雲遊[redacted]羅世鼎詩怪石陵空出化城芙蓉半壁曉淸淸說來好景誰曾見如此奇觀我亦驚竹裏雲深疑路斷松前巖險若天傾平生罪福憑何著萬仞懸崖撒手行

赤壁洞　在南陽里牛欄坑之東

魚龍洞　在南麓去南陽五里許其洞凡七中有澗水隨洞屈曲而流入者編筏乘火循巖岸而入中有綠魚白烏有洲渚巖壁嶙峋如玉筍如蓮華如攢戟有玉柱

有芙蓉礀、有鐘鼓石、有仙人碁盤、有出龕仙翁、有獅子仙蛙。奇形異狀、皆山川之氣融結而成。抵洞之盡處、上有一竇、日射五彩光芒、不可狀述。說者謂道貴池之七井山。蓋洞之第一奇者也。（有芙蓉礀、礀字疑當作缸、或作㵎、抑作岡。）

無極洞　在螺髻峯下、即空谷傳聲處也。俗呼聞聲洞。

古仙洞　在古仙峯下、深不知幾許。內有石牀、或溪或田、入必以火。費冠卿、嘗有持鐙入洞窮之句。

三遊洞　在雙峯下。洞有三曲、如螺旋。

堆雲洞　在東巖上。邑令蘇萬民題。

十丈洞　在雙峯下、深十許丈。內有石臺、溪水橫過。南則葛仙洞也。高二丈餘、洞口如甕、入無畔厓。

雲巖洞　在雲門峯北。廣邃如堂、可容數百人。石室中有石像、若佛菩薩眞仙等。鍾乳於石、如幢蓋缾罍之器。洞前有溪、雲徑幽僻。人間遇之、再詣則失其所。

伏虎洞　亦名睡虎洞。在摩空亭。棊盤石之北。●潘耒詩。徑險從猨挂。崖危舊虎巢。半龕留客夢一飯試山肴。石勢翻風旆峯棱疊卦爻。應知習定者不受一塵淆。

九曲洞　在天泉東。

栖禪洞　在蓮華峯下。

白墡穴　在宴坐巖下。金地藏。取土充糧。甘滑如麪。費冠卿詩。滑泥時和麪。指此。

臺共計八臺。又附祈雨壇。

天臺　在龍女泉南。一在天臺寺之頂。東峯之東。横岡平亙。金地藏禪息之所。非峯也。

五臺　曰般若。曰白雲。曰集寶。曰離垢。曰華嚴。共五臺。俱在古仙峯。曹山之西。接貴池界。故有僧舍。曰五臺明智院。今改爲白雲庵。

普賢臺　在淨居院北。峯頂。大石方正。可望而不可登。●宋陳巖詩。石臺宿草幾年荒。不比維摩獅子牀。大士向來曾宴坐。是身如電暗回光。

南臺　在平田岡下、有庵名南臺、後有石浮圖●宋陳巖詩、舊日新羅國裏僧、山間散滿百千鐙、祇將一默消諸妄、坐透禪機最上乘。

說法臺　在摩空嶺側、石刻三大字。

釣魚臺　臺有二。一在廣勝寺前半里許、高下二石、懸出山麓、方平可坐、望如釣磯。下有石潭。一在嘉魚池上、相傳爲竇子明及李昭象垂釣處。

逍遙臺　在崇聖院側、翠瀑泉上、靈鶴山之半、坐此、則西南諸峯、歷歷可數。

春陽臺　在沈機石側。●宋陳巖詩、富貴風吹一鬨埃、春陽留得舊時臺、老松偃蹇山前立、曾見昔人歌舞來。

祈雨壇　即嘉魚池石臺也。●宋陳巖詩、萬感生於一念間、炷香驚起老龍蟠、今年人協嘉魚夢、荒卻池前古石壇。

水　水二水名、再附四種因水得名者、共計六名。

懸水　在呈鳳嶺北、勢如建瓴、王季文詩、懸水落成千丈玉、指此。

澌澌水　在中峯北。西流。或淺而出。或深而衍。亂如絲棼。其聲澌澌然。

龍湫　在黃石溪之深邃處。其水自石壁空竇中噴出。高數百尺。望之若大瀑布。懸崖瀉下。琮然有聲。前橫石檻。內有龍窟。如井狀。深黑不可測。地甚幽僻。雖盛暑必重裘而入。故人鮮有至者。●孫樾詩。萬仞峯頭挂玉虹。銀河高瀉水晶宮。迴風噴雪驚雷吼。疑是蛟龍撼碧空。

流觴瀨　在百丈潭上。有石渠天井。唐李昭象。避亂入山隱處。與客就水泛觴之所。

百丈箭　在百丈潭上。有瀑懸崖而下。迸激甚駃。注若僕姑。

翠瀑　在崇聖院前。蔣穎叔詩。有雲竇落來如曳練之句。

泉共計十八泉

三角泉　在曹山延壽寺。山東淨信寺亦有之。佳甚。

天泉　在淨信寺西。泉瀦峯頂。相傳杜康造酒處。

巴字泉　在淨居院東。瀑水縈迴。三折而下。仁和王一槐。與縣尹祝增。學諭李山同遊。命曰巴字泉。

七布泉　在福海寺西。夏秋瀑注。分而爲七。散落崖谷。所謂雲邊野鶴窮來處。石上寒猨見落時。是也。●雲瑞庵僧守義詩。一泉分七布。勝在夏秋時。猨鶴常窺影。塵緣那許知。

甘露泉　在中峯上。泉味甘美。如飲沆瀣。舊有禪師。取以療人之病。

龍女泉　在東巖西下數拆。地藏初巖居。苦遠汲。俄有少女。告以泉處。發石果得泉。女忽不見。●清張愸詩。棲託先依水。泉從龍女開。空明飛鏡下。皎潔弄珠來。洗茗寒香出。燒鐺活火催。素磁方外話。斟酌勝春醅。

白龜泉　在龜山寺西廡。開山初有白龜之瑞。故山與泉以是名。●宋陳巖詩。白龜擺脫泥塗辱。步入金蓮佛道場。玉水迸流山石裂。有靈初不爲刳腸。

瓔珞泉　在釣魚臺旁。水遇平石。噴激衝瀉。如流蘇瓔珞。故名。●宋陳巖詩。花花結結淨無塵。卻笑莊嚴未是眞。五色明珠光照水。湛然清淨本來身。

碧玉泉　在少微峯北、石崖上、澄碧如玉。費拾遺、常取以烹茶。

溫泉　在翠峯東崖壁上、出石罅中。久雨不增、亢旱不息、凝寒不凍。掬而飲之、最稱佳酌。

雙泉　在龍安院西、二泉相距咫尺。宣和間、曹令機、鑿方池、搆亭於上。今廢。

派派泉　在龍安院前、泉分雙派而下、故名。

金沙泉　有二。一在地藏塔前、石刻金沙泉三字。一在無相寺南、則大不盈甌。皆四時不竭、金沙爲底。

煉丹泉　在臥雲庵北。又云葛洪煉丹井。

戞玉泉　在翠瀑亭前。

巖泉　在保眞院北、泓渟可愛、亦號聖泉。●宋陳巖詩、月光泉脈瀉虛明、澄碧無瑕注一泓。大字石間標聖水、祇緣徹底是眞清。

虎跑泉　在西洪嶺側。相傳有渴虎跑地而泉出。

六泉、在五溪東岸一小池中、有六竅涌泉、爾雅所謂濫泉也。明常遇春、結砦六泉口、卽其地。錢文賢詩、偪仄旁山行、溪流咽不鳴。何年留古砦、猶復説開平。

溪共計十溪

黄石溪　在華山之南、嚴思嶺下。水脈高低、灌田甚廣。

瀾溪　卽南塘。●宋陳巖詩、小溪亦有怒濤翻、何必滄溟始足觀。世事會心無廣狹、請君來此試觀瀾。

縞溪　由聖泉院、水如縞帶。舊志、謂出八十里爲清溪、其謬已甚。

龍溪　有二。一出碧雲庵黄匏城東北。一源出閔源。

縹溪　源出太古嶺。

舒溪　源出翠蓋峯。

雙溪　源出曹山、與南塘水合。

濂溪　出蓮華峯。

五溪　龍標、舒、雙濂、五溪之水、合於六泉口、而爲一溪、故謂之五溪。其水經五溪橋、至梅根、入大江。是五溪固九華之門戶也。●清王澤弘詩、出門朝日望溪明、忽望諸峯入眼驚。但識夜寒同氣候。如何天半異陰晴。山含微雪蒼然白、水帶殘冰分外清。到此倍知身世幻、九華眞有故人情。

按九華諸水、九十九峯、莫不有水、有名者、附於各山、無名者、不可勝計。要以源遠流長、達乎大江者、爲之經、則五溪是也。

澗 共計九澗

南陽澗　在臥龍庵前、流入南陽、爲古歙州之地。

龍遊澗　在賫聖庵南、懸流而下、入嘉魚池。說者謂、常有神龍遊戲其中。

東陽澗　在雙石之朝陽。

垂雲澗　在九子峯頂、有瀑布、白如垂雲。澗生小鮮、曰醫魚、久旱出則得雨。●宋陳巖詩、飛瀑奔崖色皎然、飄空上下勢相連。看來不是天河水、盡是兜羅片片緜。

菖蒲澗　在淨居院前。溪石上多菖蒲、有一寸九節、十二節、二十四節者。香氣不類他處所生、眞靈藥也。澗有霧則雨。[illegible]宋陳巖詩、膜外浮雲不較多、祇將無事養天和。生來懶覓仙人藥、九節菖蒲柰我何。

石船澗　在福海院南十里許、其下有石如艦。

浮桃澗　在懸水西南。昔趙知微種桃千株於中峯之北、鄉人於澗下獲桃以鬻。

花塘澗　在龍池西、其水自放生池來。蓋化城盛時、浮屠數百、誦偈所散香花隨流而下。金地藏嘗置水碓、俗呼水碓坑。

雲巖澗　無考。

潭共計七潭

百丈潭　在資聖庵前、水自雲峯而下、高數百丈。潭面南北廣六丈、東西三丈、黯然如墨。有龍居焉。江南通志載、嘉定間、諸大道父令青陽、死、即葬百丈潭、大道築廬守墓。洪武初、廬猶存。常遇春過此、題詩云、赤汗透征袍、何如孝隱高。結廬親冢側、祇爲報劬勞。

濯纓潭　即清水潭。在瀾溪上源。一名洗心。以其潔。故云●宋陳巖詩。山深地僻無人到。安得滄浪孺子歌。纓上本無塵可濯。莫將止水强揚波。

弄珠潭　在龍池下。自千尺泉而注。水沫拋散。故曰弄珠。或曰耕夫夜宿山中。忽光彩射谿谷。視之。則龍於潭內驤首弄珠云。

雪潭　在釣魚臺上。飛流凡三級。故爲上中下雪潭。

飲猨潭　在縹溪之上。澌澌水流繞中峯北直下。匯爲潭。

淸漪潭　在雙溪下。水波如錦紋。曰漪。

伏龍潭　在圓寂寺鴿子峯下●淸宗觀詩。槎浮急溜雷鳴洞。石激飛泉雪入庵。日影鏡光園四面。我來一一見龍潭。

池共計六池

嘉魚池　在龍游澗下。中有石臺。賓子明。李化文。垂釣處也。其水多出異魚。或歲旱。

禱之雲雨即至。故池又呼爲仙人塘，臺爲祈雨壇。池深數尺，周可三四丈，峻壁四合，上有二水湊爲重瀑，乃山東之奇勝也。●宋陳巖詩：客有忘形物我閒，寸絲不挂漫垂竿。游魚得計洋洋樂，人作西方丙穴看。

翠羽池　在碧雲峯，百丈潭上。雪竇雲泉，極其幽窈。文禽狎鳥，或集或巢，又名鴨子湖。●宋陳巖詩：錦雞花鴨爛成文，乘鴈雙鳧雪羽紛。同免王孫金彈子，飛來飛去一羣羣。

化城偃月池　在化城寺前，形如偃月。池中產蓮，實甚堅結。初無種，相傳金地藏居時始有。放生者蓄魚其中。●宋陳巖詩：簇簇青蓮滿意開，老僧誇說舊栽培。塵埃不染花心性，淨客原從淨土來。

上下華池　在雲峯之下，即合澗也。雙溪合而成流，上下凡三坎，瀉成雪浪。上華池，有深窟爲龍池。下華池水激而逆上，長湫頗奇，亦產異茗。

龍池　在上下華池之間，山之絕頂，壁立屬天。自五龍灣合流爲千尺泉，注池中，噴沫跳珠。涌洶數丈。龍所宅焉。大旱取水禱。輒雨。

白龍池　在圓寂寺上。

源計二源

東藏源　在化城寺東。平原沃壤。兩山之間。五釵松。樫。柏。雜藥。香茗。之屬。皆有之。

茗地源　在神光嶺之南。雲霧滋沃。茶味殊佳。亦稱閔源溪。●明吳仕義詩。犬吠披雲客。花迎看竹翁。山家供玉乳。一椀便生風。

灘計二灘

琉璃灘　在青峭彎東。水流澄澈。光若凝冰。

漱玉灘　在雙石巖東。漱石琮琤。有戛玉聲。

井

天井　在石照側。深如井。●宋陳巖詩。分派天河入地深。斷無射鮒汩泥塵。仙鄉初不諳機事。多少山間抱甕人。

塘

仙人塘　在碧雲庵上，有靈龜石，石之上有石屋，屋之上有仙人塘，塘之上則螺髻峯也。

灣（計二灣分灣灣）

五龍灣　在龍池上，盤折爲五。每折爲一池，相貫如聯珠。中一池方而平。嘗有詩云：一水自縈繞，五星相貫聯。出山同作雨，未許抱珠眠。

青峭彎　在天柱五老之西南。●明姚玨詩：春回山色帶晴煙，疊疊奇峯列嶂懸。掩映樓臺翻海市，參差雲樹逼壺天。將軍柳插銅爲柱，大士松移金滿田。頻過危橋橋上坐，漁舟撐入石蓮邊。

橋

仙橋　在望江亭下。長五六丈，闊三尺許，傍臨不測，兩崖欲絕，一徑通之，若畚土而成者，故稱仙橋。

城

黃匏城　在碧雲庵上。遠望長江。又名望江洲。

門計二門

天門　在蓮華庵前。傍二石峭立。上石突覆。其狀如門。

龍門一躍　在南陽里。北行二三里。有雪灘三級。上有橫地。疑當作池淵深莫測。石壁峭立。約五六丈。飛流直下。上有二石對峙。如龍門。聞人詮過而奇之。以名。

田

平田　即塔南平田岡。●清華黃詩。曳杖攀藤二十里。行到峯尖忽掌平。應知趺坐無多地。欲置煙霞第五城。●沈端詩。洞口奇峯吐玉蓮。寺門迴瀑涌珠泉。仙人春到閒無事。犂月耕雲學種田。●張觡詩。插笏盤螺靑刺天。亂山高頂露平田。遊人忘卻經行險。野寺村莊換目前。

九華山錄（乾道二年九月。泛舟山浙錄。）

宋　周必大

庚寅早。欲如九華而雲夢宋宰。及歸州助教張蒙正相候。過午乃能上馬。時候差忠訓郎趙良弼等同行。辭之不可。五十里至鐵券山。投宿葉𥹋秀才家。𥹋有子楠。登進士第。山深夜甚寒。辛卯早再赴葉君飯。乃行。尉亦並轡二十餘里至青陽縣。令成文林雩。丞熊從政實褒。主簿陳朝立。巡檢程天夫同來迓館於驛中。尉廨。卽宋齊邱宅。其旁對九華。而齊邱之墓在牛心山下。去縣東五里。赴陳朝立會以能仁院爲廨。傍有妙音院。同至縣學。登經史閣。望九華紫翠千仞。造物融結奇巧。眞尤物也。壬辰早同陳簿葉尉趙忠訓出郭十餘里。登雙練亭。（原注。兩瀑披崖。故以名亭。）度西洪嶺入龍安院。自此徐行。歷永安塔。虎跑泉。過石龍口。虎跑嶺。此兩處地勢稍高。望雙峯九子甚奇。遂入廣修院。去縣已二十五里。院宇頗雅潔。寢堂望雙峯。（原注。遠望如雙劍。此二峯也。但其名多改易。聞最高云。）幘峯。眞人峯。蓮華峯。是爲五老峯。步至上雪潭。源高而遠。仰視蓮華峯正如所倚之屏。其前卽石門。水所注也。峭壁削成。懸瀑十丈。怒濤駭浪。不減三峽。或瀦爲深淵。或散爲奔湍雷轟電掣，約二百餘步，爲下雪潭。其間多大石，水平布者數丈。潭中產石斑魚，不常得。有瓔珞泉水跳石上，如貫珠，尤爲奇絕，而土人不貴也。食罷，轉山而行，終日觀山面殊不厭。約十餘里，入無相院，有觀音閣，對峯巒數重，留題而去。又二三里，至協濟廟，神兄弟三（按三當作二）人。日方晡，或謂化城遠不可到，遂止。陳朝立置酒中坐，帥諸人下九華溪，蹋石涉水以爲戲。葉尉體肥甚，獨墮水中。溪自龍池來，欲訪其源。或曰路太遠，唯禱雨乃至，今蕪穢不治，不果行。終夜如大雨可聽。癸巳早，隨溪而入，至亂山環合處，登化城嶺。嶺峻窄，時時回望，諸峯層出，殊快心目。少休半霄亭，巳時至化城寺。寺宇甚佳，唐時新羅王子金地藏修行之地。飯罷，謁金地藏塔，又在寺後突然一山上，常時可望大江，是日適爲晴嵐所蒙。僧祖瑛獨居塔院，獻土產茶，味敵北苑。陳朝立以翰先歸邑，乃同葉趙行二里，訪龍女泉，其旁乃李太白書堂基，今爲張氏墳地。（原注，或謂書堂在半霄亭傍者，非。）自此下嶺，過苦竹坑，俯視羣山，左右對列，中有平田，氣象極好。稍前，卽寨頭，蓋建炎間張遇寇青陽縣，官移治於此，眞關隘也。行近，懸橋雙瀑石山對瀉、未經名人品題、故無聞焉。又行、至扈盤嶺、而化城峯盡矣。化城九峯最高處、蔣穎叔嘗有悔游之語。俗傳十里、殆不止此。賦小詩曰、攀蘿度險捷猱猨、石角鉤衣屨盡穿。莫訝遠尋金地藏、也曾徐步玉階前。又數里至龜山、一上復數里、尤爲險峻。有崇壽寺、慈雲閣、對雙劍峯。又賦詩曰、注坡緣壁化城中、客慍奴瞋我亦慵。及至龜山還一上、爲憐高閣對雙峯。寺僧善修、年八十六。贈以詩曰、老僧九十視耽耽、二十年來不下山。我得九華充法供、亦能禁足老山間。日尚早、愛其景物、遂宿焉。甲午、早下龜山、行十餘里、入聖泉院。泉在院側石巖下、號無底泉、試之、僅二丈。蓋游者未嘗測其淺深耳。水自巖出、甚清駛、中有五色石。飯罷、卽行、過慕善鎭、回望九華、橫側高低、無一同者。又五里、至曹溪寺、又五里、至覺安寺。五溪合流於此、故地名五溪。又五里、入大路、過鐵劵葉元質別去。又二十五里、投宿馬牙酒坊、二三里有長安寺。夜不果往、陳朝立自青陽致饋。是行自西洪嶺入山、蓋西南也、終日觀山面。既至聖泉、蓋自北而出、所謂山之東乃山背。闕文聞有廣福等院甚佳、而從者猥衆、頗不自由。

不無遺憾。九華紀勝

遊九華山記

清　高誠

庚辰春。予押運赴淮。返櫂。次大通。因慕九華。欲往瞻禮。四月十日。偕友人周子淇園。肩輿登程。晚抵甘露庵。距化城寺尚十里許。其夜雷電交作。山鳴谷應。大雨如注。竟夕不止。明日晨興。雲霧瀰漫。咫尺莫辨。予曰。今陰晦如此。展聖像後。即行回舟。遊覽之事。待之他年耳。於是冒雨經望江亭。至地藏大殿。瞻禮畢。覺稍霽。而四面峯巒猶未現出。山僧凌雲曰。磴道溼滑。曷若在山暫宿一宵。乃住於立庵。與周子憑樓而坐。清茗閒話。則見霪雨飄颻。煙雲直入窗戶。予戲謂周子曰。吾子此次遊山。飲食之際。不知吞卻多少煙雲耶。周子曰。君明日回舟。詩囊中又不知捲去幾多風雨耳。相與撫掌歡笑。復招凌雲談禪。直至更深。雨勢轉大。四山水發。其聲洶涌。遂各就寢。至夜半睡覺。忽見月色滿窗。光明如晝。驚起。開戶視之。皓魄當空。浮雲四散。喜不自勝。詰朝。乘輿登東巖。以眺望。適值白雲鋪海。下齊山腰。彌亙千里。不見際涯。而羣峯秀出。

峙立晴空。加之旭日東升、光彩掩映、眞綠翠如芙蓉也、青蓮之詩、爲不誣矣。已而下東巖、復陟殿後平臺、同周子遙望羣峯、凌雲爲我逐一指點、其最遠者、蓮華峯獨秀峯。其次則雙峯、五老峯、其最近者天柱、筆架、諸峯。疊翠層巒、不可悉數、眞天下之大觀也。因憶少時遊西秦、入函關、仰瞻華嶽、覩三峯仙掌、欣羨無窮、今見此山、玲瓏透秀、勝於太華、劉夢得之言、不信然乎。於是相攜、仍至立庵、與山僧共飯而別、須臾至甘露庵、已在山半、見雲霧尚迷濛也。下至一宿庵、則徐徐漸散矣。又前行數里、至甲子嶺、回望五老、天柱、突然挺峙於天際、其色蒼翠異常。復前行、至西洪嶺、仰瞻蓮華、獨秀諸峯、修纖秀削、莫可名狀。沿途流覽、雖一邱一壑、皆有可觀、洵造化尤物也。是晚宿青陽城、其山陰雨如故。次日乘小舫回大通、舟次不辭固陋、因援筆而爲之記。

九華紀勝

九華山紀遊

民國 蔣維喬

九華山、在安徽青陽縣西南四十里。其山脈、自黃山分支、由太平、石埭、入青陽縣境。

舊名九子山、唐李白以山有九峯如蓮華、改名九華。佛家則以爲四大名山之一、卽地藏菩薩道場也。民國十七年夏秋之交、沈君醉愚約遊黃山、道經靑陽、先入九華、因爲斯紀。八月十二日、晴。午後晤周君子美、言招商局聯益輪船艙位已定。晚九時、姪兒君毅以汽車來送余登舟、則邢君復三已先在、既而沈周二君亦至、彼此聚談甚歡。十三日晴。在船中閱黃山志、或偕同人至艙外覽江中風景。十四日晴。上午十時、到南京、袁君觀瀾趁滬寧火車在此等候、二日下船相見。斯時搭客擁擠、且有退伍兵五百人、蜂擁而上、秩序大亂、客室亦爲占滿。袁君幸有余等預留之榻位、可以坐臥。於是同遊者共有五人。余在船無事、翻閱九華紀勝等書。十五日。晴。晨六時抵大通。大通屬安徽銅陵縣、輪船碼頭則在江中和悅洲上、與大通尙隔一江、斯時方君頌三在埠迎接。此次約遊黃山、方君爲東道主。君徽之黟縣人也。並有方君之戚項君積餘父子二人、協同招呼、甚爲可感。乃至中華旅社休息、一日方君則代爲雇肩輿、兌現銀、預備明日登程。十六日、陰晴不定。晨起整理行裝、六時、步行至義渡碼頭分乘渡船三艘各人之行李肩輿分置於船中溯大通河而上未幾過洋湖（俗名銅埠湖）湖頗寬廣舟行凡二十里九時抵銅埠是青陽縣境登岸後輿夫布置肩輿其輿以竹槓爲之縛雙槓於左右曲竹篾爲頂幔頂之油布及輿中之墊褥均須客人自備內地旅行之累墜即此可見十時半布置完畢方啓行行未久遇雨時雨時止衣袴多溼十二時至懸橋自銅埠至此十里午後一時復行二時半至青陽縣投宿北門外江南飯店同人出外至迎賓樓進麪食復至城外河畔散步天又將雨即歸洗浴更衣十七日陰七時乘輿登程沿青陽城根向西北行九時逾西洪嶺嶺低且平而路頗曲折斯時天色稍霽下嶺後四山環抱野鳥亂鳴閒以秋蟬漸入佳境十二時至二聖殿自青陽縣至此已行三十五里二聖（別作二神）者相傳爲金地藏之二舅自新羅國尋金地藏至此者也余等在市店午膳午後一時復行過一宿庵至小橋庵澗水奔流衝激石磯有如轟雷復過大橋庵登一天門路雖陡峻而階級整齊捨輿步行修竹夾路閒以古柏雜樹二時至甘露寺寺在橋庵之上定心石之下再上爲

二天門。三時、經龍池、及半霄亭、亭在半山、爲遊人休憩之所、故名。再上爲小仙橋、及大仙橋、橋旁皆臨深澗、兩崖壁立、一徑中通。四時、登三天門、到此則爲平原、乃九華山正面、大小寺觀、錯落其間、並有市集、商店約百餘家。其與普陀不同者、普陀山中、經商之人、不許帶眷屬。并不許畜雞豚。九華則否、商人皆帶眷屬、畜雞豚、不若普陀之清淨矣。山中有叢林四、曰百歲宮、東巖寺、祇園寺、甘露寺。此外皆爲房頭、而以化城寺爲中心。寺之東西、各有六房頭、共十二房頭。余等經百歲宮、東巖下院、化城寺、寶積庵、佛陀禪院、龍庵禪林、而至永慶庵止宿。永慶庵、東六房之一也。此地氣壓高四百二十米突、氣溫八十八度。庵中住持嚴德出遊、由明性、戒定二僧招待、進麪點。後洗浴更衣。臥室昏闇、晚間蚊蟲甚多。余等一路辛苦、及早偃臥。十八日、晴、五時即起、偕醉愚、頌三、二公、至化城寺禮佛。寺在化城峯上。其前廣平、有放生池、中多大魚。唐開元末、新羅國王子金喬覺、至九華棲止、苦行十餘年。至德初、諸葛節爲之建殿宇、厥後僧徒日衆。貞元十一年、趺坐而逝。逝後靈異、與經中所載地藏菩薩瑞相相同·知爲地藏菩薩降世·朝廷賜寺額曰化城·遂爲地藏菩薩道場·今咸稱金地藏云。寺昔興盛·今則頹廢·余等出寺西行·登神光嶺·禮金地藏肉身塔·塔在嶺麓一小山之巔·其前有石級八十四·峻絕如梯·兩旁懸鐵絚·扶之而升。塔頂建殿覆之·稱肉身寶殿。金碧煇煌·備極壯麗·凡朝九華者·必至此。余等禮畢·繞至殿後·適四山出雲·峯巒皆沒·其中儼如海浪·日光射之·作白銀色·名雲鋪海·頗爲奇觀。六時半·回庵進早膳·畢·七時半·換乘山中兜子·擬登天台峯。山中輿夫·例不許外來者侵奪權利·且大通之肩輿·亦太重·故須換山兜也。出庵·向東南行·自九蓮禪林後·登迴香閣嶺·石級寬闊·竹林夾道。至嶺巔·以測高器測之·高五百米突·有華嚴禪院。下嶺得平地·名中閔源·由此始登天台峯·其麓有接引庵。過一石橋·有地藏庵。從庵右上·歷大慈·普濟·淨土·三庵。再上爲華雲庵·建築頗新·對面望見東巖·其高適相等·又上經慧慶庵·至吉祥寺·方及山半·在此啜茗休息·住持了心·善於應客·又上爲延壽寺·左有長生洞·前有巨石嶙峋·石下復有洞·水涓涓下流。再上爲興添寺·其旁巖石黝黑·聳削壁立·

類皆縱橫尋丈，如人工堆疊而成，石紋直裂，間以青松，美麗如畫。上至朝陽庵，則石級陡峻，壁上鐫天梯二大字，自此至頂，愈高愈陡，皆捨輿步行，歷翠雲庵，至觀音峯。峯下有摩崖四大字，曰漸入蓬萊，再上路更陡，地勢愈高，四面峯巒愈顯露，景物愈奇，令人應接不暇。磴道旁有鐵欄以護行人，未幾得一平臺，名古拜經臺，相傳爲地藏拜經處。庵後有大石亭，俗呼大鵬聽經石，十時三刻登頂，有地藏禪林，自永慶庵至此，二十餘里。寺前有額，曰天台正頂。寺右巨石駢立如屏，曰玉屏峯。寺左有摩崖，曰非人間三大字。余等從渡仙橋下進寺，由左側而上，過渡仙橋而至捧日亭，亭在玉屏之頂，淸乾隆時李太守暲所建，名曰捧日，言其高也。屢經興廢，今正重建亭與寺，以渡仙橋通之。橋亦暲所建，東跨天台岡，西跨玉屏峯，而橋之圓洞，卽爲寺門。洞上鐫中天世界四字。自亭而下，至寺之後堂啜茗，余叩寺僧以雲峽一綫天之勝，則云須由寺後再升絕頂，方得見之，乃令爲前導，履巨石之脊而上，略無階級，數十武卽至，見二巨石直立如門，下寬上窄，自下仰望，見天，故稱一綫天。右石後面，直鐫雲峽二大字。左石前面，橫鐫一綫天三字。此爲天台之絕頂，天台，九華山之最高峯也。測之正頂高七百三十米突，絕頂高七百五十米突，約合華度（一米突，合三尺一寸二五。）營造尺二千三百二十餘尺，氣溫八十四度。登此眺望，萬山皆如拱揖，胷襟爲之一擴。峽前正對眞武按劍峯，（俗名香鑪峯）峯麓有龜蛇二石，左右並峙，相距可三百尺。（俗名雙燭峯）遊覽移時，已近午刻，遂在寺午餐，餐畢休息。十二時半下山，輿夫行甚捷，二時卽回庵，洗浴更衣。五時，出外散步，至化城寺東，太白書堂，（爲李太白讀書處）屋宇三間，頗頹廢，故未進門，僅在橋畔坐聽流泉而返。十九日，晴，晨七時半，乘兜子出門，擬遊東巖，由化城寺向東行，過栴檀林，天池庵，漸升東巖之麓，歷法雲禪寺，普同塔院而上，石級紆迴，較昨日之迴香閣嶺稍陡。山半有亭，內供地藏，竹林雖不若迴香閣嶺之密，而大樹較多。八時，至東巖頂。自永慶庵至此，不過五里耳。頂高四百五十米突，蓋祇一千三百九十五尺也。東巖原名東峯，其上有巖，深如屋，相傳金地藏始卓錫於此。明王守仁更名曰東巖。巖前懸崖峻絕，俗呼捨身崖。明正德十四年，守仁再入九華，武宗遣錦衣使偵之·見守仁在此宴坐·故又名宴坐巖。今則通稱爲東巖。上有東巖禪寺·規模宏壯·唯限於地勢·殿宇高聳而窄。大門向北·門左有鐘樓·寺後地藏殿·已逼近崖邊。自遠望之·恰如山巔之堡寨·不似伽藍也。余等在此稍休。九時·即由東巖嶺脊·赴百歲宮山路狹小·崎嶇不平·松林茂密·巖石怪奇。逾小天柱峯·插霄峯。將至百歲宮前·嶺下有一松·翹首振尾·形狀飛舞·名鳳凰松·可謂酷肖。百歲宮·即護國寺·在摩空嶺上。明萬曆年間·無瑕禪師·自五臺至此·結茅而居。圓寂時·壽百十一歲·故名寺爲百歲宮。入寺觀覽·殿堂精潔·客房甚多。在九華寺觀中·當以此爲首稱云。進後軒·啜茗·憑窗遠眺·則磨盤峯·五老峯·太古嶺·鳳凰嶺·皆歷歷在目。宮後低原·即下閔源也。十時·由百歲宮後門出·擬探鷹石之勝。下坡時·路皆砂礫·甚難著足。逾一小峯而下·歷石磴三百餘級·忽見山峽中·一松一石·咸有雲林畫意。再行里餘·見道旁有龍虎泉。過此·至地藏殿·殿旁有伏虎洞·洞小而不深·不足觀。洞後歷級而上·有巨石突起·高約二丈·下窄上寬·頂有大石·如蓋覆之。自其側遠望·儼若蒼鷹翹首·故名鷹石。頂蓋寬平・方約三丈許・故又名棊盤石。旁有短梯・可以猱升。引導之僧云・磴畔之欄・及石旁之梯・皆已朽壞・阻余等勿去。同行者多折回・余不之信・獨行而前・招醉愚・子美・二君・隨後亦至。余在石旁・力撼其梯・梯雖有斷痕・而斷處紮縛甚固・遂鼓勇先登至頂・則石面平滑・僅近梯邊鑿三孔・可著半趾。故升梯不難・而登頂則難・余既登・子美繼上。余坐石邊・以手援之・醉愚亦上。略事盤桓・子美先下・而復三觀瀾二君亦至。復三亦如法登頂・觀瀾則以身體過重・在石下坐待。頌三見險・已心怯・先歸。余與醉愚・一坐一立・復三用快鏡爲攝一影・余乃再爲醉愚・復三攝一影。石畔有一松・頂圓如蓋・高出石上。余與醉愚・復三徘徊久之・次第而下。石根鐫有松頂・蒲團・雲根石室八字・旁署舊史鄧元昭題。回至地藏殿・啜茗。十二時・循原路經祇園寺而歸。午膳畢・稍睡。午後三時・同人出門散步・至祇園寺・略觀一周・余先歸。晚・寺僧備筵餞別。二十日・晴。五時即起・收拾行裝。六時出永慶庵・來時從九華北面進山・今因須赴黟縣・故從南面出山。步行登神光嶺・至地藏塔・再向西南行・至稍平坦處・方乘輿。由淨手亭・大嶺頭·平田岡·而至三天門·卽普濟禪寺。七時·至金剛禪林·其旁山半有轉身洞·洞係兩石合成·實非洞也。在此望見仙姑尖金剛尖。金剛尖者·卽黃山西脈·自太平石埭蜿蜒入青陽南境·特起爲九華山者也。又逾分水嶺·嶺路高下紆迴·長約十里。蓋嶺北之水·入揚子江·嶺南之水·入新安江·故有此名歟。九時·自二天門至正天門。十一時·自一天門至古頭天門·市集頗熱鬧。凡名山之進口處·均有天門之稱號·唯九華則山北山南皆有此三天門耳。十二時·抵南陽灣·在小店煑飯午餐。自九華山至此四十里·所行悉是山路·過此方是平原·然高於海面·尙六百尺也。午後二時·復行過駕虹橋村·所村上南堡。四時·至陵陽鎭·鎭中商店數十家·頗似富饒·在此休息·復行經曹家灣沙隄。六時·至崇覺寺·在小客店住宿·湫隘異常·勉强安之。南陽灣至此·二十五里·今日共行六十五里。九華之遊·於焉告畢。以下當入黃山日記。

九華山志卷二終

九華山志卷三（本卷編訂。恐多錯漏失當之處。祈查本卷末按語。及全部完之拙跋。庶知失當錯漏各緣由。）

梵刹門第三分二（一叢林（凡挂單接衆之所。皆名叢林。均歸之。）二寺庵（內又分七子目見後。廢庵再附。））

未登寶所先設化城。晨魚宵唄。接引羣生爰及四方法幢通明毗盧樓閣。一任經行。三界牢獄何庸經營壯觀刹海。永滌塵情志梵刹。

一叢林

金地藏塔　在化城寺西之神光嶺。即菩薩一期應化安葬全身之肉身塔。金地藏者唐時新羅國王金憲英之近族也。自幼出家法名喬覺。於二十四歲時。航海東來卓錫九華初棲東巖土雜半粟。苦行多年。逮至德初有諸葛節等見之。遂羣相驚歎曰。和尚苦行如此。某等深過已。乃買僧檀公舊地。建化城寺請居之。貞元十年。壽九十九歲。跏趺示寂兜羅手輭金鎖骨鳴靈異昭著。識者知爲是地藏王菩薩化身。仍稱其本姓爲金地藏。依浮屠法斂以缸。建塔於此。凡三級。俯仰以鐵爲之罪以殿。南向石階八十四級。峻甚。引以金繩。因其地時發光彩。故號神光嶺。其塔院·人卽稱爲肉身殿。歷千餘年來之修建、難以備述。明萬曆中·賜名護國肉身寶塔。清康熙二十三年·喻中丞成龍守郡時·重修。咸豐七年·與化城寺同遭劫灰。同治中·重建。民國初·復有興修。●唐一夔詩·渡海離鄉國·辭榮就苦空。結茅雙樹底·成塔萬華中。●宋羅少微詩·還嶺峯頭霽色清·知微曾此學無生。鳥從青壁屏邊過·人在白雲天際行。一片晴霞迎曉日·萬年松檜起秋聲。箇中妙景眞奇絕·寶塔玲瓏最得名。●陳巖詩·八十四級山頭石·五百餘年地藏墳。風撼塔鈴天半語·衆人都向夢中聞。●明孫哲謁地藏塔歌·風淒清兮露濃·煙波蕩兮空濛。紛進拜兮陳清供·動地號兮鼓晨鐘。目脊脊兮龍宮·諸佛朝兮擁飛虹。白毫光疑見自來往兮想虛無寂滅之蹤。●何文邦詩·遊人不問佛·老衲自鳴鐘。空中飛錫杖·巖上捲濤松。玉宇千年物·金容萬仞峯。雲多山更好·偶此寄吟蹤。●孫楟詩·撥靄遊仙境·行行道眼開。蹋翻三島石·飛上九層臺。鳥語傳青樹·龍光燭紫苔。啜茶臨瑞閣·此會信悠哉。●鄒元標詩·神塔標千古·眞身鎭佛門。欲醒塵世眼·道是國王孫。煉

性臺空在傳心偈尙存拈花頻問訊零落與誰論

王化澄詩突兀諸峯入望齊銜來丹詔指羣迷莊嚴寶相黃金塔洗拂珠光白玉梯幾樹松杉巢老鶴下方鐘磬雜鳴雞徘徊無限歸依想三徑猶存玉馬西

按此本一小小塔院住僧亦不多今則列於梵刹門爲各叢林之首冠者因九華名播遐邇爲四大名山之一實由我大願地藏王菩薩示迹於斯而得來今既全身骨塔安鎭其間卽爲菩薩應化所在自應爲全山之總匯寺院之綱領各叢林寺庵皆由大士始得成立故也

神光樓　在金地藏塔寺之東明嘉靖十三年同知任杜建督學御史聞人詮題匾因前有神光嶺故名淸黃吉迪詩樓居本是仙人好燈影虛空有妙香一自金函遺舍利嶺頭夜夜見神光又有作瑞光樓者

此樓附列於此者疑其與大士塔院同屬一家卽在塔院東首之樓房所疑與附此一切原因俱與化城寺後所附之芙蓉閣相類不知是否亦正相同可查

化城寺後附列芙蓉閣之按語。自知所以此不贅。

化城寺 在天台峯西南。此依舊志。意西南。疑是西北之誤。九華九十九峯。獨此處於山頂得平地。有溪有田。四山環繞如城。唐至德初。諸葛節等買僧檀公舊地。爲金地藏建。建中二年。郡守張嚴請額。爲地藏道場。明宣德間。福慶重建。萬曆朝。賜帑再建。又敕賜藏經。供於寺後藏經樓。清康熙二十年。喻成龍復建。康熙、乾隆。疊賜御書匾額。咸豐七年被燬。光緒己丑重建。均有記。有銅質毗盧佛坐像。高約五尺。供藏經樓上。又有鐵質定光佛坐像。高約五尺餘。供藏經樓下。又銅質九龍方印。不知製自何時。光緒間得自本邑城西門河溝。又銅質方印。背刻有唐至德二年五字。民國二十二年。本邑曹佐廷獲自河溝。恭送來山。又玉質方印。上刻至德二年字樣。相傳由江西龍田恭送來山。三印文均刻地藏利生寶印。現皆存藏經樓。凡香客來山大都請印衣帽。以祈慈祐。又有銅鉢。底面皆有宣德年製字樣。存藏經樓。又有銅質獨角獸。俗名地聽。亦名坐騎。重約數百斤。亦陳列藏經樓。昔有朝鮮人。欲出重、價購買、山僧不許。又有紫黑色碑、敲作琅琅銅質響、刻有地藏菩薩像、並傳、現存藏經樓。其傳文曰。●釋地藏、俗姓金氏、新羅國王之支屬也。心慈而貌惡、穎悟天然。於時、落髮出家、涉海徒行、振錫觀方、至池陽、覩九子山、心甚樂之、乃徑造其峯而居焉。藏爲毒螫、端坐無念。俄有美婦人、作禮饋藥云、小兒無知、願出泉以補過、言訖不見。視坐左右間、泝然流衍。時謂九子山神、爲涌泉資用也。至德初、有諸葛節、率村父自麓登高、深極無人、唯藏孤然、閉目石室。其旁有折足鼎、鼎中白土和少米、烹而食之。羣老驚歎曰、和尚如斯苦行、我曹山下列居之咎耳。相與同構禪宇、不累載而成大伽藍。本國聞之、率以渡海相尋、其徒且多、無以資歲、藏乃發石得土、其色凊白、不磣如麪、而共衆食。其衆請法以資神、不以食而養命、南方號爲枯槁衆、莫不宗仰。龍潭之側、有白墡、硐取之無盡。一日忽召衆告別、罔知攸往、但聞山鳴石隕、扣鐘嘶嗄、跏趺而滅。年九十九。其尸坐於函中、洎三稔、開將入塔、顏貌如生、舉舁之際、骨節若撼金鎖焉。

菩薩居十地之幽城，拔三途之苦趣。佛光現處，常轉法輪，慧眼觀時，羣歸極樂。功侔坤載，德著利生。彝跡記青陽，心依白足。望慈雲之在目，開甘露以無門。一念虔誠，六時皈向。爰選貞石，敬刻慈容，並鐫本傳，庶幾蓮華之永現，迦葉之時聞。雖無須清磬三聲，以修淨業，唯常爇栴檀一片，用懺塵心云爾。（跡記青陽，記字，疑是託字之訛。）

賜進士出身，文林郎，知青陽縣事彭程萬摹勒上石。山陰周調梅篆額。溧陽彭華書跋。青陽何士鴻繪像。江陰弟子陳彝隸古并識。時大清道光癸未歲七月日。

唐羅鄴詩，慶雲生處梵王宮，躡磴攀蘿一徑通。金殿忽開青嶂裏，天人疑在白雲中。秋霄爽朗空潭月，暑氣蕭寥古柏風。况是慈悲清淨地，香煙像設固無窮。●

宋王安石詩，白雲如驅羊，滿谷不可量。散作兜羅緜，中藏寶月光。山窗夜閒靜，時聞葉鳴廊。僧房杳清寐，佛鑪篆餘香。●吟猨遞空壁，宿鳥驚飛霜。起坐四面顧，芙蓉蔚蒼蒼。人生始得飽，豈必二頃糧。金地黃粒米，當味齋廚香。●

明殷邁詩，窈窕探靈谷，岧嶢入化城。溪橋蒼蘚合，樓閣暮煙平。古塔松杉影，流泉石澗聲。僧經傳夜磬鳥語促春耕。穴洞留遺迹，奇峯類削成。翠屏雲外出，石照鏡中明。對此凡情盡，因之道氣清。何當脫塵鞅，此地學無生。●鄒元標詩　化城寺倚碧山幽，門對平田江水流。半夜風聲吹鐵瓦，有時燈火照龍湫。千僧樓閣層層起，九子芙蓉面面浮。暫爾驅車塵土去，他年結屋最高頭。●徐弘基詩　刹隱巖迴岫，梯懸磵轉盤。春歸花未歇，日午石猶寒。

藏經樓　在化城寺後，即供明萬曆朝所賜藏經之所。清康熙乾隆兩次所賜御筆額貞本，亦奉其上。咸豐七年，化城全寺被燬，唯斯樓獨存。●清曹貞吉歌　道之大者含元氣，小物亦足千秋垂。地藏古佛有遺蛻，黃金妙相光離離。袈裟至今貯經閣，千年不毀神靈司。天吳紫鳳文斷續，青蓮幾朵纏葳蕤。非錦非繡那易測，天衣無縫差得之。蠻女刺成共檀施，右肩偏袒常相隨。爾日慈航涉溟渤，一鍼萬里如星馳。颶風陰火不敢射，魚龍跋浪瞻威儀。名山小住八十載，莊嚴展也天人師。兒孫護惜等頭目，捧持膜拜唯嗟咨。余雖下士未聞道，好奇之癖安能醫。六合內外無不有失喜頗類優婆夷。此時暾日明殿角。長空一洗青琉璃。器鉢無聲鳥語靜。相輪替戾微風吹。興闌躡屐下山去。作歌妄欲傳來茲。

芙蓉閣　在化城寺山門左。佛棱建。後燬。能濱重建。再火。宗佛又建。明王陽明有詩。此閣。與前神光樓。藏經樓。三名。皆不頂格者。疑神光恐屬地藏塔。此二屬化城故。

按此藏經樓與芙蓉閣。疑爲俱屬化城寺中之一部分。九華紀勝云。萬曆十四年。頒賜藏經。原珍藏於拱金閣。至清嘉慶二年。僧端昆移藏化城寺後樓。越數日閣災。而藏經存。是知此樓。卽爲現在安供藏經之所。當無疑義。想此閣亦屬寺中莊嚴之一。揆厥原因。由向有舊志。以至光緒二十六年纂修者。皆爲俗儒秉筆。不知佛法與寺庵塔廟之尊嚴。故將全山寺宇。列於書堂祠舍之後。爲營建門之附屬物。至樓閣不問是否僧居。又皆別於寺庵之外。另爲一部。所以將此同屬化城寺中之樓閣。又別開主寺。另標二名。今指南與最近山中新鈔稿。皆未另載。尤可作爲化城所屬之證明。但今人地遠隔。無由勘實。故特附載於此則無論其與化城爲一爲二、皆不失其與寺接近之關係耳。

祇園寺　在化城寺東東巖之麓、原亦屬化城東寮之一。本名祇園、又名祇樹庵。清嘉慶時、住持乏人、庵將傾頹、時隆山居伏虎洞、緇素公請住持、因得新其殿宇、弘揚法道、香火日盛、至八十四歲圓寂。迨大根中興、大其規模、汪宗沂有記。由是開壇傳戒、接待十方雲水。民國十四年、段執政題額曰慧日長明。二十一年、現住持寬揚募建大雄寶殿、莊嚴宏敞。一切規制、現均爲全山寺院冠。

萬年禪寺　即百歲宮、原名摘星庵、在天柱庵北。明萬曆間、有海玉字無瑕者、自五臺至此、結茅而棲。戒律精嚴、刻苦清修。圓寂時、壽百十　歲、里人尊其年高、故即呼其庵曰百歲宮。其遺蛻現仍裝金供寺中、頗著靈異。清光緒五年、住持寶身、詣燕都請清刻藏經。劉觀察含芳有記。後遭回祿。迨常修住持、刻苦中興。於民國時、復請藏經、由黎大總統贈今額曰護國萬年禪寺、第人仍多以百歲宮稱之。而常修又建下院、且熱心公益、督修地藏塔前八十四級之石階、山中尤嘉賴焉。今住持月朗。●沈懋學詩。碧霄雲馭自僊僊、一笑黃塵隔大千。不是長庚翻入夢、人間何處覓靑蓮。●袁濂文贈圓暢上人詩、縹緲蔚藍天峯頭老衲禪。千重花世界、三宿月因緣。見慣忘眞佛、吟遲愧謫仙。明當歸澗戶、只共此雲泉。

甘露寺　在山之北路、半山定心石下。淸康熙丁未年、玉林國師至九華、謂此地山水環繞、若構蘭若、代有高僧。時洞庵居伏虎洞、遂力任募建。開工之夕、滿山松頂皆灑甘露、故名。乾隆間、優曇住持開壇傳戒。咸豐末被燬、光緒時大航募修、復入燕都請淸刻藏經、歸供寺中。迨後常賢住持、謹遵佛制、添建殿宇。今住持妙霖。●華黃詩、到此禪關宿、方知山色多。萬松藏古寺、孤月上寒坡。屋角泉聲落、牀頭嵐氣過。欲窮諸勝覽、秉燭問檀那。

上禪堂　在地藏塔下。當山轉處、有金沙泉、見地藏詩。本名景德堂、玉林國師之徒宗衍新其院宇、始易今名。境極淸幽、淸王文信公贈額曰秀冠雲林。咸豐時被劫火、同治初開泰募建、中興至光緒時、淸鏞始竟其功。繼霞光住持、承淸鏞之志建造殿宇・接待雲水・而自奉甚薄・於地方公益・尤多捐助。近復施棺掩埋・澤及枯骨。倪前知事・贈額曰佛國元功。現住持誌芳。

東巖禪寺　在化城寺東・原名東峯・又名東崖。因崖北有巖如屋・故王文成公定其名曰東巖。俗又名宴坐巖・亦名捨身崖。皆由地藏卓錫・敷單宴坐・得此二名。（有謂由文成宴坐而名者・非。其捨身名義・本志卷二形勝・東巖條・考異・已略辨之。）明正德時・周金亦嘗居此・文成與之談心・復贈詩偈。萬曆間・僧將舊有環奇亭・改建佛殿・遂仍巖名而名其寺・得吳給諫文梓檀護助成・及撰碑記。至淸同治九年・定慧復募建殿宇・熊祖詒有記。俱見檀施・迨民國・心堅住持・安單接衆・定爲十方叢林。且添建下院・以息行腳僧伽・而心堅從事勞工・身先大衆・尤能精持戒律・爲全山景仰。近年容虛住持・香火尤盛。惜於二十二年冬・一火而全寺被焚・令人浩歎。●宋陳巖題宴坐巖詩・掠地霜風黃葉飛・山人宴坐已多時。但知六鑿俱通透・不省支牀舊有龜。（宋時已有宴坐巖之名・足證其名不自陽明始。）按此寺現全被焚・目下正在籌募修復・尚未聞成績如何。因山中寺院雖多・大都子孫鬚度性質、唯此爲十方道場、望其早日恢復舊觀、故仍列於此、與諸叢林並稱。

樂善寺　即低嶺庵。由大通登山之北路、此爲第一禪關。距化城約近五十里。（俗云四十七里。）清同治間、恆修、妙意、募建、繼募義渡八號、由大通抵錢家壟、（或作衕）往來稱便。募救生船四號、以備江行風險。今由和悅洲同仁局主管。其徒龍海開壇傳戒、接待雲水、大其規模、近年廣參住持、又復募修橋路、施棺掩埋。安徽馬前督理乃贈今額曰樂善禪寺。現住持善青。

慧居寺　在天台路、杉木塔。原名慧慶庵、仁琳復興。迨民國十七年、由普明重建大雄寶殿、始易今名。現住持普明、發廣大願力、事擴充、擬爲十方叢林、安單接衆、正在積極進行中。

二寺庵　凡屬僧居、除叢林外、則無論其殿宇大小、名稱如何、統列寺庵。現存而有僧住者、正列之。古有今無、爲廢庵、乃附之。○又現有寺庵、復循路徑之便而列、再按路徑區分爲七。一化城東序、二化城西序、三天台路、四化城東路、五化城南路、六化城西路、七化城北路。七路之外、廢庵再附。

一化城東序又名東寮

九蓮庵　清光緒二十三年，明道，同徒輩法緣，本修募建。邇來大其規模，井井有條，則葉舟歷年整飭之力也。今住持心融。

梅檀林　清光緒十二年，定禪募建。嗣後福星中興。民國時，易國幹贈額曰福慧雙修。近年鎮安住持，增修殿宇，維持寺務，尚稱得人。現住持渡海。

通慧庵　創自何時，無從稽考。清初有誦林和尚，爲明末進士，因明亡，遂出家，自食其力，不事募化。清吳文簡公讀書於東巖天籟軒時，深相契，常與之遊，並書應如是觀四字以贈之。寺至咸豐時被燬。光緒七年，法輪募化重建。近年文澤維持現狀。今住持寶嚴。

天然庵　清同光間，項依蓮舟先後募建。前財政總長周學熙，民國六年來山，稱此爲東西首剎，得九華風氣之先。十七年遭回祿，全燬。現住持思維重行募建。

菩提閣　清同光間，釋超玉、清先後建修。今住持良舟。

立庵　本名定慧庵。咸豐燬後。同治時。開宗重興。民國二十年。住持瑞祥。添建殿宇。二化城西序又名西寮

佛陀里　淸同光間。明皓。守鎭。純心。先後建修。今住持誌禪。

寶積庵　淸同光間。法智。行舟。先後建修。今住持恆德。

長生庵　明宏治間。有實庵和尙。與王文成公相談甚契。曾題贈曰。從來不見光閃閃氣象。也不知圓陀陀模樣。翠竹黃花。說什麼蓬萊方丈。看那九華山地藏王。好兒孫。又生箇實庵和尙。噫。那些妙處。丹靑莫狀。淸被燬後。同治六年。實寶重建。今住持建欽。

龍庵　本名水陸殿。昔有龍庵和尙。見舊志高僧刻苦淸修。僧衆信仰。遂易今名。淸道光三年。壽山重建。被燬後。光緒間。守安復興。守安與通慧庵法輪。佛陀里守鎭。栴檀林福星。聯名稟請省憲。革除本山陋規。有禁碑。立藏經樓下。至今感戴。今住持德輝。

永慶庵　淸被燬後同光間覺蓮靜山先後建修覺蓮往通州募化未至之前三日遠近聞木魚聲及至衆以爲神感踊躍捐輸至今猶爲美談現住持妙緣。

天池庵　淸同治間湛修募建現住持妙慶。

拱金閣　在化城寺西里許即明萬曆時珍藏藏經之所至淸嘉慶二年經移化城寺後樓而閣乃災光緒間慧淸光和先後建修現殿宇盡頹僅存殘敗餘屋數間。

三天台路

囘香閣　在化城寺南一名華嚴庵藕益大師曾居之咸豐燬後長發復興庵居山岡天台峯巒九華寺宇至此一目了然今住持宗行。

華雲庵　在天台西麓淸光緒間正法募建今住持寶恆。

吉祥寺　淸光緒三十二年風松募建今住持密輪。

長生洞　今住持雨量。

興添寺　又作興天今住持徹同。

朝陽庵　在天台獅子峯。自此至天台頂，路峻如梯，沿途安置鐵闌干，以護行者。今住持義修。

翠雲庵　在天台西麓。理通復興。今住持徹善。

崇興寺　在小魚龍洞前。

圓通庵　在天台觀音峯。清被燬，後本境復興。民國時，由隆全大其規模，建築整齊，愈顯地勢之崇峻。遊者擬為妙高臺。今住持能蓮。

拜經臺　在天台峯西，又名大願庵，相傳為地藏菩薩拜經處。庵後有大石，亭六丈許，俗呼大鵬聽經石。清光緒間，昌光重建。近年隆華中興。今住持隆明。

地藏禪林　在天台玉屏峯，捧日亭北。此為九十九峯最高處，即古天台寺。至清康熙末，塵麈子重建，乃名活埋庵。其後滄桑屢更，難辨其詳。民國九年，徹德住持，乃重建佛殿。寺前額曰天台正頂。規制較昔頗為整齊。今住持明輝。●宋僧宗杲詩：蹋徧天台不作聲，淸鐘一杵萬山鳴。五釵松擁仙壇蓋，九朵蓮開佛國城。南戒俯窺江影白東巖坐待夕陽明。名山笑我生天晚・一首唐詩早擅名。●明邑人吳光裕詩・水窮山盡見天台・萬轉孤峯始到來。茅屋幾間青草色・華宮滿地白雲堆。松風不語僧初定・茶火無煙鶴自回。悔殺少時空碌碌・卻看黃髮有餘哀。●又七載夢相攀崎嶇・幾往還。山深覺寺古・世遠識僧閒。鳥雀來投食・猨猱共閉關。疎鐘盤石裏・不復問人間。●汪夢斗詩・攢峯削玉半雲天・露濯芙蓉九九妍。頂地別開塵外境・禪心寂住火中蓮。黃花翠竹西來意・皓月淸風日用緣。一自靈山標絕詠・嵐光星彩滿三千。●淸潘耒活埋庵贈默安禪老詩・九子山頭第一峯・掩關枯坐有南宗。銜花罷供心離境・撥草無人路絕蹤。腳下雲生長似絮・膝邊松偃欲成龍。挂瓢只合相依住・掃雪敲冰過幾冬。

按舊志載・天台寺在天台峯・玉屏上。紀勝載・天台峯頂有雲峽・玉屏峯・捧日亭・渡仙橋・活埋庵。庵在天台岡。指南與山中新鈔稿俱載地藏禪林在天台正頂・捧日亭北。蔣竹莊紀遊載・地藏禪林之寺門・卽渡仙橋之圓洞。橋東跨天台岡・

西跨玉屏峯寺前額曰天台正頂。又紀勝紀遊所列天台峯頂之諸景。大略皆同。而各處所載。皆指爲九十九峯之最高處。是知地藏禪林。活埋庵。天台寺。名雖分三。其地則一。不過隨時更改稱謂不同耳。但紀勝載。雲峽下。印信石畔。舊有天台寺。又引江南通志。及明曹學佺遊九華記云。九華以天台爲最高。其下有寺。僧皆苦行。境色清絕。夜中始聞鐘磬梵音。眞離一切垢濁而入寂樂國矣。文中又明說天台寺在天台峯之下。且各書記載。除在玉屏峯者外。天台峯下。又未別見何寺名天台者。想由明以前。峯頂無寺。而寺在峯下。後廢去。至康熙末。塵塵子始築活埋庵於峯頂。後人改稱天台寺。卽今之地藏禪林也。

中常住　一名招隱庵。明天啓間。離知建。清嘉慶時。陳蔚施田。有記。見後檀施門。光緒十三年。由眞如庵法印募修。今住持理巖。

正常住　又名德雲庵。明季德道創建。庵後有石洞。爲德道禪息之所。今卽名道僧洞。現住持藍田。於民國二十年。募建殿宇。

按紀勝卷十四載。德雲庵。俗稱正常住。明萬曆時。明惠建。又另載。聚猨峯下。石佛巖上十步許。有石洞庵。爲明高僧德道。字東祖者。結茅之所。今德雲眞如二庵僧衆皆其法嗣。準此。則明惠明預想係德道之徒屬。而此正常住。乃爲明惠建。此云德道創建者。或由徒屬借重上人之名。而寓尊師意也。至紀勝所載之石洞庵。亦知卽爲今名道僧洞者是。

老常住　一名護國寺。定祥募修。清光緒二十五年。火燬。民國三年。由九蓮庵海霖住持募修大雄寶殿。

眞如庵　明萬曆末。明預建。清光緒二十五年。崇明募修。今住持精修。

華嚴洞　今住持妙意。

接引庵●地藏庵●大悲庵●普濟庵●觀音庵此五庵。指南祇列其名於天台路。而蔣竹莊紀遊。敘天台路中之庵名。獨無觀音。乃多淨土。且前後所列。皆與指南無異。而山中新鈔稿。五庵俱無其名。第此觀音淨土。或是一庵二名。或爲二庵。無由得悉。故特註之。編者識。

延壽寺　紀勝舊志俱載。在曹山三角泉前。本道者甘贄莊。唐貞元間。由甘捨宅改建。初名龍門寺。宋建隆元年。僧玉田再建。祥符五年。賜今額。今指南。與山中鈔稿。俱無延壽寺之名。乃查蔣竹莊紀遊。於天台路中。敘有延壽寺。在吉祥寺上。與添寺下。與長生洞相毗連。第不知此天台路之延壽寺。與舊志所載在三角泉前之延壽寺。是一是二。因未能親勘。不得其詳。故特註之。●宋陳巖詩三角坳泓一角虧。其間濁水照摩尼。風幡不動鑪煙直。正是禪僧定起時。

四化城東路

法華寺　民國四年。心堅由東巖退居。特租賃陰騭堂公山。募化創建。

沙彌庵　在鳳凰嶺東。即延華觀故址。宋乾寧間。趙知微煉丹處。山高徑險。人迹罕到。清季心徹開傳相與結茅。清修六十餘年。平生不以一物累心。獨於修路造橋。募捐甚力。今徒孫慈果住持。亦復清苦自勵。勉承先志。

黃金庵　在山之東。舊名淨土庵。不知與蔣竹莊紀遊所記天台路之淨土庵。是一是二。原名黃家庵。明萬曆間。果能募建。紀勝載。在山南天台峯。眞如寶筏二庵之南。有淨土庵。萬曆初。如松建。亦不知與此是同是別。民國初。由邑紳何修護法普照重興。遂易今名。現住持明道。

心安寺　在六畝田。清光緒間。智妙創建。今住持性光。

伏虎洞　一名地藏洞。又名睡虎洞。在摩空亭棋盤石之東北。明宏治間。有異僧臥洞中。王文成公曾履險往訪。卽名爲地藏洞異僧。（見高僧）又有名其爲睡虎者。至清初。創建甘露寺之洞庵。曾結茅居此。後雲月鑿石建庵。乾隆時。傳燈亦曾居之。光緒間。大根募資重建。

西天寺　在百歲宮西下。（紀勝載。眞如庵南。有寶筏庵。明嘉靖時建。後爲異僧宗印所居。宗印。字墾田。人因呼其庵爲墾田庵。後音訛。遂呼爲西天。不知是此寺否。）

五化城南路

淨慧庵　在地藏塔下。卽洗手亭下。有定心泉。清同光間。法輪募修。

三天門　在神光嶺南上。原名茅庵嶺。卽今之普濟寺。（查蔣竹莊紀遊。南路北路。各有三天門。此爲南路之三天門。與北路之三天門。卽聚龍庵者。是兩處。）

轉身洞禪室　在山南。清光緒間。法喜復興。

二天門　在七賢峯麓。卽控華庵里人鮑寧安倡建。淸同光間。開宗悟能興修。

正天門　里人鮑魁皓倡建。開明募修。今住持宗起。民國十八年。重建大雄寶殿。裝塑佛像。

一天門　在松木橋下。卽松影庵。里人陳希器倡建。淸被燬後。心來復興。

崇覺寺　在十一都。淸乾隆五年。都人復興。

六化城西路

小天台　在地藏塔西南。民國八年。比丘尼妙量募建。後由大僧性海。頂接住持。

建松樹庵　卽一松亭。淸同光間。廣成結茅。居有年。檀信感其淸修。捐資建造。今住持悟道。樸實耐勞。勉承師志。

西來庵　八都衆信捐建。

七化城北路

聚龍寺　卽三天門。原名聚龍庵。淸燬後。開祥復興。民國十八年。由悟月。雨霖。慶華等募修大雄寶殿。中供銅質釋迦牟尼佛坐像·高約丈餘·鐫有唐尉遲公鑄造字迹。現住持雨霖。此爲北路之三天門。

華天寺　民國十一年·寬成募建。寺北爲高原·長江曳練·奇峯插雲·都歸一覽。

萬壽寺　今住持明慧。

半霄亭　當山北中道·祀山神·有神秀庵。淸同治間·定祥復興。今住持宗濤●明陳鳳梧詩·引縆千尺上高峯·身在翠微第幾重。隱隱鈞天仙樂導·層層鏡石白雲封。潛龍洞杳藏秋雨·伏虎巖深蔭老松。徙倚半霄亭半晌·飄然物外寄吟蹤。

龍池庵　一名淸隱庵·在龍池北·唐詩僧神穎所居。淸燬·後光緒間·開佛募修。今住持智光。

燕子洞　今住道人柳圓功。

二天門　在甘露寺上。●一天門　在甘露寺下。

大橋庵　在伏龍橋北·涇邑查圖源建。橋下有潭·爲淸咸豐時·吳經圃先生殉節處。

西竺庵　在甘露寺西。清光緒癸未大讓募建。今住持妙山、於民國十五年、重建大雄寶殿、功程浩大。

一宿庵　在小橋庵下、今住持恆山。●小橋庵

無相寺　在頭陀嶺下。本唐人王季文書堂、季文臨終捨爲寺、宋治平元年賜今額。清被燬後、同治十年、玉忠中興。●明王陽明夜宿寺中詩、春宵臥無相、月照五溪花。掬水洗雙眼、披雲看九華。巖頭金佛國、樹杪謫仙家。彷彿聞笙鶴、青天落絳霞。●老僧巖下屋、繞屋皆松竹。朝聞春鳥啼、夜伴巖虎宿。●坐望九華碧、浮雲生曉寒。山靈應祕惜、不許俗人看。●靜夜聞林雨、山靈似欲留。只愁梯石滑、不得到峯頭。●重遊四首、遊興殊未盡、塵寰不可留。山青只依舊、白盡世間頭。●人迹不到地、茅茨亦數間。借問此何處、云是九華山。●拔地千峯起、芙蓉插曉寒。當年看不足、今日復來看。●瀑流懸絕壁、峯月上寒空。鳥鳴蒼礀底、僧住白雲中。●又重遊次舊韻、舊識仙源路未差、也從谷口問桃花。屢攀絕棧經殘雪、幾度清溪蹋月華。

虎穴相鄰多異境。鳥飛不到有僧家。頻來休下仙翁榻。只借峯頭一片霞。●又無相寺金沙泉次韻黃金不布地。傾沙瀉流泉。潭淨長開鏡。池分或鑄蓮。興雲爲大雨。濟世作豐年。縱有貪夫過。清風自灑然。

二聖殿　亦名二神殿。在山東北麓。爲北來登山孔道。（自此以下。分縣城路。五溪路。）二聖者。相傳爲金地藏之二舅。自新羅國尋金地藏至此者。清被燬後。同光間能芳。有緣相繼恢復舊制。近年慈德。妙香。繼續住持。籌募中興。頗稱得人。

華陽亭　在西洪嶺西南。鮑廷芳建。

會龍庵　舊爲光梵院。又名龍庵。在西洪嶺上。南唐末。閩僧立行。改爲龍安院。明萬曆時。僧道經重建。冢宰陸光祖額曰會龍禪林。清光緒間。亮平再建。今住持宏順募建大雄寶殿。●宋陳巖龍安院詩。蔓草叢生伴棘薪。古藤直上繞松身。寺前寺後清幽處。山鳥飛來不避人。

心庵　在西洪嶺下。清被燬後。開清募修。（華陽亭至此。屬縣城路。）

觀音閣　舊志有慈雲閣．一名觀音閣在甲子嶺下．具茶湯以待過客。清被燬後惟宗重修。（今指南但標其名．未詳所在．不知卽舊志之慈雲閣否。）

回龍庵　在五溪橋右。清光緒十八年．覺慧募修。

小甘露庵　舊志有西甘露庵．在五溪橋西．祖興募修。（今指南但標其名．未詳始末．不知卽舊志之西甘露庵否。）

〇此觀音閣至此．屬五溪路。

永豐庵●獅子林（九都柯姓捐建）●觀音庵（此三．又屬縣城路。因指南但標其名．未敘始末。舊志．與山中新稿．全無。乃不知存廢．故另列此。）

萬緣庵（在六泉亭東）●德雲庵（在六泉口外）●通華庵（此三．又屬五溪路。今又另列於此者．其故亦與前三同。）

廢庵附

接引殿　在祇園寺左側．爲全山之水口庵。中供接引佛鐵像．身高一丈六尺。（相傳二丈餘．恐不實。）今殿已傾圮．唯此佛像巍然獨存。（此殿．指南未載．今但查紀勝．與照新稿．錄此。）

按如此寶相．山中希有碩果僅存。所望山中緇白十方檀信．同發大心恢復斯殿。俾寶相不致損壞．古迹因而常存．此亦佛弟子量力應盡之責也。

大定庵　在九蓮庵北。今僅存遺址。（此上三。原屬化城東序。）

綠雲庵　在化城寺東。今僅存遺址。

海渡庵　清光緒間。純心重興。今廢。遺址爲紅卍字會購買爲會所。

心齋房　在拱金閣南首。今廢。（此二。原屬化城西序。○又此四。指南與新稿同載。）

按九華指南。於化城寺云。前清承平時。佛法昌明。僧徒日衆。乃分東西兩序。至六七十寮之多。自咸豐亂後。僅存十之二三。現即亂後所有者。今又廢去五寮矣。時局艱難。影響法門。於茲可見。

圓寂寺　在拾寶巖東麓。初名伏虎庵。五代朱粱時建。爲伏虎禪師道場。至宋太平興國五年。賜今額。今廢。（此合紀勝。與舊志。及今志高僧門。折衷錄之。以後各廢寺。多如此。）

九子寺　即廣化院。在碧雲峯頂。由斸雞石而轉。復入大谷。如在平地。四面翠石環峙。眞煙霞幽窟也。清被燬。後光緒十五年。悟恆復建。●宋陳巖詩。修途百折到山頂。紺宇數間開道場。倦臥儘人身自在。翻愁作夢趁黃粱。●僧希坦詩。路轉幾多曲山、登千萬重未遊走馬澤、先看鬭雞峯、高樹出雲聳、寒泉趁石舂。徜徉因覓句、時復倚青松。●明施承緒詩、且住深山好、孤齋擁翠巒。有僧能共語、無夢亦生歡。雨過松濤沸、窗虛竹影寒。夜來閒自理、貂敝復誰看。

翠峯寺　在獅子峯東、滴翠峯前。原名天柱庵、因其庵唐末由天柱峯徙此。故至宋乾道中、邑人余志源因折柳溪邊悟解、聚徒稍衆、卽高舍居之、自稱翠峯、乃易天柱庵之名爲翠峯寺。●宋陳巖詩、縛屋山中數十年、薙茅誅棘復開田。何須折柳溪邊去、枯木寒林總是禪。

聖泉寺　在龜山西之魁山下。寺後有泉、四時不竭、自石巖噴出、產五色石、故名聖泉。俗又號無底泉。宋治平元年建、寶慶三年賜今額。●宋陳巖詩、釋子親傳馬祖衣、枯藤來此卓煙霏。斕斑錦石寒泉底、湛碧中涵五色輝。

廣勝寺　卽廣修院、原在觀音巖。宋淳熙初移建上雪潭側、明洪武末、重建、改今名。嘉靖間、又徙建下雪潭、三級亭側。寺前巨石書大壽字。●宋陳巖廣修院詩別去招提恰十霜、幾番夢到五峯堂。有懷此地同僧夏、對佛閒燒結願香。

崇壽寺　在曹山北之龜山。南唐昇元間建、宋祥符間賜今額。開山時、有白龜出現之瑞、乃名其山曰龜山、泉曰白龜泉、又名靈源泉。泉在山門右、有蔣穎叔題字。宋高僧善修住持、周益公曾贈以詩。見高僧●宋僧希坦詩、躡破蒼苔徑、幽居在嶺巔。亭臺清映月、松竹淡籠煙。佳客纔登席、高僧忽起禪。呼童急煎茗、新汲白龜泉。●陳其名詩、此地初開選佛場、寶龜曳尾預呈祥。靈源映月苔常滿、仙桂迎風葉自香。鐘韻半沈荒院靜、茶煙纔動老僧忙。慈雲高閣知何處、唯有雙峯挂夕陽。

廣福寺　原在覆甌峯東麓、本南唐宋超同書堂舊名。應天院、又更名徵賢寺、至宋始改今額。寺有唐人手鈔四大部經、水漂兩函、歲久忽發光。尋其處得焉。後寺移於黃鉋城南淨信寺上、距故址五里許。●宋陳巖詩、五百年來貝葉光、劫灰難泯壁中藏。山僧要廣人間福、長日工夫一炷香。●明施達詩、古剎曾臨碧水灣、幾時徙建白雲關。依然作寺祠西竺、未許移文繼北山。梵宇唐書何代泯、給園祇樹有僧還岡前上下蓮華漏・並入疎鐘杳靄閒。

淨信寺　在碧雲峯西南・黃匏城下・舊名碧雲庵。宋紹興中・里人移雲門寺額於此・遂易今名。爲詩僧希坦禪宴之所。明成化閒僧覺信重建石屋三閒・三門一座。● 陳堅碧雲庵懷清張惣詩・飛雪濺溪橋松風未寂寥高僧曾住此・何處覓詩瓢。● 宋僧希坦詩・爲訪碧雲庵・蓮社今寂寞。不見吟詩僧・松風滿山郭。

福海寺　在碧雲峯側・九子峯下。李志云・託九子之平麓・挹雙峯之上流。遠而睇之・峯橫黛色・溪涌碧瀾・山與水交勝矣。唐景定二年建。原名景福。宋治平初・改賜今額。昔有唐僧手植二松。● 宋僧希坦詩・路入轉幽處・渾疑別有天。虯松雖變化・牛石尚酣眠。騾過一番雨・鳴飛七布泉。望中千點雪・白鷺立平田。

淨居寺　本在雙石巖側・宋大中祥符初・僧雲林啓建。治平中・賜額。靖康元年・僧道生移建於玉甑峯側・普賢臺下。崇巒四擁・淸瀨一泓・泉雪松風・最爲幽勝。寺側有疊石塔・鼓而不傾。明景泰閒・僧圓慧居之・賜號大度禪師。淸道光時・火災・由柏輣・

王貢二紳倡捐重建。咸豐亂時。邑人保聚其上。光緒二十六年。賊起大通時。人民有入山避難者。周贇詩云地擅九華勝。秋高五老峯。佛燈殘壘血。天柱謫仙蹤。怪石蹲蒼兕。飛泉吼白龍。蒼茫認來路。月上碧芙蓉。●又庚子秋日登山繪圖復遊寺中留題。九華來寫照。五老遠開顏。官與泉俱冷。雲將心共閒。昨朝人避地。今日我遊山。笑與方瞳約。攜琴長往還。

崇聖寺　在西洪嶺西。靈鶴山故舊名靈鶴庵。唐光啓初。改名圓照。南唐保大間。復名靈鶴。宋祥符六年。賜今額。清乾隆時。袁氏重建。●宋陳巖詩。山形四抱水來前。中有金蓮色界天。清磬一聲僧定起。松閒靈鶴舞蹁躚。

法樂院　在雙石巖東。唐開元中建。宋端平閒。縣令喬幼聞移額邑東二十里秀巖洞。前後復移歸雙石巖。●宋陳巖詩。無住師參第一禪。指開古洞秀巖天。東扶西倒都休問。且結人閒現在緣。作此詩時。庵在秀巖洞。

利衆院　在龜山中平河西。四峯山東麓。龍潭側。故又名四峯庵。舊志另載有四峯庵、在五溪玩華亭側、久廢。明萬曆五年、邑令蘇萬民重建。●宋陳巖詩、日涵林壑紫光凝、草動花翻氣似蒸。勝地剗開鼪鼬徑、數閒松屋住殘僧。

保眞院　在野螺峯西南、唐時原爲費徵君舊隱。南唐保大中、僧圓證禪燕於茲、名日臥雲庵。宋治平初、賜今額。景祐中、圓證手疏命九華詩社僧淸宿（一作淸臺）居之。越三日、圓證化去、墳塔俱存。●宋陳巖詩、野寺荒山澗水濱、古藤翠篠自搖春。僧閒宴坐無人到、內保禪心一味眞。●又臥雲庵詩、亂雲堆裏酣酣夢、人在淸泉白石間。膠擾勞生鼎中沸、有官不換此身閒。

曹溪祖源院　即曹溪寺、在六泉口。

五臺明智院　在古仙峯北、曹山西、舊名五臺院、後爲白雲庵。

天柱庵　在東巖北、小天柱峯、舊即稱小天柱。●吳國靖天柱庵值雪詩、滿天風雪敝空山、梵閣無人早閉關。玉磬一聲持半偈、蕭然分得老僧閒。

蓮華庵　有三、即在蓮華峯之上中下三處。又云、一在拾寶巖東者、別名又稱福安院、爲唐道濟結茅之所。居五十年、常有雲覆其庵。一在蓮華峯下者、古又名石雲庵。明正德初重建。今廢、石柱尚存。●宋陳巖詩、冷屋棲雲經幾年、懼人履迹破苔錢。不辭更入山深處、手種西方社裏蓮。●又福安院詩、門前黃葉斷人行、寂歷山房晝亦扃。疎竹矮窗僧兀坐、炷香熏筆自鈔經。

資聖庵　在五老峯側、百丈潭西。宋興國中雲譯創建。●宋陳巖詩、朝暮相依五老仙、鳥啼花落幾何年。塵勞不到山深處、窗外日高人尚眠。

雙峯庵　在九子峯西麓、甲子嶺、又名虎跑嶺。唐末新羅僧淨藏創建、亦號新羅庵。

清涼庵　在天台西麓、九子峯南之獅子峯、故俗呼爲獅子庵。爲邑人施傳芳遇仙處。後置屋施田、遂成蘭若。庵後有長生洞。

平坦寺　在蓮華峯西麓、瀾溪上、距蓮華庵五里。明成宏閒、顯玉建。淸被燬、後開通募修。

臥龍庵　在南陽里、黃石溪之牛軛嶺南。唐天祐中、李常侍有志未遂、乃至九華出家爲僧。卽易所居爲臥龍庵。自呼臥龍和尙。乃取南陽臥龍之意。

撲雲庵　在天台雲峽循岡而北之羅漢峯。俗呼羅漢墩。明萬曆閒。祖安建。

石洞庵　在天台峯下。卽正常住條所名之道僧洞。

復興庵　在天台峯印信石北行二百步許。僧自然建。

陰騭堂　按紀勝載。卽下禪堂。在舊懷賢亭址所改建之接引殿前。舊志載。一名延壽庵。在太白書堂側。清被燬。後道鎧復興。不知是一是二。

白雲庵　在天台峯。印信石北行之復興庵下。明萬曆閒。本覺建。

此上各寺庵舊志與紀勝俱有。但稍有出入。遂按二書所載參酌錄之。因指南。與山中新鈔稿俱無。故概目爲廢庵。

文殊庵在化城寺東。近法鑑塔。●景命閣在拱金閣右。爲安供明萬曆二十六年頒賜地藏菩薩本願經之所。清康熙四十七年。爲蛟汛衝決。●鳳林庵●大夏庵●三味庵●報國庵●樂山庵●白雲庵●東勝庵●環翠庵●雨華庵此九廢庵。皆屬化城東西兩序。古有今無者。●劉世疏庵在雙峯下。保眞院東北。爲宋劉放隱居之所。側有巖名清隱。放手書清隱巖三大字。●石龍庵在西洪嶺西南五里之石龍口。●仙居庵在五老峯側·百丈潭之西南。即宋嘉定開·孝子諸大道廬墓處。●東度庵●東慶庵二庵在天台峯雲峽下·護國庵之西北。●九如庵●碧雲庵此二庵·爲眞如德雲二庵之別院。皆在天台峯印信石下之獅子隖。●慕仙庵在天台峯東南之仙人峯下。明永樂開·陳道榮出家所建·祝髮焚修其間。●觀音堂在十三都·即南陽道院舊址·明隆萬間·陳姓所改建。清嘉慶二年火·陳姓裔又改建爲忠孝節義祠。●觀音巖在眞人峯北·幘峯下。唐末有高僧卓庵·感大士出現之所。●曹沖庵在圓寂寺之西前·果老石下。●鳳棲庵在六泉口·曹溪寺西。●覺安寺在五溪合流處·距曹溪寺五里。

此上各廢庵·唯九華紀勝所載錄之以備查考。

大山庵在五溪西南二里許。怪石玲瓏·盤亙庵之左右。清康熙開·傳潔建。●永勝庵同治初·開明復興。●法雲庵在山南之大嶺上·明海復興。●清雲庵未詳所在。●準提庵在拾寶山上。崇禎十二年·明如建。順治十三年修。咸豐末燬·光緒七年重建。●聖指庵在·山南麓。光緒十七年·廣志修。●觀音庵在華陽橋畔。●觀音閣在廟前。光緒十年·尼空法募修。●萬福庵在甘泉書院左·清道光開·能圓創建。被燬後·常煇重修。●三慧庵在五老峯前·隆法·香曇·同募修。

此上各廢庵·唯光緒時舊志所載錄之以備查考。

按寺庵名稱古今沿革·有數處同名一處·數名古今一名·古今異名古今異處

之種種不同。致各書所載．亦難合一致。如此情形．非親至其地．一一詳查．終難清晰。此次編訂．遠在千里之外．不能一履其地。乃依最近民十四年姜君宗甫所編之九華指南爲根據。卽許止淨居士囑山中鈔寄之稿所記大略相等．仍不如指南之詳。但舊志與九華紀勝所有者．此二又多無其名。此二有者．舊志與紀勝又間有未載。茲乃將四處同有．爲古有今有．唯指南與山中鈔稿所有．爲古無今有。爰照指南所分路徑．分七小目．均編爲現有之寺庵。至指南與山中鈔稿俱無．獨舊志與紀勝所有者．爲古有今無之廢庵．乃另附於七路寺庵之後。第其中亦恐仍有因數處同名．一處數名．古今異名．古今異處之故．外人難以辨其存廢。致所列仍有失當及挂漏重複等錯訛。此皆由人地遠隔．無由查勘之所致．祈閱者諒之。編者識。

九華山志卷三終

九華山志卷四

內編二門　丁高僧門第四　二靈應門第五

高僧門第四居士附

坐如來堂具正法眼。唯比丘僧會皆上善。自緝麻衣。同餐土墡。羅漢從遊。觀音俛眄。守約道隆。光韜德顯。遺範千秋。勿忘數典。志高僧。

唐

唐勝瑜。地藏上座弟子。建臺殿。設佛像。立朱臺。挂蒲牢。開溪澗。爲稻田。及放生池。佐地藏開山。見化城寺費冠卿記。

唐道明。閔公讓和之子。讓和捨地供地藏造寺。其子卽從地藏出家。爲道明和尚。見百丈清規證義。及神僧傳。

按道明和尚爲地藏菩薩弟子。見神僧傳。且云閔公每齋僧百人。虛一座。以待地藏。費冠卿記及宋高僧傳均載新羅國人渡海相尋其徒。實衆。宋傳更云地藏以食不給。發青白土供衆。其衆請法以資神。不以食而養命。南方號爲枯槁衆莫不宗仰。據此。則地藏未造寺時。九華山已有百僧。既造寺後。弟子衆多。且能爲法忘身。爲世尊仰。而費記只載勝瑜一名。九華志仍之。無別記載。即道明和尙亦未補入。可見九華僧傳遺漏實多也。

唐智英。與隱士王季文交善。季文臨終。捨所居宅爲寺。請英主之。即今之無相寺。

唐冷然。與費冠卿爲友。有詩。

唐神穎。居九華龍池庵。有和王季文詩。

唐齊己。姓胡。名得生。與鄭谷相友善。有詩。

按宋高僧傳。爲益陽人。幼出家於大潙山寺。習律儀。後參德山大發解悟。如是藥山鹿門護國。凡百禪林。莫不參請。視名利若浮雲矣。於石霜法會。請知僧務。時高季昌自爲荆州留後。割據一方。禮己命作僧正。非所願也。故有未曾將一字容易謁諸侯之句。與華山隱士鄭谷。時相酬唱。破衲擁身。枲麻纏膝。棲約自安。自號南嶽沙門。

唐應物。大中時。居九華。嘗作九華山記。與羅鄴唱和。有詩。

唐道濟。居安禪峯福安院。

唐超永。號無際禪師。致藏法嗣也。

唐卓庵。唐末高僧。居觀音巖。感觀世音菩薩現相。

唐淨藏。新羅僧。建雙峯庵。

唐臥龍和尚。俗姓李。官常侍。落魄不遂。天祐中。泛舟。見九華。慕其勝。築室於南陽里居之。名曰臥龍庵。落髮著僧衣。號臥龍和尚。

五代

五代伏虎禪師。失其名。楊吳時。僧。能伏猛虎。南唐後。入九華。建道場於拾寶巖。卽今之圓寂寺也。

宋

宋圓證。南唐保大中。禪宴臥雲庵。至宋景祐中。手疏。命九華詩社僧清宿居之。越三日而化。宿一作晝。

宋善修。乾道三年。年八十六。住龜山崇壽寺。周益公遊山見之。贈以詩云。老僧九十視耽耽。二十年來不下山。我得九華充法供。亦能禁足老山間。

宋寒碧。自竟陵入九華。能詩。有遊九華數章。今不傳。不知是否宋人。見舊志。未詳時代。無從稽考。

宋濟宿。景祐中。主九華詩社。繼圓證住臥雲庵。

宋了機。宣和中。嘗於最勝亭植茶。

宋希坦。號率庵。宋末居九華淨信寺。有九華詩集。

宋玉田。建隆中。創龍門寺於曹山。相傳有寂祖、雲譯、宏濟、惟政、廣宗、及元有眞觀、智律、如理、皆其後高僧。

按池州府志。雲譯、宋興國中。嘗創資善庵於百丈潭西。廣宗。號冠傳禪師。曾住化城寺。眞觀。號無象禪師。元至治元年。隨濟宗禪師來九華。住化城寺。見九華紀勝。

明

明徧周・字天庵・洪武戊申・住化城寺。

明通杲・字日初・池州人・繼徧周住化城寺。

明昭蓮・明初人・創建天台寺。（即今之地藏禪林）見清光緒周志・天台峯圖記。

明宗琳・號玉澗・涇縣人・洪武十六年・住持化城・二十四年・重建殿宇・廊廡・禪堂・齋僧養老・學事・淨業諸堂・并土庫方丈・九華復興。見九華紀勝卷七。

明法鑑・字無礙・初住金陵靈谷寺。宣德二年・住化城寺・重建殿宇・化城東文殊庵西・有法鑑塔。

明福慶・號雲巖・永樂時・居南京靈谷寺。因師年老・還山・住持化城。宣德十年・重建大雄寶殿・藏經・祖師・金剛・天王・伽藍等殿・并如來・大士・羅漢・諸天等聖像。見工部尚書周忱記・寂後・厝寺後西塔院。

明道泰・字嶽宗・成都蕭氏子。初祝髮時・師事南京天童禪師。正統六年・住化城寺。十一年。奉勑授北京萬壽寺戒壇宗師。景泰七年。以年老乞歸九華。尋卒。葬寺後東塔院。天順元年。朝廷遣官賜祭。有諭旨。載藝文門。

明量遠。字偏空。萬曆三十一年。化城寺災。量赴京奏聞。奉皇太后賜金。重建。兼修塔院。三十四年。勑封護國肉身寶殿。及大藏金塔。幷賜量遠紫衣。

明佛智。號大圓。住化城寺東寮。年八十餘。召徒衆告別。沐浴更衣。入龕端坐而逝。越七日。顏色如生。舁往寶峯庵後入塔。過龍女泉側。三昧火發。須臾屍化。見者莫不歎惋。

明普通。萬曆時人。修創東巖佛殿。見吳給諫文梓記。

明慧庵。萬曆時人。鄒南皐爲作像讚。序曰。予游九華。索高僧而得慧庵。蓋數見而相歡焉。陽明祠圮。庵憂見形色。今祠宇重新。祀典大備。庵默翊之力居多。夫庵所學者佛。所慕者儒。其見儒與佛無異耶。亦有見分儒分佛。爲墮名相耶。求予爲祠記。援筆付之。慧庵歸矣。偶有繪其像者。敬爲之讚。紀勝。載見九華散錄。

明眞諦・號文石・四川眉州僧。萬曆間來九華・趺坐翠微隄・遇兩士人舟過。一人問曰・老僧何處至。應曰・九子水雲鄉。一人曰・安得乘閒坐。應曰・暫借柳陰涼。聞者大嗟異・延居湖心寺。萬曆末・復入九華・召弟子至・作偈而化。見紀勝卷二十一。

明性蓮・字無垢・姓王氏・太平僊源人・生而不羣・幼時喜爲佛事。其時諸外道羣聚・宣揚其說・蓮每往觀聽。一日謂衆曰・此夢語也・其如生死何・因決志出俗。年二十二・遂散家財・棄妻子・之金陵攝山棲霞寺・從素庵節薙染。受具・依棲講席・習諸經論義。置卷歎曰・吾爲生死大事出家・此豈能了大事乎。復棄去・得故鄉之牛頭山誅茆以休・刀耕火種・專以己躬下事爲念・久之未有所入。又棄去・至淸河・謁法堂・授以念佛三昧・乃深信入・尋參徧融於都下・一見器之・因留入室。久之・妙峯開法於蘆芽・蓮特往見・多所陶冶。復歸故鄉之大山・四方緇白・聞風而至。歎曰・吾出家兒・豈爲滴水波流・把茆遮障此生平乎。復棄去・歷盡名山・徧參知識・多方行腳・備嘗辛苦・如是者七年。偶冬日涉河・冰裂作聲・墮水・寒徹・忽然有省。生平之疑・泮然自釋。即歸・卓錫於池陽之杉山・十方衲子・日益麕集・遂開梵刹・以接待爲事。至者無他技・但精粥飯茶湯而已・了無禪道佛法。觀者諦信不疑。九華道場・迎爲叢林主。蓮治己精苦忘身爲衆。凡化惡性・必委曲周旋・俟其大信而後已。行之二十年・遠近傾心・凡有所須・應時如響。足迹所至・一食一宿之地・皆爲道場。若池陽之杉山・九華之金剛峯・觀音山之金堂・大山之草庵・連嶺之靜室・金陵之華山。餘若秦頭峯・婆娑壠・岑峯洞・白沙山・吉祥・諸天・隨地各建蘭若數十所・以修隱靜者居之・咸有其徒主其業。丙申仲春・應衆請・來皖山。不數月・百廢俱舉・三祖道場・燦然復盛遐邇風動。乃復歸九華。越明年・皖山四衆固請重涖。蓮首肯曰・去即去矣・尚須三日。明日偶過九龍・訪一庵主・四顧欣然・乃謂衆曰・吾至此山大事畢矣。衆不喻其意。二日示微疾・竟終於此塔於蘭若之右。時萬曆丁酉九月三日也。年五十有四・臘二十有五。見憨山大師夢遊集。

明地藏洞異僧宏治十四年王陽明初遊九華・聞地藏洞有異僧・坐臥松毛・不火食・

歷巖險訪之。正熟睡・先生坐撫其足。有頃・醒・驚曰・路險何得至此。因論最上乘・曰・周濂溪・程明道・是儒家兩箇好秀才。後正德中・陽明再至・僧已他適。故先生遊化城詩・有會心人遠之歎。

明周金・正德間太平山僧也。遊少林寺・還居九華東巖・值王陽明復遊九華・金訪之・相與談心・甚契。陽明書偈曰・不向少林面壁・卻來九華看山。錫杖打翻龍虎・隻履踢破巉巖。這箇潑皮和尚・如何容在世間。呵呵・會得時・與你一棒・會不得・且放在黑漆桶裏偷閒。後書正德庚辰三月八日・陽明山人王守仁。到此偈刻於宴坐巖懸石倒覆處。更有贈周金和尚詩・見藝文。至嘉靖戊子・金仍還太平山。一日・召寺僧說偈曰・千聖本不差・彌陀是釋迦。問我還鄉路・日午坐牛車。語訖・跏趺而逝。

齊山磨崖辨曰・馬公郡志・以陽明先生年譜庚辰正月入九華・二月已有觀兵九江之作・疑其三月不應尚留九華。茲據寄隱巖磨崖・清明在齊山・是歲清明乃三月九日・則三月八日在東巖・有足證也。年譜云云・殆二月有觀兵之命・至三月初旬方自九華過齊山而去耳。

明寶庵、爲長生庵僧。明宏治間、王陽明來遊、寶庵與語、有契。陽明題贈曰、從來不見光閃閃、氣象也不知。圓陀陀模樣。翠竹黃花、說什麼蓬萊方丈。看那九華山地藏王、好兒孫又生箇寶庵和尚。噫那些妙處、丹青莫狀。

明海玉、字無瑕、順天宛平人。歷遊五臺、四至峨眉。明萬曆間、來棲九華東巖東角摩空嶺上之摘星亭。禪棲日久、壽百餘齡、自知時至、拈偈而逝。授命於徒、三年啓缸、可復相見。至天啓丙寅正月、其徒率衆如期發視、見其顏色如生、檀衆聞風踵至、遂爲裝金供養。廷樞何使君、爲捐資建塔。崇禎三年、勑封應身菩薩、塔曰蓮華寶藏。玉生正德八年癸酉、寂於天啓三年癸亥、已百十一歲、故俗稱其所居曰百歲庵。傳徒慧廣、惠元、皆精持戒律。見錢桂森記。百歲庵、又名百歲宮、即今之護國萬年禪寺。

明照圓、號印如、萬曆間居覲雲庵、苦行僧也。嘗置一桶、貯米斗許、未嘗乏竭、餘則轉以濟人。壘石爲臺塔、植木栽花、無根輒茂。初不知文字、晚年開悟、於六書之學、時有妙解。謂與禪理相發明。後無病坐化。

明利鈇。清光緒志作鈇。明崇禎志失載。九華紀勝誤作鉄。指南。叢誤作鐵。號龍庵。祁門黃氏子。禮九華廣達師祝髮。辭歷諸方。年九十四歲。天啓二年。拈偈云。歸來懸崖空撒手。溪山處處是蓮宮。跏趺而逝。異香滿室。其所住之水陸殿。因其號而易名曰龍庵。

明宗印。字墾田。嘉靖間。居天台。率七日一食。山中雖風雪。必夜巡曉返。以爲常。壽百十餘歲。崇禎五年壬申。一日自架柴數束。坐其中。火之。時有紫雲罨靄其上。火之地有異香。經旬不散。見九華散錄。○考異曰。僧宗印字墾田。常居寶筏庵。人呼墾田庵。後以音訛。竟呼爲西天庵。

明智仁。號古迂。松江諸生。出家爲蓮池弟子。通釋典。晚至九華。住曹山及劉村。著有雪華集。

清

清古澗。四川峨眉人。出家後。住燕京三教庵。久之。乃徧訪名山。從普陀來九華。住蓮華洞數十年。萬曆間、蜀楊仲恤刑江南、訪得之、稱其道慧、歸依者日衆、遂成叢林。一字不立、以棒喝接引禪徒、立法規、不募化、躬率衆鋤墾種植、易衣食以供僧、有餘、盡散去。順治辛卯春、三月、召徒告別、走入木龕、趺坐而逝。見九華散錄。

清智旭、字蕅益、俗姓鍾、名際明、又名聲、字振之、蘇州木瀆人。父岐仲、持白衣大悲呪十年、以祈子。母金氏、夢大士抱兒授之、而生。七歲持長齋、十二歲就外傅、讀書以聖學自任、作闢佛論數十篇、復進酒肉。十七歲、閱蓮池大師自知錄敘、及竹窗隨筆、取論焚之。二十歲、詮論語、至天下歸仁、不能下筆、廢寢食三晝夜、有省。其年冬喪父、讀地藏本願經、發出世心、遂日誦佛名、盡焚所爲文。居三年、聽一法師講首楞嚴經、至空生大覺中、忽疑何故有此大覺、致爲空界張本、悶絕無措。以昏散頗重、功夫不能相續。遂於佛像前、發四十八願、決意出家。明年、爲天啓二年、夢禮憨山大師、涕泣言、自恨緣慳、相見太晚。憨山云、此是苦果、應知苦因。語未竟、遽請曰、弟子志求上乘、不願聞四諦法。憨山云、且喜居士有向上志、時憨山在曹溪、不能往從・乃從憨山之徒雪嶺剃度・命名智旭。尋往雲棲・聽古德法師講唯識論・疑與首楞嚴宗旨不合・請問。古師云性相二宗不許和會・心怪之・曰佛法豈有二耶・遂入徑山參禪。明年夏・逼拶功極・身心世界・忽然消殞・從此性相二宗一時透徹・又明年・受比丘菩薩戒・徧閱律藏。又二年・母病篤・刲肱肉和藥以進・不能救・葬畢・掩關於吳江。疾甚・始一意求生淨土。疾少間・結壇持往生淨土神呪七日。說偈曰・稽首無量壽・拔業障根本。觀世音勢至海衆菩薩僧。我迷本智光・妄墮輪迴苦。曠劫不暫停・無救無歸趣。劣得此人身・仍遭劫濁亂。雖獲預僧倫・未入法流水。目擊法輪壞・欲挽力未能。良由無始世・不植勝善根。今以決定心・求生極樂土。乘我本誓船・廣度沈淪衆。我若不往生・不能滿所願。是故於娑婆・畢定應捨離。猶如被溺人・先求疾到岸。乃以方便力・悉拯瀑流人。我以至誠心・深心回向心。然臂香三炷・結一七淨壇。專持往生呪・唯除食睡時。以此功德力・求決生安養。我若退初心・不向西方者・寧即墮泥犂・令疾生改悔。誓不戀人天・及以無爲處。仰願大威神力・無畏不共三寶無邊德，加被智旭等。折伏使不退，攝受令增長。居二年，出關度南海，覲洛伽山，還住龍居。見律學多譌，遂以弘律自任。既述毗尼集要，尋擬註梵網，拈鬮佛前，以決所宗，頻拈得天台宗，於是究心台部。三十八歲，住九華之華嚴庵。（卽回香閣）次年，述梵網合註。又律解雖精，然每自謂躬行多玷，不敢爲人作範。乃於安居日然身香十炷，設鬮佛前，問堪作和尚否，乃至當退居菩薩沙彌優婆塞否，得菩薩沙彌鬮，遂終身不爲人授戒。其後歷溫陵，漳州，石城，晟谿，長水，新安，而歸於靈峯。生平著撰合四十餘種。其大者，有首楞嚴玄義，文句，法華會義，楞伽義疏，唯識心要。而彌陀要解，提持淨土，尤以簡切勝。時諸方禪者，多目淨土爲權教，遇念佛人，必令參究誰字。旭獨謂持名一法，卽是圓頓心宗。有卓左車者，嘗設問言，如何是念佛門中向上一路，如何得離四句絕百非，如何是念佛人最後極則，如何是淆譌處，腦後一鎚。冀和尚將向來自性彌陀，唯心淨土等語，撇向一邊，親見如來境界，快說一番，震動大千世界。旭答云，向上一著，非禪非淨，卽禪卽淨。才言參究，已是曲爲下根。果大丈夫·自應諦信是心作佛·是心是佛。設一念與佛有隔·不名念佛三昧。若念念與佛無間·何勞更問阿誰。淨土極則事無念外之佛爲念所念·無佛外之念能念於佛。正下手時·便不落四句百非·通身拶入。但見阿彌陀佛一毛孔光·卽見十方無量諸佛·但生西方極樂一佛國土·卽生十方諸佛淨土·此是向上一路。若捨現前彌陀·別言自性彌陀·捨西方淨土·別言唯心淨土·此是淆譌公案。經云·三賢十聖住果報·唯佛一人居淨土·此是腦後一鎚。但能深信此門·依信起願·依願起行·則念念流出無量如來·徧坐十方微塵國土·轉大法輪·照古照今·非爲分外·何止震動大千世界。順治十一年冬有疾·遺命闍維後·屑骨和粉·分施水陸禽魚·普結法喜·同生西方。集僧十五人結淨社·以三年爲期。日三時誦佛名·回向淨土。二時止靜·研究諸大乘經。明年正月二十一日晨起·病良已。午刻趺坐繩牀·向西舉手而逝·年五十七·法臘三十四。嘗自題其像曰·單提極則·正令不墮·今時窠窟·假饒黃檗雲門·未免遭吾一摑。且問向上一句·畢究是箇什麼·合掌稱云、南無阿彌陀佛。又曰、生平過失深重、猶幸頗知內訟。渾身瑕玷如芒、猶幸不敢覆藏。藉此慚愧種子、方堪送想樂邦。以茲眞語實語、兼欲寄誡諸方。不必學他口中瀾翻五宗八教、且先學他一點樸樸實實心腸。寂後三年、如法闍維、啓龕髮長覆耳、面如生、牙齒不壞。門人不忍從遺命、收靈骨塔於靈峯之大殿右。

附九華地藏塔前願文。稽首慈悲大願王、本源心地如來藏。善安慰說眞救世、現聲聞相護法者。願承本誓度衆生、鑑我微忱垂加護。智旭夙造深殃、丁茲末世。雖受戒品、輕犯多端。雖習禪思、粗惑不斷。讀誦大乘、僅開義解。稱念名號、未入三摩。外覩魔黨縱橫、痛心疾首。內見煩惱紛動、愧地慚天。復由惡業、備受病苦。痛娑婆之弊惡、歎沉溺之無端。由是扶病入山、求哀大士。矢菩提於永劫、付身命於浮雲。臂香六炷、三炷供忉利勝會、化身無數大集勝會、現聲聞相六根聚會善巧說法地藏菩薩摩訶薩。一炷悔三業重失、生來殺業淫機、謗三寶罪、口過惡念、乃至舊歲染疾後種種不盡如法。如是等願盡消除。一炷爲求四願、律儀清淨、斷惑證眞、長康無病、廣作福事。一炷爲決疑網。若先禮懺、求淨律儀。若先習禪、斷除煩惑、若先閱藏、以開慧解、若先立行、以廣福緣。唯願救世眞士、大智開士、一切知見者、於諸衆生、得不忘念者、必垂哀鑑、開我迷雲。我復於大慈悲父前、瀝血銘心、作如是願。如一衆生未成佛、終不先自取泥洹。儻夙因緣牽入惡道、願菩薩弘慈、常覺悟我、使我念念憶菩提心、令菩提心、相續不斷。若夙障稍輕、願大士威神、令我早成念佛三昧、決定得生阿彌陀佛世界。乘本願力、無邊刹海、化度有情。盡未來際、無有疲厭。

清誦林、明末進士、因明亡而出家、住通慧庵。自食其力、不事募化。博學能詩、時與吳七雲尙書唱和。晚年退居東巖竹林靜室、砥礪淸修、吳亦讀書東巖天籟軒、時與之遊、並書應如是觀四字持贈。

清應煇、號忍草、出家九子閣、聞藕益大師說法有得。大師嘗誨之云、身病易治、心病難遣、古人云、克己須從性偏難克處克將去。慈雲大師亦云、行人各有無始惡習、速求捨離、當自觀察、何習偏重、訶棄調停、取令平復、勿使行法唐喪其功。夫惡習豈唯殺盜淫妄而已。二六時中、四威儀內、苟可動人念頭者、最能折福損壽也。燁自後隨侍諸方、虔修淨土。

清默安、明末清初時、住天台峯。潘耒登天台峯、贈以詩、見梵刹門、地藏禪林。

清空生、清初住大夏庵、建大悲閣。見山足大悲閣引。

清宗衍、清初人、玉林國師之徒。新上禪堂之殿宇、及易景德堂之名爲上禪堂。

清杜多、號塵塵子。康熙庚子、行腳至天台峯、結茅居焉、命名活埋庵、卽今之地藏禪林。多能詩工書、年七十、終日兀坐蒲團、嚴冬著單衣。圓寂後六年、其形趺坐不仆、皮肉如生。

清慈印、住佛陀里。康熙四十二年、主化城寺、談經覺衆、入定齋心。晚歲閉戶潛修、郡守喻公顏其居曰華峯深處。及道咸間、其裔徒明皓持戒參禪、克承先志。

清力堂、住龍庵、以清高悟禪理、以澹泊入息機。禪定之餘、亦涉經史、與文人唱和。

清敬簡、號佛萌、住通慧庵、工詩。

清興斧、號山足、嗣藥地無可和尙。初住浮山。郡守喻公請師說法、開戒九華。有大夏庵募建大悲閣、引、載檀施門。

清洞庵、（亦作洞安）住伏虎洞二十餘年、默坐石窟、以虎爲衞。康熙丁未、玉林國師至九華進香、囑庵募地建叢林。吳爾俊居士獻山有松頂降甘露之瑞、因名甘露寺、開建殿堂。郡守喻公成龍、聞其苦行、深加敬禮。兩請登堂說戒、一時釋子頓易舊習。庵以齋粥接待雲水、十餘年如一日。行年八十、而倡率提持、了無倦色。

清傳燈、優曇、俱乾隆時、甘露寺住持。推廣殿宇、尤暢宗風。傳燈又中興祇園庵。

按喻公甘露禪林記、載玉林囑建叢林時、洞庵住伏虎洞已二十餘年、則其時至少亦在四十餘歲。若照本傳十餘年如一日、行年八十之文義、則初建叢林時、當有六十餘歲矣。再考李端遇甘露庵記、玉林至九華、在康熙丁未、卽康熙六年。計至康熙之末、爲五十五年、洞庵必早已圓寂。而傳燈、則李端遇記及九華紀勝、新高僧傳等、皆稱爲乾隆時人。則傳燈決非洞庵、而爲其裔徒、無疑。故李端遇記明明爲兩人。乃九華紀勝、誤寫李志甘露庵、爲康熙丁未僧傳燈建。周山門漫不加考、更誤洞庵名傳燈、且謂喻使君矜其苦行、爲作碑記。新高僧傳、又仍其謬、謂甘露庵爲乾隆時傳燈建、亦載喻公作記事。不知喻公守池州時、在康熙二十年、暨二十三年。至乾隆改元、已隔五十餘年、安得爲傳燈作記。周志自矜考據、不知該傳已一誤再誤也。

清明雪、號瑞白、桐城樅陽楊氏子。出家九華發光地、即今聚龍庵是也。參澄公闡鐘聲大悟、爲洞宗第二十八世。

清道守、鳳陽人、出家九華山三十年、偏歷叢林、瓶鉢蕭然、恬淡自得。後住嘉興鍾球鎮古刹、杜門念佛者四載。嘉慶二十三年春、忽扁舟入城、徧勸檀越專心念佛、意極懇切。次日相契數人往候、見寮門未啓、排闥視之、已趺坐化去矣。見聖賢錄。

清大寧、號石潮。初入九華、受具於化城。後參天界、嗣浪杖人、住西江福山、修建道場。

有重遊九華詩。

清隆山建平朱氏子。居伏虎洞。苦志清修二十餘載。遠近咸稱有道。後中興祇園寺。道光二十一年。六十六歲。自知時至。囑徒衆當嚴持戒律。毋負余志。卽端坐而逝。倘留肉身。裝金供寺。咸豐亂時。全寺被燬。唯其肉身獨存云。

清慈雲住通慧庵。堅持戒律。咸豐亂時。衆僧星散。唯雲與源愷志遠在山奉香火。賊不能害。

清寶悟嘉興人。出家百歲宮。具足後。專心毗尼。嚴持頭陀行。兼修定慧。參金山天寧高旻崇福諸宗師。皆獲印可。咸豐時爲金山首座。領衆行道。演唱要妙。被所熏發者不可勝計。同治十年。退處宜興銅官山。專事禪觀。不涉外緣。生平耿介自持。不蓄徒衆。有歸依者。婉辭謝之。至於遠來請益。則循循善誨。至老不倦。同治末。大定主金山。迎悟至寺。振播宗風。衲子聞而至。室不能容。時年逾七十。不倦津梁。每對衆說。必爇香爲度。一日開示方罷。向衆禮退。假息片刻。卽便坐化。時光緒元年二月六日也。留偈甚多，舉其略云：春華錦繡翠玲瓏，雪嶺高撐映碧空。相晤靈山重一別，歸來猶住九華峯。六根應用去無蹤，一念靈明萬法通。八面玲瓏空皎潔，覺來何處不相逢。密密無蹤切要親，識神停處冷冰冰。孤明徹了無分別，纔有纖毫即是塵。清風明月徧恆沙，七寶山河共一家。五蘊皆空能照見，分明同是鏡中花。青山疊翠數重重，綠竹黃花鳥語風。眼前盡是西來意，點頭自肯道無窮。淨覺圓明最上乘，何須向外苦追尋。虛空不受纖塵染，明鏡無私徹底清。煙雲老鶴散天花，洞裏宗風古寺家。般若光中談祕密，相邀同喫趙州茶。時江南有寶初、寶月、寶印，與悟齊名，皆以向上接人，爲一時宗匠，號爲四寶。同時楚北有四明：日朗明、永明、月明、妙明，皆弘演化道，輝映南北。咸同間，佛法衰而復振，賴此數子。

清・開泰，同治初，復興上禪堂。

清・法源，同治間中興甘露寺。見李端遇記。

清・寶身，光緒五年，住持百歲宮，入燕都請清刻藏經，回寺供養。見錢桂森記。

清大航·光緒時·住持甘露寺。入燕都請淸刻藏經·供養寺中。見李端遇記。

淸大根·光緒時·中興祇園寺。見汪宗沂記。

淸聖傳·字玉忠·安徽桐城王氏子。生而岐嶷不羣·兒時喜效僧侶作佛事。甫六歲·父知其爲法器·送本邑定安寺·依性源和尚出家·俾得遂其夙願。體魁梧·性柔和·人多喜見。幼時習經史·善詩文·士夫多樂與之游·年十九·忽感歎曰·人生過隙駒耳·徒斤斤於無謂之糟粕·其如生死大事何。卽發大心·求受淨戒。尋遊靑陽九華山·六時精勤·研究諸大乘經。歷四載·而諸經大旨·已略會通。時甘露寺虛席·衆請住持。閱一載·自念見聞寡陋·須徧謁名山·參諸知識·求了己躬大事。乃由普陀·過天童·皈依長老一見·奇之·命充首職。繼復返九華·見山麓林壑幽邃·有唐代王季文捨宅改建之無相寺·淪爲榛莽·惄焉傷之·遂卽其址誅茅以居。六年苦行·乃成巨刹·僧衆雲集。開壇傳戒·三度弟子四百餘人。一日至大通鎭·見往來衲子無息肩所·溯古有大士閣·頹廢雖久·舊址尙存。又復結茅而居·以接待往來行腳之雲水。

時有姚明盛居士·與傳同鄉·慕名問道·感沾法益·乃捨鉅貲以提倡。遐邇聞風樂助·不一載而殿宇重新·遂成叢林·額曰普濟寺·又稱大九華山頭天門。（因與無相寺·均爲傳一手中興·又爲舟行朝山者必經之要地·故作此稱。本擬與低嶺庵同列於梵剎門。因低嶺較近已入山·此則隔水在山外·故致一登一不登。）傳念敎綱滅裂·禪道晦冥·佛設三學·戒爲根基·戒根不固·定慧何依。又復開壇傳戒·宏宣律學·以期四衆有所秉承·不忘佛囑·以戒爲師之義。圓滿日示衆曰·吾隨幻緣而轉·恆以生死未了爲念。今衰老不久人世。佛法以究心實行爲要·徒弄脣脗無濟於事·汝輩當自勉之。居無何·示微恙·危坐三日·寂然而逝。時光緒己丑臘月二十三日。世壽六十一·僧臘四十二。爲無相中興普濟開山二寺·應永祀之爲祖焉。

清清鏞·光緒間·修上禪堂萬佛樓。

清普淸·光緒時·修天台護國庵。見周山門天台峯圖記。

清松泉·光緒時·修天台德雲庵。見周山門天台峯圖記。

清道禪·福興·皆爲光緒時人·同修眞如·招隱二庵。均見周山門天台峯圖記。

淸心靜字無住，自銅陵獅子山退院來遊九華，居東巖。精內典，工詩。有諸生問持齋。曰，儒者不食言爲持齋。問何爲護法。曰，懲不法僧爲護法。

淸續修，直隸宛平人，九華天台山拜經臺住持。曾往南京募化，時値大旱，當地士紳請祈禱雨澤，果得甘霖。晚年專事念佛，獨居山洞。嚴冬雪積數尺，路絕人迹。修在洞中無可爲炊。忽見山果角黍纍纍，因得食焉。時有蟒蛇來洞，相處泰然。一時閧傳，云修爲紅鬍羅漢。有蟒蛇圍腰，猨猴獻果之說。淸名宦彭玉麟，親拜訪焉。

淸心徹開傳。心徹，貴池人，俗姓陳，生性不嗜葷腥。且孤苦無依，乃祝髮於九華陰鷺堂。開傳本涇川茂林名家子，忿受屈莫伸，見行腳僧受辱恬然，心慕之，遂入九華百歲宮爲僧。一見心徹，如平生歡。九華化城諸寺，香火之盛甲天下。二人因相約，不住各叢林及寮房，而翦棘結茅以居，卽今之沙彌庵也。其地山高徑險，非特祈福者不到，卽遊山者亦罕至。二人閉戶潛修，除建石梁以免病涉，修道路以利行人外，人莫窺其蹤迹。徹壽七十有九，傳壽八十有四，皆無病坐化。有老猨爲守火司闍二師寂後。猨亦隨之而去。

清常恩。字朗德。龍舒胡氏子。爲甘露寺都監。數十年。赤足芒鞋。慈悲忍辱。苦行過人。久之。心地開通。與人談吐。語出常情。人多不測。壽九十一。皓首童顏。於光緒末年。十月望。預知時至。乃自香湯沐浴。搭衣禮佛。辭行旋。卽端坐蒲團。安詳而逝。全身裝金供寺中。

清法龍。俗姓方。爲天台翠雲庵住持。靜坐習禪。數十年不懈。壽至九十有六。宣統元年示寂。全身裝金供庵中。

民國

民國定慧。蜀蓬溪人。戒行清苦。自募建東巖。功成之後。卽退居縣城水府廟。於民國十二年示寂。全身裝金供本廟中。

民國果建。字法幢。安徽桐城嚴氏子。生值咸豐干戈之亂。五歲母亡。七歲父沒。零丁孤苦。流離四方。遂爲農家牧牛。曁弱冠。因看目連救母戲。乃歎曰。欲報父母劬勞之恩、非出家修行不可。遂決志出家、戒除葷酒、詣九華無相寺、禮玉忠和尚爲師。次年至寶華求具戒。旋回無相、歷充副寺監院各職、凡百苦行、悉以身先。玉師中興無相、實得建佐助之力爲多。嘗曰、力田稼穡、釋氏向有之風。百丈道高德重、天下師表、尙一日不作、一日不食。吾何人斯、敢圖逸樂。玉師三度傳戒後、遂命建住持。至光緒十八年、與諸師弟等商議、卽將無相寺付出、爲十方叢林。是年大通大士閣普濟寺、衆又力請爲住持。念夙緣所在、允之。卓錫後、觀察機宜、知昔在無相之苦行、不宜於此、遂專以淨土法門廣化有緣。開蓮社、續遠公之芳徽。士女膜拜歸依者頗多。仍以堅苦卓絕精神、叢林巨細、親自檢點、以求完善。因幼未讀書、文理雖未精通、而法語開示、隨心流露、頗足利人。光復之始、倡言取消神權、破除迷信、一般青年不知分曉、遂至波及佛教。建乃命徒妙瓏、組織佛教會、闡明佛法要旨、以資挽救、請政府保護而維持之。繼而春秋既高、精力日衰、卽命妙瓏爲住持、料理寺務。自乃屏息諸緣、專修念佛三昧、幷常以念佛法門普被三根之利益、開示後學。因爲報父母恩而出家。每年清明。必至父母墓前念佛一日夜。自己私課佛堂之旁。供父母牌位。以所修一切功德回向而超度。數十年如一日。教人念佛。亦以孝順父母爲前提。民國十六年四月下旬。偶示微疾。即集衆念佛三日。至二十四日。端坐怡然而逝。世壽八十。僧臘五十九。

民國定朗。號妙瓏。又字聖僕。江西臨川人。幼業儒。中年投大通大士閣出家。爲中興無相寺玉忠和尚之徒孫。法幢和尚之剃徒也。圓具後。依台宗尊宿諦閑老法師座下。研究天台教觀。頗通教理。民國初。政體維新。法門多故。曾隨寄禪和尚與海內熱心護教諸名宿。出而組織佛教會。維護法門。繼受贛州佛教會之聘。總理會務。暨民國四年。因剃師年老。回大士閣。奉師命住持本寺。且隨緣撐持。上承師祖開闢本寺之志。接待十方雲水。兼弘毗尼。以惠後學。自行多以準提咒爲常課。至民國二十四年。稍示微疾。十月初四日。安詳而逝。

本山耆宿

明

永祥　宏範　聞道　通界　心德　祖印　守奎　印演　聞選　心爔　普印

淨盡（僧會）　守學　虛映　章法　靈源　守倫　信慈　超鼎（僧會）　心智（僧會）　星朗　覺知

妙悟　覺裕　悟眞　覺惺　自輝

清

悟昌　宏體　高順　淨乾　心堯　淨明

舊志釋傳內分梵僧詩僧二類凡載有詩者屬詩僧餘皆列名梵僧不知凡佛典中稱梵者乃指天竺而言其文爲梵文音爲梵音故僧亦稱梵僧茲志所列全是華人只淨藏爲新羅人何得稱梵至於僧伽所貴必在戒定慧學解悟修持若僅工詩不足與三寶之列今修新志統列入高僧不敢刪削原以舊之秉筆者全不解佛法而專尚文學故齊已一傳於其習律儀開禪解空名利而崇苦行諸大端皆削而不書唯稱與鄭谷友善能詩是其棄明珠而取魚目昭然

若揭齊傳如是、則其他所稱詩僧者、安知不受盲眼之屈耶。故今志、只去梵詩二稱、而悉以高僧標之。區區之意、附識於此。

居士附

唐閔讓和、青陽人、九子山係其故址。開元間、金地藏東來、卓錫東巖、讓和以地布施、竟成叢林。今有閔公塔、在東巖下。

按神僧傳、公每齋百僧、虛一座、請地藏。藏因乞一袈裟地、公許之。展衣、徧覆九華。閔公子求出家、卽道明和尙。後公亦離俗、反禮子爲師。故今侍地藏菩薩像、左道明、右讓和也。果如此、則讓和亦應列僧傳矣。

唐俞蕩、南陵人。爲金地藏寫四部藏經、見費冠卿化城寺記。

唐諸葛節、青陽人。至德初、節與羣老自九華山麓登臨、山深無人、見金地藏閉目石室、其傍折足鼎中、唯白土和少米烹而食之。節等投地號泣、謂和尙苦行若此、某等深過已。出資買僧檀公舊地、開建叢林、敢冒死請、地藏從之。

唐甘贄、家九華、稱行者。一日入南泉設齋、黃檗運爲首座。行者施財。答曰、財法二施、等無差別。贄曰、恁麼道、爭消得䞋。便將去、須臾復入曰、請施財。黃檗曰、財法二施、等無差別。乃䞋。藥山令供養主行乞。至行者家。行者問、從何來。曰、藥山。行者曰、來作什麼。曰、教化。行者曰、將得藥來麼。曰、行者有什麼病。贄便捨銀兩錠。歸舉呈藥山。曰、速還之。子著賊了也。主卽送還。行者曰、彼中有人。加銀施之。巖頭嘗舍行者家。補衣次。行者趨過。巖頭以鍼作劄勢。行者整衣謝。妻問、作麼。行者曰、說不得。妻曰、也要大家知。乃舉前話。妻頓悟。乃云、此去三十年後、須知一回飲水一回咽。其女聞之。亦悟。曰、誰知盡大地人性命。被巖上座劄將去也。唐天祐中、捨莊建龍門寺。

清吳爾俊、康熙時、本邑老田村人。性孝友、幼失恃、隨父華川君客江西。父沒、俊甫十三、弟九齡、而旅殯如禮。旋挈弟返里、理舊業、復隻身往江西負骸骨歸。教養幼弟、推衣讓食。而親族睦鄰、敦倫樂善。亦始終不倦焉。晚年尊信佛教。凡佛緣法會、靡不賴俊竭力經紀．而觀厥成。時洞庵和尚居伏虎洞二十餘年．俊尊其道．師禮事之。適玉林國師囑洞庵建募叢林．俊遂捨山奉施。其夕徧山松頂皆凝甘露。因以名寺。建築工竣．俊移居化龍岡．長齋念佛以終其身。郡守喻公成龍深相契重．爲作甘露叢林碑記．述其行狀。

靈應門第五 內分二

一往昔紀載　二近今述聞

人以誠感．如水得淸。佛以願應．如日常明。鑑照呈形．谷空應聲。事理昭然．何用疑驚。吁嗟佛日．莫朗羣盲。粵稽載籍．覺諸有情。志靈應。

一往昔紀載

唐貞元十年．地藏王菩薩示寂山鳴谷隕。建塔之地．發光如火．因名神光嶺。

地藏菩薩．初住東巖．遇毒螫．忽有美婦人來作禮．奉藥云．小兒無知．願出泉補過。應視坐石間．潺潺流衍．因名龍女泉。

挈瓶僧、嘗挈瓶謁地藏、談論竟日、去住無常、莫知所在。地藏示化後二十年、樵者於羅漢峯見之、顏貌清古、宛如昔時。後人因名其地爲羅漢峯、又名羅漢墩。

金光洞有穴、可望而不能入、入則神光金色、充塞洞口。有致敬者、髣髴見金人像相。傳地藏菩薩嘗居洞中。●明羅世鼎詩、怪石陵空出化城、芙蓉半壁曉清清。說來好景誰曾見、如此奇觀我亦驚。竹裏雲深疑路斷、松前巖險若天傾。平生罪福憑何著、萬仞懸崖撒手行。

唐僧卓庵住幘峯西石窟中、感觀世音菩薩出現、因名其地爲觀音巖。

廣福寺有唐人手鈔四大部經。即俞蕅爲金地藏所鈔者。水漂兩函、歲久忽發光、尋其處得焉。陳清隱有詩、見梵刹門、本寺條。又廣福寺原在覆甌峯下、後遷山上、前有二龍潭、可祈求雨澤。明景泰六年、黃山翠微寺僧顯裕、崇廣朝九華、過此遇旱、祈雨果應。里人請留、募緣重建、俱載紀勝。

紀勝載、明嘉靖六年、歲饑、九華山叢竹結實、延十餘里。小者如米、大者如麥、中赤外青、甘食如飴、民賴以不饑。嘉靖十四年、復如是、活人甚衆。有陸岡進九華竹實表。表曰、直隸池州府知府臣岡、據所屬青陽縣知縣臣某、申稱嘉靖十四年六月間本邑九華山竹實盛生、如米、活人甚衆、誠大異事、謹以上進者、臣岡等誠歡誠忭、稽首頓首上言。伏以竹生實而擬鳳之來、誠爲上瑞。出禎祥而爲福之兆、可以前知。民乃粒而不費耕耘、國將興而滋其養育。羣生含餔之餘、帝力何有於我。一物生成之異、聖德上通於天。恭維皇帝陛下緝熙聖學、道統實承。經綸大經、孝思維則。郊廟成而禮制更新、天子建中和之極。禘嘗舉而異物適至、帝心孚孝享之誠。竊惟九華之山、實亦一方之勝。橫亘數十里、高聳百餘峯。猗猗菉竹、繁衍之實偶生。濟濟蒼生、匱乏之憂頓解。不圖勁節虛中之物、乃有濟時救世之功。不稼不穡、居然而取禾。匪玉匪金、得之以爲粟。誠自古所無之瑞、非尋常可致之祥。薦之郊薦之廟、美踰九穗嘉禾。徵諸地、徵諸天、秀奪兩歧瑞麥。茲實天意、夫豈偶然。良由皇帝陛下敬天勤民之德、格於遐邇、尊祖敬宗之心、光於上下。是以遠方草木、亦獻珍奇。臣等一介書生・荷蒙寵任。自分凡材庸劣・無補於明時。何期帝世嘉祥・乃見於敝邑。臣謹昧死採取齎合・上瀆天顏・登薦粢盛・益光聖孝。伏願聖心俯鑑・大德兼容。播諸聲詩・紀一時之奇遇。傳之簡牘・遺千古之美談。臣某等無任瞻天仰聖・欣躍感戴之至・謹奉表隨進以聞。

假月池在化城寺前。池中產蓮・初無種・相傳地藏居時始有。

東藏源東中峯上・有甘露泉・味甚甘美・如飲沆瀣。昔有禪師取以療人之病・頗驗。

紀勝載・蘭溪王南塘游九華・阻雪宿途中・夢一老人前曰・樵夫欲相害・公幸援之。明日行半山・聞丁丁聲・則數人持斧斫古松・南塘愕然曰・求援者・松耶。因如所值予之・復構亭於其下・署曰一松。

明萬曆壬子冬・九華山大雪四十日・人物僵斃無算。忽來一老僧・偃臥甘泉書院嶺北洞中。氣候如溫室・臥處氣蒸蒸・汗沸如珠。土人見而異之・以飯茹進・隨多少輒盡・亦有卻而不食者。常不言言・卽發人陰事。吳光錫訪之・見其眉長面赭・目光如射、兩耳際、茸毛少許、指爪如麻姑。謂光錫曰、爾識我睡虎否。再訪之、不知所往矣。

九華深處有洞、廣邃如堂、可容數百人。怪石成佛像、上懸鐘乳、若幢蓋、旁列金黃牡丹仙桂等花。有獵者逐鹿、偶値其勝、折花以歸、人驚異之。及復往、遂失其所。

龍池、自五龍灣合流爲十丈泉、注池中、傳爲龍之所宅。大旱取水以禱、輒雨。

倪雲林聽袁員外彈琴詩序云、員外年八十有二、顏貌筋力如四五十許人。爲言甫弱冠、遭逢明盛、初宰當塗、過九華、逢神人與棗食之、後夢寐中數數見之。今老而不衰、蓋食仙棗力也。

宛雅三編載吳儁九華驢歌、并序云。余登九華山、半見驢向人行乞狀。詢之、爲從姑蘇人來至此、伏地悲鳴、策之弗起。其主遂棄之。命山僧結茅居焉。十年於茲矣。首無羈絡、不食田稼、聞梵音輒首肯。余異而爲之歌以志焉。朝發長江干、暮入九華道。捫蘿陟岑雲、曲徑陵天表。悵望空山塵慮疎、欲證無生恨不早。道旁忽見鄭綮驢、不是踢雪灞橋初。掉頭頻向行人乞、飽去更銜芝草娛。伏地逡巡不逐隊、應愧從前誇黔技，昔人悟道但聞鳴，馱經猶記西竺事。吁嗟乎，當年書畫雖奇才，九良八駿安在哉。不如歸伴劉安鼎，雲中雞犬勝龍媒。見光緒周志。

翟溥福，字本德，東莞人，永樂二年進士，除青陽知縣時，九華虎為患，溥福禱告山神，虎即匿迹。

百歲宮（即萬年寺）無瑕和尚，勅封應身菩薩。肉身不壞，趺坐一龕，其左手提上齊眉。據寺僧云本寺於咸豐時遭火災，肉身於火勢猛烈際，忽左手提高作遮火狀，而火頓息。

施謍，字曾省，宣城人。母操作過勞，術者言不能過五十。謍日夜憂懼，數夢母寢疾，輒悲詫驚起。覺乃喜曰，固夢也。吾母幸無恙。嘗為母禱於九華山，出一紙焚之，伏地良久，兩袖皆濡，淚蓋祝減己算以益母也。母竟以八十終。事載明史。

江西景德鎮清季有老僧募化飯盌，窰主堅不允，迨窰已發火，老僧復向頂禮募化九華山百歲宮飯盌一箇，以為紀念。窰主首肯，老僧忽不見。及火熄，全窰之盌俱有九華山百歲宮字樣。致不能行銷他處。乃運送該寺。以誌靈感。而表信仰。

洞庵禪師。居伏虎洞二十餘年。以虎爲衞。老田吳氏。多從之遊。最敬信者。首推吳翁爾俊。適玉林國師朝禮九華。指一處曰。此地山水環拱。若構蘭若。代有高僧。囑洞庵募地建置。其地產屬爾俊。遂慨然布施。是夜。徧山松頂降生甘露。神人應兆。此甘露寺之名所由始也。洞庵說法傳戒。一時釋氏頓易舊習。至乾隆朝。傳燈優曇繼席。宗風尤暢。咸豐洪楊之亂。梵宇全燬。至同治時。法源上人結茅於舊址。精修禪觀。玉田唐公倡捐修建殿宇。得復舊觀。光緒戊戌。大航上人晉京請藏經以歸常實。嗣法三十餘年。亦謹守律制。宗風不墜。玉林國師之懸記不爽也。

化城寺西里許。稍折而北。爲拱金閣。明萬曆十四年。頒賜藏經。珍藏於此。至清嘉慶二年。僧端昰移經於化城寺之後樓。越數日而拱金閣災。藏經得以無恙。詎非天龍擁護耶。

李志。鮑可大曰。有業捕蛙者。於九華溪隖中。夜捕得一巨蛙。蛙舉兩足。挽其兩手。不少寬。其人求脫不能。時已四更矣。忽聞寺中早課鐘聲。蛙乃俛首西向。舉兩足若禮拜然。拜畢。躍去。始得脫免。遂改業焉。見九華紀勝。

按舊志於物產中。鱗介類。多有味鮮。味美。可食等字。教人殺。讚歎殺之罪業。將隨書册以俱長。故今悉削之。幷搜錄此段以警衆。非唯體菩薩慈悲。亦孔子勝殘去殺之微意也。

金陵瑣事賸錄。陳乾寶分教建平。有輿人王旦六。每應役。多値死去。詢其故。蓋陰司取爲勾攝使也。旦六偶附鄰人船往九華進香。事畢回家。陰司復遣勾攝。閻君曰。旦六有善念。敬禮地藏菩薩。可免役。見九華紀勝。

二近今述聞

永慶庵咸豐時被燬。同治時。住持覺蓮。往通州募化。未至之前三日。遠近聞木魚聲。及覺蓮至。衆知爲神感。踊躍捐輸。梵宇復舊。至今傳爲美談。

趙桂馨。安徽合肥人。耕讀爲業。夫婦年逾半百。祇一子。名存金。入塾誦讀。已未秋。存金感時疾。數日逝世。桂馨夫婦慟不欲生。一夕。夢地藏菩薩來慰之曰。汝子已於某處某宅借屍還魂。汝於年終來山可得相見。馨覺。驚喜交幷。然頗疑積想成癡幻夢難信。唯既得夢示不肯置之。遂於臘月。夫婦相偕朝山。甫至佛殿。一兒迎面來。大呼阿爺阿娘不置。詢其姓氏里居。乃以趙兒生歿因緣對。且面貌雖殊。音聲未改。幷云菩薩救濟。令得還魂。夫婦大喜。遂攜歸爲子如初。其生身父家聞之。爭執致訟。然子自述確係趙兒還魂。不願遽歸本宅。於是經衆調解。往來兩家。各作半子。此亦金史趙合得後。又一新判決也。桂馨於民國九年。送佛法無邊匾額於山上。幷紀其事本末。曹又新朝山見之。錄其事略如此。許止淨記。

安徽曹又新居士。幼年多病。母韋氏。詣山進香。求菩薩默佑。痼疾得痊。因是母子虔心奉佛。肉身塔者。菩薩藏身之勝地。全山香火之總匯也。善男信女往來進香者。踵相接。而自塔前十王殿下至白馬亭街化城寺放生池間。蜿蜒數百丈。道路崎嶇。行者憚焉。韋乃發願。俟家稍裕。爲之修葺。臨終即以此囑子勿忘。今十餘年。又新雖服膺拳拳，終以工程浩大，未能舉辦。戊辰二月，觀音聖誕，又新入山貢香。禮塔畢，於上禪堂前遊覽山景，忽見其母雜女眾內，身負香囊，從正天門下。相距祇數十武，諦觀容貌甚晰。乃急趨之，轉瞬，遂失所在。因思此非母遺志未酬，現身點化耶。乃竭力募緣，以成母志。行見靈山勝境，路現莊嚴，可謂以孝順心上報佛恩，普利有情也。許止淨記。

癸酉初夏，又新君由皖赴潯，順道到彭澤過訪。自述修砌九華石路工畢，近兩年，兼任中國紅十字會掩埋事。辛未大水，在蕪湖一帶，打撈溺屍，并掩埋沖決墳墓，所費不貲。而皆出己囊，不向外募分文，曾登蕪湖各報。而近年營業亦稍有盈餘，足資挹注。且從前眼目昏花，今夜中能視細字。從前舉步即喘，今能日行六七十里。非菩薩靈佑，能如是乎。請并記之，以勸來者。許止淨再誌。

民國已巳秋間，滬上通商銀行謝君，往九華禮佛，并設千僧齋。方施錢時，見一僧狀貌異眾，身有奇香，伸手受嚫，其掌特短，而指極長。心異之，疑為聖僧，急下拜頂禮。

起而視之、杳不復見。殆羅漢應現歟。葉增壽言。

民國十八年、有土匪欲來九華各寺行劫。先令一人僞爲香客、宿百歲宮、探聽各寺廟收入多寡、並察路徑。夜半其人忽若中狂、跪於佛堂、喃喃囈語、久之漸醒、乃自承實爲匪類探消息者。僧衆大驚、但亦不願深究、即令其下山。通知各寺嚴加戒備。匪謀亦息。栴檀林比丘運田言。

上海法租界晏公廟、爲清和尚、湖南人、姓余、字煥章。民國十五年冬、予旅居赫德路佛教淨業社。時彼方在社當庶務員。越一年、始出家。自述彼旅滬數十年、開小商店、曾積數千金。以年輕染滬上惡習、納姬妾數人、身體漸不支、得喘氣證、醫藥罔效、羸瘠已極。遂深覺五欲之苦、決意歸依佛門、以求解脫。於某年正月發心朝九華、偕同伴數人、附輪船抵大通、宿店、次日預備入山。其時喘疾益劇、步履艱難。衆見其狀、勸在旅館望山遙拜。謂以病不能登山、菩薩慈悲、自當原諒也。彼亦自覺疾甚、難任勞頓、遂目擊同人各乘肩輿而去。獨坐旅舍、自歎且悲、既而悔恨曰、吾不遠千里來朝菩薩、豈以病魔阻我心願。寧死於山徑中、亦必上山一禮。而與夫皆散、無可雇者。且加大雪紛飛、路絕行人。然奮勇直前之心不少餒、挈一小竹杖、冒風雪而進。中途雪封、不辨行徑。忽見一老者來、因問欲往某庵、當從何去。老者指謂向此驀直去、不遠也。未幾遂抵庵、問同伴先來者、則皆未到、心甚驚訝。時大汗如雨、急洗足換衣履。待食麪訖、同伴各肩輿始到、相視駭絕。問何能來此、述說情狀、衆謂我等見汝病甚、乘輿且恐不耐其勞、何能步行九十里。且祇路徑一條、何竟不逢而先到、此眞菩薩不可思議感應矣。此夜安睡、沈痾頓失、禮敬下山、身體康强、比來時判若兩人。至家後、疾終不發。因此益堅出世之心矣。

民國十七年秋、彭澤李錦新偕謝汪二人同往九華晉香。舟過大通、李謝登岸、汪獨居船中。見賣灰包蛋者、價極廉、因購數十枚、藏艙內、意欲帶回家後用以佐餐也。夕抵茅坦、天明上山、汪忽僵臥、不能動。驚問其故、亦不自知、但覺周身輭弱如綿、强扶之坐、旋卽傾倒。衆謂此必心有不誠、受護法神譴責、速當自省悔過。汪乃沈思曰、得毋昨日誤買雞蛋所致乎、囑代棄之。李等上山禮佛、幷代懺悔。汪在舟中、夢被人拘呵曰、遠道來禮菩薩、安可貪小利帶葷物。幸能悔過、免汝無罪。迨李等回船、汪霍然瘉矣。更沐浴上山、盡敬而返。

按此等事類、敝邑彭澤蕞爾之地、即不可枚舉。不唯本人夾帶葷物、即家中人、或買魚買蛋、雖未曾食而進香者、必有感覺、於衣衾中現魚鱗蛋殼等、故莫敢不敬。此誠大士不可思議威神之力也。不敬者有譴、則至誠者暗中獲福、寗有限量。姑記一則、以例其餘。至他處靈應、有李圓淨所編地藏靈感錄、以不在九華範圍、例不能繁引矣。許止淨謹識。

民國二十年八月間、有來山進香之某客、行至地藏塔前、八十四石級下、忽暈倒臥地、不省人事。經塔僧悟舫爲之念佛、一再向大士前祈禱、始蘇。客自言曰、蓄謀殺嫂、以圖報復。今既如此、自知懺悔、而不敢爲矣。

九華山志卷四終

九華山志卷五

檀施門第六內分二 一法施 二財施

菩薩度生。具四悉檀。施波羅蜜。六度首端。法雨普被。大衆同餐。外護所託。王臣宰官。須達高蹤。千古不刊。財法二施。功德等觀。志檀施。

一法施

萬曆十四年頒經諭

皇帝勅諭地藏寺。朕惟佛氏之教。具在經典。用以化導善類。覺悟羣迷。于護國佑民。不爲無助。茲者聖母慈聖宣文明肅皇太后命工刊印續入藏經四十一函。并舊刻藏經六百三十七函。通行頒布本寺。爾等務須莊嚴持誦。尊奉珍藏。不許諸色人等。故行褻玩。致有遺失損壞。特賜護持。以垂永久。欽哉。故諭。大明萬曆十四年三月日。

萬曆二十七年頒經諭

諭九華山地藏寺僧衆。制曰。朕誠心印造佛大藏經。頒施在京及天下名山寺院供奉。經首護持・已諭其由。爾住持及僧衆人等・務要虔潔供安・朝夕禮誦。保安眇躬康泰・宮壼肅淸。懺已往愆尤・祈無疆壽福。民安國泰・天下太平。俾四海八方同歸仁慈善教。朕成恭己無爲之治道焉。今特差內官監太監漢經廠表白李官・齎請前去彼處供安・各宜仰體知悉。欽哉・故諭。大明萬曆二十七年閏四月二十四日。年月上有廣運之寶。

補總持滅定業眞言疏 略云・補總持疏。

清　釋智旭

敬禮慈尊地藏王神呪・善能滅定業。普救無邊五濁苦・紹隆三寶種不斷。智旭・與法界衆生・迷本淨心・已造定業。無明所覆・不自覺知。故於今日同嬰苦報・遠隔正法・遭遇魔邪。倒說大乘・誣毀了義。遂後世微勳。忘教主典型。設宣實道・反被譏訶。雖解眞乘・仍虧智斷。歎同修之落落・嗟外護之冥冥。果豈他尤・因原自造。唯捫心內悔・悲仰求哀。恭念地藏大士無上醫王・滅業眞言・無邊神力・定能拔三障苦・施三德樂。是以專心持誦・速望冥加。向持三百二十萬・一百萬・四十八萬。竟今復爲某等・廣列比丘沙彌居士等名・不錄。各各有差。至心共持一百四十萬。伏願一切比丘・增長福慧・成就聖根・斷世愛網·摧我見山。一切沙彌·志慕大僧·克臻淨行·增修戒慧·棄捨幻緣。期許誓同先哲·舉止不類時流。一切檀護·明識是非·了達邪正。以願作衆生之眼·將身爲佛法之城。又願各信淨土玄猷·共勖樂邦妙行。具諸戒品·讀誦大乘·深信因果·解第一義。常爲人說法藏·遠因彌陀現果。令諸有情·咸脫苦輪·畢獲安樂。又願智旭與諸知識·互爲主伴·恆轉法輪。誓滅三塗定業·妙暢安養眞詮。恭干三寶聖尊·同體攝受。

甲申七月三十日願文

淸　釋智旭

歸命能仁無上尊·大孝大慈眞法性。三乘權實衆威神·願賜哀憐垂攝受。弟子智旭·自惟夙障·纏此幻形。復以深愆·丁茲劫濁。三寫烏焉·悲佛法之衰亂。五逆橫作·痛國步之艱難。朝野無改過之心·緇素爭覆轍之踐。良由共識相種·惡業同牽。同分妄見·眚緣共起。徹底思惟·決無心外實境。由衷悔懺·須勤體內漚和。爰與同行·并集檀那·普爲國王帝主·父母親緣·土境萬民·法界含識·頂禮慈悲道場懺法·供養歷代知識道容。然香三炷·供常住三寶。又三炷·奉供幽冥教主·地藏慈尊。伏願大行皇帝·滅燬像之重尤·解殺戮之積怨·頓蒙解脫·速悟無生。今日主臣·進賢遠佞·發眞實悲救兆民之心。捐利去名·竭眞實不顧身家之悃。次願我等各各生身父母歷劫親緣·師友知識·眷屬檀護等·已命過者·長辭八難·託質九蓮。今現在者·不受兵祲·永離驚惽。又願執勞運力·助營福業者·一念無私·共轉國家之禍亂。三輪不昧·等消君父之愆尤。又願見聞隨喜·廣及法界衆生·普植良因·等成妙種。空五濁之幻染·證三德之性眞。盡虛空界·悉悟圓常·智旭乃當成等正覺。

化持地藏菩薩名號緣起

清 釋智旭

吾人最切要者·莫若自心。世間善明心要者·莫若佛法。然佛法非僧不傳·僧寶非戒不立。戒也者·其佛法綱維·明心要徑乎。慨自正教日替·習俗移人·髡首染衣·不知比丘戒爲何事。一二弘律學者·世諦流布·開遮持犯·茫無所曉·況增上威儀·增上淨行·增上波羅提木叉乎。又況依四念處行道·增心增慧·以成三聚五支者乎。嗟嗟·三聚五支不明·謂大乘僧寶·吾不信也。僧既有名無義·謂傳持佛法·明了自心·吾尤不信也。堅淨信菩薩憫之·以問釋尊。釋尊倍憫之·委責地藏大士。大士更深憫之·爰說占察善惡業報經。經曰惡業多厚者·不得卽學定慧·當先修懺法。所以者何·此人宿習惡心猛利·現在必多造惡·毀犯重禁。若不懺淨·而修定慧·則多障礙·不能剋獲。或失心錯亂·或外邪所惱·或納受邪法·增長惡見。故先修懺悔·若戒根淸淨·及宿世重罪得微薄者·則離諸障。又曰雖學信解·修唯心識觀·眞如實觀·而善根業薄·未能進趨諸惡煩惱·不得漸伏。其心疑怯·怖畏·及種種障礙。應一切時處·常勤誦念我之名字。若得一心·善根增長·其意猛利。當觀我及諸佛法身·與己自身·體性平等·無二無別·不生不滅·常樂我淨·功德圓滿·是可歸依。又觀自身心相·無常·苦·無我·不淨·如幻如化·是可厭離。如是觀者·速得增長淨信之心。所有諸障·漸漸捐滅。此人名爲學習聞我名者。若雜亂垢心·誦我名字·不名爲聞·以不能生決定信解。但獲世間善報·不得廣大深妙利益。嗟嗟·由此觀之·戒不淸淨·二觀決不易修。二觀不修·一實何由證契。而欲戒根淸淨·捨懺悔持名·豈更有方便哉。且持名一法·自其淺近言之·愚夫愚婦·

孰不能矢口自其深遠言之。不達法身平等、雜亂垢心、不得名爲聞矣。故知以二觀爲指南、能修二觀、方爲聞菩薩名。以聞名爲方便、眞實持名、便是圓攝二觀。故名聞障淨、障淨戒得、戒得定慧發生、定慧而一實證入矣。明心見性、是眞僧寶、眞傳佛法。吾輩生末葉、聞此眞法、宜如何努力以自勉也。

讚禮地藏菩薩懺願儀後自序

清　釋智旭

大法久湮、人多謬解。執大謗小、舉世皆然。然地獄衆苦、已隨其後、瘖瘂餘報、復更難窮。故地藏慈尊、大集會中、現聲聞相、世尊廣歎勝德。且較云、假於彌勒妙吉祥觀自在普賢殑伽沙等大菩薩所、百劫至心歸依、稱念禮供、求諸所願。不如一食頃歸依稱念禮供地藏菩薩。以久修堅固大願大悲、勇猛精進、過諸菩薩故也。蓋末世駕言大乘、甚易躬行、僧行實難。寧知廢小談大、並大亦非、悟大用小、卽小本勝。故法華誡弘經者、必依四安樂行、涅槃極談常住佛性、尤扶戒律。大士功德獨勝、得非亦在此乎。智旭深憾夙生惡習、少年力詆三寶、造無間罪、賴善根未殞、得聞本願尊經、知出世大孝。乃轉邪見而生正信。仍以謗法餘業。辛勤修證。不登法忍。每展讀大士三經。輒不禁涕泗橫流。悲昔日之無知。感大士之拯拔也。因念濁智流轉之日。同此過者不少。敬宗十輪。幷本願。占察。二典。述此儀法。庶幾共滌先愆。剋求後果。不終爲無依行乎。未登無生正位。皆可修之。無論初心久學也。

爲警心居士持地藏本願經兼勸人序

清 釋智旭

唯聖罔念作狂。唯狂克念作聖。此危微的傳也。佛法亦爾。一念迷。常寂光土便成阿鼻地獄。一念悟。阿鼻地獄。便是常寂光土。所以地藏本願。直與華嚴同一血脈。試觀華嚴世界。卽空卽假卽中。不可思議。地獄衆苦。亦卽空卽假卽中。不可思議。華嚴明自心本具之淨土。令人知歸。地藏明自心本具之苦輪。令人知避。一歸一避。旨趣永殊。而歸亦唯心。避亦唯心。心外決無別法。儒所謂道二。仁與不仁而已。危乎微乎。善利分舜蹠之關。去存爲人禽之別。熟讀本願經。不思自覺覺他。出地獄。歸華藏者。必不仁之甚者也。警心居士憫之。遂畢世受持。兼以勸人。予謂適發此心。地獄苦輪便當頓息歡喜爲序。代法界衆生普勸云。

化持滅定業眞言一世界數莊嚴地藏聖像疏

清 釋智旭

釋迦佛謂定業不可救。所以寒造罪之心。地藏菩薩說滅定業眞言。所以慰窮途之客。旭少習東魯。每謗西乾。承觀音大士感觸。攝受後聞地藏本願尊經、始發大心。誓空九界。今得與僧倫。染神乘戒。皆慈願冥加。不可誣也。爰念娑婆弊惡。惑業苦三。如惡叉聚。無上醍醐。悉成毒藥。持律者。唯事衣鉢。作犯止持。茫無所曉。習教者。唯事口耳。禪那理觀。瞀無所得。參宗者。流入機境。播弄精魂。心佛眞源。毫無親證。淨土一門。稍切時機。亦苦多成退託。未合不思議大乘。良由業重障深。濁智流轉。雖有聖者。末如何也。唯地藏慈尊。悲深願重。專愍剛强。尚能轉我當年殷厚邪心。使得正信出家。豈難轉大地衆生無知過犯。使歸眞際乎。故於三寶前。發心欲造萬佛銅殿。中供大士。永鎭九華。爰受一食法。結百日壇。持滅定業眞言五百萬。又化大心緇素。或持十萬。或百千萬。共成十萬萬。表三千大千世界數。以其總數。供大士像中。作盡未來廣化十方左券云。

化鐵地藏疏

清 釋智旭

洪鐘具無邊音性．一擊而頓徹鐵圍。地藏圓同體大悲．瞻禮而頓蒙拔濟。幽冥之覺悟可期．現在之障緣宜轉。靈峯心懷禮公．既已鑄鐘打鐘．復思是像作像。雖丹靑刻畫．咸皆性同虛空。而鍊就純鋼．可表堅固不壞。四德非塵．藉一塵而圓顯三身．無像藉影像以妙彰。寄語高賢．共行檀施。助鐵者．如正因心發法身妙果可登。助炭者．如了因心發般若光明可悟。助食用者．如緣因心發解脫神通可基。從大士而發其心．正是全性起修。由衆信而成此像．正是全修在性。如是事如是理．如是因如是果．眞語實語．諦思諦行。

刻占察行法助緣疏

清 釋智旭

易曰．積善之家．必有餘慶。積不善之家．必有餘殃。書曰．惠迪吉．從逆凶．唯影響。作善降之百祥．作惡降之百殃。因果報應之說．未嘗不彰明較著於世間也。但儒就現世論·未足盡愚者之疑情。自釋典入支那·備明三世果報·益覺南宮所悟·及孔子尙德之稱·事理不誣。然三藏權詮·祇明因緣生法·未直明因緣無性·故云佛能轉一切業·不能轉定業。逮大乘會中·始廣明格外深慈·建勝異方便·依萬法唯心·緣生無性之理·設取相無生二懺·以通作法之窮。然後罪無大小·障無淺深·依教行持·悉堪消滅·如赫日當空·霜露頓收也。昧者謂·重罪可懺·開造罪門·蓋不唯罔識佛菩薩之弘慈·亦豈知儒者之了義。孔子曰·過而不改·是謂過矣。憂悔吝者·存乎介·震無咎者·存乎悔·蓋明示人以自新之端矣。夫罪有重輕·事非一概。世法不能治·佛法治之·作法不能治·取相治之。取相不能治·無生治之。則究竟離苦解脫之法·不得不歸功佛門·又不得不歸功觀音地藏諸大士也。觀音應十方世界·尤於五濁·有緣地藏遊五濁娑婆·尤於三塗悲重。如父母等愛諸子·而於幼者及無能者·尤所鍾情·此占察善惡業報經·誠末世多障者之第一津梁也。堅淨信菩薩·殷勤致請·釋迦牟尼佛·珍重付囑。三根普利·四悉咸周·無障不除·無疑不破。三種輪相·全依理以成事·故可即事達理。

二種觀道全卽事而入理未嘗執理廢事又復詳陳懺法卽取相卽無生初無歧指開示稱名觀法身觀己身頓同一致乃至善安慰說種種巧便不違實理此二卷經已收括一代時敎之大綱提挈性相禪宗之要領曲盡佛祖爲人之婆心矣予依經立懺程用九居士捐資幷募善信助成之此正欲立立人欲達達人之極致也誰謂學佛非儒者分內事哉

九華芙蓉閣建華嚴期疏

清 釋智旭

予每謂地藏本願一經當與八十一卷華嚴並參華嚴明佛境界稱性不可思議本願明地獄境界亦稱性不可思議一則順性而修享不思議法性之樂一則逆性而修受不思議法性之苦順逆雖殊全性起修全修在性一也一念迷佛界不思議性則常寂光土應念化成刀山劍樹鑪炭鑊湯一念悟地獄不思議性則泥犂苦具應念化成普光明殿寂滅道場迷悟雖殊性德無增無減又一也然性德雖無增減非逆順不屬迷悟而迷之爲九界逆修遂感分段變易二死苦報悟之爲佛界順修遂

成菩提涅槃二種轉依。迷爲三惑・悟爲三智・逆修爲十惡五逆・順修爲六度萬行。生死爲三界四相・轉依爲三身四德・苦卽法身・惑卽般若・業卽解脫。諺謂推人扶人只是一手・讚人毀人只是一口。大佛頂謂如水成冰・冰還成水・詎不信然。然則芙蓉九朵・信可與華嚴九會同其表法・豈謂地藏本願經・僅談地獄因果事相而已。况華藏世界・安住大蓮華中・如來成道・亦坐寶蓮華。而優鉢羅・波頭摩等地獄・亦復名青蓮華・赤蓮華・可見一名一喻・一事一法・皆悉具足十界・在當人迷悟順逆何如耳。不思議法性・體非羣相・不礙諸相發揮・又奚間於地獄及寂光哉。願諸開士・率諸檀越・卽以此爲順修因緣・開發正悟・則鐵圍兩山・卽是金剛菩提道場・無令火燄幻作金蓮・斯大妙矣。

九華山營建衆僧塔疏

清　釋智旭

福田有二・曰敬・曰悲。敬田以田勝・悲田以心勝。供舍利而福等虛空・敬田也・澤及枯骨・萬世稱爲仁主・悲田也。一田功德已不思議・况悲敬具足者乎。夫羅漢四果證入無生．永離我執．既入涅槃．不愛枯骨。凡夫比丘．未斷思惑．儻尸骸暴露．則神識不安。神識不安．可悲也．堂堂僧寶．可敬也。矧凡聖莫測．神聖淵府．龍蛇混居．安知肉眼所謂凡僧．非卽大士曲示乎。是故隨供一骨．罔不具悲敬二田。九華爲天下第一名山．迺荒原暴骼．悚目傷心。予初到山．首以此事經懷．適有衆耆．快爲鼓舞．不揣陋拙倡作先聲。其有見聞隨喜．無論若緇若素．若少若多．旣投最勝之因．必克無上之果。敬則成佛道而有餘．悲則度衆生而無量。係以偈曰．僧相堂堂．福德之海．縱令朽骨．福性奚改。起塔供養．應至梵天．況復丈許．詎云不然。大士示形．徧在生死．青淤朽骨黃金鎖子。彈指合掌．的的眞因．誰爲證佐．妙法華經。

復九華常住書

清　釋智旭

向年託迹寶山．於一切精律行者．作地藏大士想．卽一二不拘小節者．亦作志公濟顚等想。聖道場地．龍蛇混雜．凡聖交參．不敢以牛羊眼妄測．自招無間重罪也。適聞山中稍稍構難．雖大菩薩示現作略．然經云．寧破千佛戒．莫與外人知。又世典云．胡越人相爲讎敵。及乘舟遇風。則相救如左右手。九華實地藏慈尊現化地。山中大衆。無非地藏眞實子孫。不知歷幾劫修行到此名山福地。乃爲小小一朝之忿。遂使智不若胡越同舟。非所謂一芥翳天。一塵覆地者耶。不肖智旭。少時無知。毀謗三寶。罪滿虛空。仗地藏大士深慈厚願。拔我邪見。令廁僧流。故今日稱地藏孤臣。山中大衆。皆吾幼主。臣無輕君之念。而有諫君之職。唯是誠惶誠恐。稽首頓首。遙向寶山。披陳忠告。唯願衆師。各各捨是非人我之心。念法門山門之體。同修無諍三昧。永播大士道風。古人云。官不容鍼。私通車馬。又云。家無小人。不成君子。縱有實非大士眞實眷屬。亦須慈恕。令其漸種善根可也。

九華山大夏庵募建大悲閣引

清　釋興斧

天界盛和尚曰。世人只知念救苦救難觀世音。而不知念救安救樂觀世音。此開天闢地之論。人皆罔識其旨。余特拈出。爲大安大樂者。作一還丹引子耳。悲華經云。彌陀如來。於往昔劫中。爲無諍念王。棄捨國位。同不眴尼摩兩太子出家。誓成正覺。不晌·卽觀音大士·尼摩·卽勢至菩薩·此皆從安樂中服還丹妙藥·自救而救諸衆生者也。九華大夏庵空生上座·德高臘長·以興創爲行·救世爲願。復於本庵西建一大悲閣·使十方佛現·同與讚歎之詞·一乘法分·共起悲仰之心·何安樂之不捨·苦難有不急救者哉。願諸信心·縱不能如無諍念王·棄國捨位·蓋互相汲引·作施度勝因·亦可以救安救樂·何莫非觀音大士現身說法也歟·又何莫非還丹妙藥也歟·是爲引。

二財施

九華山創建化城寺記

唐　費冠卿

九華山·古號九子山·崛起大江之東。揖灊廬於西岸·儼削成於天外。旁臨千餘里·高峯峻嶺·臣爲連岡·走隴子焉。自元氣凝結·幾萬斯年。六朝建都·此爲關輔·人視山而天長·山閱人以波逝。其間聖后賢臣·詠歌迭興·言不及者·茲山屈焉。開元末·有僧檀號·張姓·白郡·館至·爲鄉老胡彥請住·廣度男女。觸時豪所嫉·長吏不明·焚其居而廢之。時有僧地藏·則新羅王子金氏近屬·項聳奇骨·軀長七尺·而力倍百夫。嘗曰·六籍寰中三淸術內、唯第一義、與方寸合。落髮、涉海、捨舟而徒、睹茲山於雲端、自千里而勁進。披榛援藟、跨峯越壑、得谷中之地、面陽而寬平、其土黑壤、其泉滑甘、巖棲澗汲、以示高潔。曾遇毒螫、端坐無念、有美婦人作禮奉藥、云小兒無知、願出泉補過。應視坐石、石間潺潺、時人謂九子神焉。素願寫四部經、遂下山至南陵、有俞蕩等寫獻焉。自此歸山、迹絕人里。逮至德初、有諸葛節等自麓登峯、山深無人。雲日雖鮮明、居唯一僧、閉目石室、其旁折足鼎中、唯白土少米、烹而食之。羣老投地號泣、和尙苦行若此、某等深過已。出泉布、買檀公舊地、敢冒死請、大師從之。近山之人、聞者四集、伐木築室、煥乎禪居。有上首僧勝瑜等、同建臺殿。楩柟豫章、土地生焉、斷而斲之、珷玞琪瓊、不求他山、肆其磨礱。開鑿瀆澗、盡成稻田、相水攸瀦、爲放生池、乃當殿設釋迦文像、左右備飾、次立朱臺、挂蒲牢於其中、立樓門以冠其寺。丹素交彩、層層倚空、岳巒隊起於前、面松檜陣橫於後。嶺日月晦明、以增其色、雲霞聚散而變其狀。松聲猿嘯、相與斷續、都非人間也。建中初、張公巖典是邦、仰師高風、施捨甚厚、因移舊額奏置寺焉。本州牧賢者到寺、嚴師之敬。西江估客、於雲外見山、施帛若干疋、錢若干緡、焚香作禮、遥以祈佑、師廣德焉。况親承善誘、感悟深哉。旁邑豪右、一瞻一禮、必獻桑土、豈諸牧不合禮焉。富商大族、輕其產哉、道德感也。本國聞之、相與渡海、其徒實衆、師憂無糧、發石得土、其色青白、不磣如麪。夏則食兼土、冬則衣半火、無少長、畬田採薪自給。其衆請法、以資神、不以食而養命、南方號爲枯槁衆、莫不宗仰。中歲領一從者、居於南臺、自緝麻衣、其重兼鈞、堂中榻上、唯此而已。池邊建臺、厝四部經、終日焚香、獨味深旨。時年九十九、貞元十年夏、忽召徒告別、罔知攸適、但聞山鳴石隕、感動無情、將示滅、有尼侍者來、未及語、寺中扣鐘無聲、墮地、尼來入室、堂椽三壞、吾師其神歟。趺坐函中、經三周星、開將入塔、顏狀亦如活時、舁動骨節、若撼金鎖。經云、菩薩鈎鎖、百骸鳴矣。基塔之地、發光如火、其圓光與。其佛廟、鞏材締構、衆力保護。施一金錢、報一重果、下爲輪王、上登聖地。昔有護法、良吏、涓施力僧、檀越等、具刻名於石。深疾後代不能立殊績、以濟衆、又不能破除餘財、崇勝因緣、啄腥羶、顧兒婦、生爲人非、死爲鬼責悲哉時元和癸巳歲予閒居山下幼所聞見謹而錄之孟秋十五日記前史於外夷小國之王稱爲王子所謂新羅王子者卽國王也地藏爲新羅王之家屬國王姓金故曰金氏近屬後人誤以王子爲王世子致疑近屬二字爲衍文乃由不知記中所謂王子者實卽新羅國王之誤也

建五溪橋亭樓坊記

明　蘇萬民

五溪之水源出九華北流梅根入大江溪橋去九華不二十里而近登橋望天柱雲門諸峯宛如圖畫誠邑中勝槪也溪不甚廣春夏水漲漂迅不可航舊有橋橋之西有小山上有玩華亭址乃都憲彭公命建亭廢碑蝕獨溪山之勝存耳夫橋之造不一人亦不一次就工者鮮如石埰木梁乃兵憲馮公鎭池時營也歲久腐欲傾萬曆四年二月余始到逾橋危之暫命支以木三四月間洪濤衝大傾矣往來人病涉欲橋渡且弗得矧冀亭榭樓閣之一登覽乎夏五月按臺唐公道經橋見圮甚目余修之云此王政之一端也余隨召工度費人人有難色且曰非數千金不可余思時詘舉嬴安敢輕議又逾月因候送兵憲公同步至玩華亭址觀之亦云有司政務不可

緩。余乃謀諸邑耆民吳仕範、章元縉、章士傑、徐世廣、熊鎧、王致佑、陳宗貴、李文林、汪廷禰、章允中十人、靡不欣欣承焉。又據案草疏、授僧人了瑾、徧募通邑大夫士庶、施財助工、余首捐俸爲倡。通邑之大夫士庶、咸多寡悅輸、計簿可得六百餘金。擇九月初三起工、十耆民同委官施表臣等、竭心殫力、先以十數桔槔運水別流、合溪作三泓、每一泓闊三丈、高二丈七尺、左右有差。下築松樁於沙、爲橋墚趾腳之基、基固、方砌以石。石採於溪傍之山、用匠幾三百人、費七百金有奇、民工無算。至五年三月初、橋將告成、適按臺唐公又經此、覩其壯固、喜甚。兵憲公始以工大難就爲恐、既見次緒、尤喜甚、而又有復舊亭之命矣。余親詣橋西山顙、去遺址數武、得一曠坪、命工開築。爲堂三楹、堂之上構亭一座、少側、對華亭之左、取舊毁四峯庵所供神像、廟之廟之前、爲小室、設牀帳、備往來宦遊者憩焉。橋西建石華表四柱。橋東建樓三大間、下周以磚石、上開八窗、立一佛龕於中。樓前左建關王祠、擇一黃冠守之、幷守樓中什物。右建碑亭、藏新舊詩文刻石。樓臺亭榭、東西峙立、屹然煥然、一大觀矣。向橋圮、人欲渡且艱。今遊者玩者、目眩而應接不暇、行旅心急而步遲、恐不畢其覽焉。凡慕九華之勝者、過此亦少酬心賞奚俟登化城、上東巖乎。是役也、按臺唐公首命之、兵憲馮公、大府王公共主之。二府俞公、四府吳公協贊之。三府范公樂成之。勤其役者、十耆民爲最、環溪百姓、承委人役、孰不宣力效勞、於余何與哉。橋募金所建、亭堂坊廟、贖金所建、樓十耆民所建。橋名化城、堂名玄夷、亭更名望華、樓名陽華、皆兵憲公之命名書額也。工完首末共十七閱月、謹記之以遺後云。

清聖祖二次遣使進香供銀、並賜額、及高宗賜額記。

光緒庚子、青陽縣訓導、兼理教諭周贇、重修九華山志云。查乾隆年間所修舊志、並未載康熙乾隆御筆賜九華山兩額、疏忽實甚。謹按康熙四十二年癸未、聖祖南巡、駐蹕江寧府。時二月下旬、將屆五旬萬壽、兩江總督阿山、安徽巡撫喻成龍、兵部侍郎胡會恩等扈駕、因同奏青陽縣九華山爲地藏王道場、靈感昭應、各建醮祝釐。蒙俞旨、遣包衣昂邦赫奕、內侍李環、太僕寺少卿格爾芬至九華進香、幷賜銀三百兩爲供。康熙四十四年乙酉、聖祖南巡、三月回鑾、駐江寧時、安徽巡撫劉光美、隨侍行在、以九華山額奏請。蒙御書九華聖境四大字以賜、鉤摹製額、懸化城寺。而恭藏宸翰眞本於寺後之藏經樓、樓固有明萬曆朝所賜藏經也。康熙四十八年己丑、有旨、分遣內府諸臣、加禮山嶽。特命內務府廣儲司員外郎烏爾胡、至九華進香、幷賜銀百兩爲供、此九華山初蒙賜額也。乾隆三十一年丙戌、兩江總督高晉、復以九華山額奏請、蒙高宗純皇帝、賜御書芬陀普教四大字。三月十一日、江寧布政使普福、齎奉到山、鉤摹製額、懸化城寺、仍恭藏宸翰眞本於藏經樓、此九華之再蒙賜額也。咸豐七年丁巳、八月、兵戈擾青陽、九華化城寺、地藏塔、及諸禪院、僧寮、悉遭灰劫、獨藏經一樓、巋然靈光。卽樓中藏經、多遭蹂躪、殘缺已多。而玉檢金泥、完好如故、知我聖祖高宗德彌大而澤彌長矣。賓以今次修志、宜恭紀盛典、登諸卷首、以光簡册云。

重修九華山化城寺碑記

淸　喻成龍

蓋聞須彌芥子、蘊山移海涌之儀。一笠三千、偏日軸風輪之界。是以微塵灑散、摩寶刹於蒼穹半指鷲峀・敞琳宮於碧落・載颺西土・厥有化城・天竺國部佛場也。匪曰幻區・實惟靈域。霄垂薝蔔・香寫妙金之樓・掌出蓮花・藥結麗瓊之苑・炯然霞立・豈引曇之能趨。屹爾翬聯・非塡鑰之可埒。九華化城寺・所爲思承慈力・奕錫嘉名者也。寺始於晉隆安之五年・初名九華。唐建中初・郡守張巖表請勅賜今額・天竺杯渡禪師所築也。師謂忘言種覺・實絕累於後乘・寄像聲形・可啓機於前路・探基懸崿・響木流泉。甘露初開・法吼斯震。辨百非於雙樹・標四諦於鹿園・蓋其勝也。成龍莅郡三載・簿牒爲勤・慕憑九子之峯・不異千華之海。顧以道涼敎軼・耽委迷源・客侶緇儔・變山爲市。憫茲沈惑・竭慮廓淸・庶幾不染之波・宛轉白毫之照矣。乃飭巾車・聿登藥地・岧嶢蜷蹇・藉三休而始臻。窈窕虛駭・歷朝宿而未竟。睇瞻崇宇・躑躅層阿・巘外坦中・曠同國部。注音藻谷・旋光上枝。洵賓帝之三乾・棲眞之五會也。閟祀久遠・以迄於今・蘚碣蓁榱・丹零堅谿・願濯鏡水・淬以慧斤・建鼎作新・用暉庭陛・爲憶燈明塔擁・多寶夢於方舟。天樂瑤幢・雲羅團於芝蓋。景祇林之勝事・揚獅座之芳風。是以臨𤲞置墠・駕岳排櫺。四柱軒廊、八襲豐殿。列陳繡壁、旁達玉廂。閒則虹霓、縱橫旂罽。彤彤翼翼、有赫其容。若乃玫瑱居楹、銀黃拂戶、紛奇暎彩、合沓交持。盤螭夭矯、勢乍舉而復還、威鳳迴翔、曦將鳴而更戢。雕甍騰鐫、鈿砌斜規。煜爚鐶鋪、玲瓏綺欂。無飆自吟、不滌而淨。息心聖所、迴不踰斯。至於沿窺泛灩、仰視上都。級亭盈而媚空、色青熒而偃覆。經聲遞續、天梵遙聞。盪浴星河、鏗鍧嵐巘。又湖陁煒相、瀛閟之極觀也。經始春妍、告圭秋靜。法華推軫、兜率延扉。敬願諸佛弟子、同行禪師、抱珍飛錫、常住法門、以定慧爲文質、以戒忍爲剛柔。乳衡台之祕蹤、傳不二之精義。奬導羣有、化起大千。圓韞三明、學昇十地。鞏皇圖於永謐、戴佛日以長輝。猗歟盛哉、衣帶駢珠、化國闢金繩之智。覺巑岏掛月、峯蓮繫寶筏之津梁。二尊分座、如對鷲山。千峡發題、若依龍藏。聚沙合掌、頌祝無疆。銘曰：匪水在空、匪月在岑。曇披芝偃、熊熊化城。池開阿耨、會接罽賓。黃金布地、轉大法楞。一 九十九峯、蓮開八面。虎伏煙鐘、獅吟雪磵。萬行求珠、羣魔革電。止火抽薪、推鋒淬劍。二 經聲天語、禪喜來遊。圖澄駐笠、波什停輈。犍陀單閟、京洛羅浮。開宗闡教、風流十洲。三日爲車馬、虹垂樓觀。八神擎室、百靈繞梵宸。居星輔、扶輿幽贊。萬春方茁、千齡始旦。四（按此文奧妙、多與事實不符。如寺始於晉隆安、及天竺杯渡所築等語、皆沿無稽訛傳。卽全篇字句、恐有鈔寫之誤、閱者諒之。）

建九華甘露禪林記（此文、予韶親征山、及閱楃而悟無隱句、不知有錯脫否。）

清　喻成龍

江南九華、崖壑樹石、奇秀甲天下。自閔讓和施山、金地藏開山以來、緇流雲集、精舍星羅。余久宦池上、數來山中、始得吾洞安。洞安居虎洞二十餘年、默坐石窟、以虎自衞。老田吳氏多與遊、最敬信者、唯吳翁爾俊焉。一日、玉林國師雲遊九華、屬洞安募蒲團地、建叢林。爾俊慨然以山業施之。是夜、滿山松頂、降生甘露、神人應兆、此甘露之名所由始也。余念釋子多不受戒律、兩請登堂、爲之說戒、一時托鉢披緇者、頓易舊習、今遂成淨土焉。余嘗訪爾俊於洞安座上、風骨如巖松野鶴、雅與洞安相似。且聞爾俊至性孝友、幼失母、偕弟從尊人華川君客西江。尊人疾不起、旅殯如禮。時年甫十三、弟九齡、歸理舊業、復子身負骸骨以歸。弱弟相依、易衣讓食。晚年好山水、喜浮屠、凡佛緣法會、皆賴總持。又興祀典、睦鄉鄰、敦倫樂善、始終不倦、蓋天性過人遠也。昔子部親征山學佛而後知眞儒。魯直從晦堂聞樨而悟無隱。則余之與洞安爾俊遊、豈徒然哉。更聞洞安偕了大衆事、仍歸虎洞。爾俊長齋繡佛、日居化龍岡、課讀督耕之。兩人固足繼金地藏、閔讓和之迹、而堪與茲山茲林、永垂不朽也、是爲記。

重建九華化城寺碑記

清　吳國柱

佛寺之興、多與名山水相表見、而九華之化城、則其尤著者。世謂九華奇秀環峭、當與岱宗喬岳天台廬峨相並峙、特以地僻江左、其迹若泯若沒。唐至德初、地藏自新羅國航海而來、卓錫九華、聚其學徒、屢著靈異、太守張巖身親護法、爲之創寺、奏請賜額化城。後此高僧名賢、流連化城、趾相錯。其擔簦而拈花壇坫者、不一人、留玉帶以鎭山門者不一事。明初建立叢林、相沿福慶與道泰主之。泰爲天童弟子、敕賜京萬壽戒壇宗師。至周金與新建印去、文留儼然、明鏡臺空、一任隔簾釵墮、將心安心無非露柱風旛。萬曆中、量遠赴京題奏、御前頒發白金重建、復賜額敕封護國肉身寶殿、併賜量遠紫衣經寶佛像外、建祝壽殿。黃金寶塔、燦燿日星。其敕書諸寶像、猶有存者。然此俱成往蹟矣。不具紀。紀今之化城寺。其放光振響也更盛于前。杜其功者。爲太守喻公。公分理是邦。德信而風和。政暇時一來遊。與山僧證可。矚化城之頹敝不立者。悉去而鼎新之。自庀材及落成。凡若干月。塗以丹漆。像以泥金。銘禪師杯而駐地藏錫。自有華以來。騎驢伏虎。有石趙知微。種桃有觀。費拾遺王季文。有宅杜荀鶴十哲。有別業。宋超囘滕子京。有堂。陽明有書院。有配享精舍。湛甘泉有亭。施天柱有講臺。凡有一建白。卽有一堂奥。萬派千流。衆川一月。華山九子。太守顧而樂之。命余記以一言。余時爲屬吏。方爲公勒日月。鐫姓名。卽以記事之言而授之石也可。

建東巖佛殿碑記

明　吳文梓

化城東一峯蜿蜒。爲東巖。地藏焚修初地也。有洞曰堆雲。巖曰宴坐。峯巒峻絕。高插雲表。俯瞰數百里。泉飛岫立。如列掌紋。眞九華一大觀也。四方之登山者。歲不下十萬人。佛號連天。哀求冥福。一謁法王塔。輒踉蹌而去。其陟東巖者。百無一二焉。夫東巖去化城。高不踰二里許。苟能持半日糧。陟巔遠眺。凡九十九峯之奇秀。足雖未歷。

而目已全攝其梯航跋涉之苦亦差足償也而顧祈福者多探奇者少即一崖而登者尙寥寥他如危峯刺日鳥道盤雲爲遊屐之所不能躡者又何怪其千載蕪沒空山也哉乃世搜探不深而妄以爲九華可望不可登又私訝地藏棲眞何甘處湫隘之化城而不擇一奇秀處居之抑知九華之奇秀聚列於東巖當地藏卓錫時早已剔抉其靈奥而納之袈裟半臂矣曩王姚江所禮周金和尙即其地嗣僧普通承先啓後思所以修創而莊嚴之行將募鼎建因余有檀護之誼丐予勸募予思語人以山水人卒莫之解唯藉佛力以倡焉自有羣起而應者因聚族屬而語之曰余家乘所紀遠祖用之公最初與地藏遇賦詩垂贈有慕道相逢之歎事蹟甚異吾吳之子若孫與地藏之子若孫夙有因緣又何惜此片地不力新之以彰神聖之遺蹟諸父老咸感此語欣然解橐不日而工役聿興先爲之殿以焚修次爲之堂以收東南諸勝復面東爲樓樓下爲軒以憩遊客其制弘麗縝密頗與巖洞之勝相稱余于落成而登覽之歎曰佛力之感人若此哉夫山水冷趣也唯佛果冥福輒能熱人之中故

海內佳山水・每盛于一二香火仙佛之宮。而遊人之跡展日多・山靈之聲價反日減・吾恐殿成以後・其寬敞足以納客・金碧足以炫人・梯航來者・將于于登焉。安保他時東巖不如化城喧雜・以致香火盛而山水掩也乎。爰勒此語于石・願後之來遊者・因法王之勝蹟・以探崖壑之幽奇・庶于地藏卓錫清淨之初心・不至相左也夫。

天台峯招隱庵施田記

清　陳蔚

嘗讀南史・武帝就王騫市田・施大愛敬寺。唐元載・王縉・杜鴻漸・喜飯僧徒・而京畿之豐田美利・多歸寺觀。李蠙以俸贖田・奏復善權寺。蓋古之薰修身田者・亦必資乎命田。而有恆心者・須有恆產・豈唯吾儒然哉。歲嘉慶癸酉・余登九華・謁金地藏於化城寺。乘興陟其巔・曰天台峯。見境界清幽・僧皆苦行。因思化城左右開鑿瀘潤・盡成稻田。唯此天台求黃粒稻不可得。蒼松一隖・任種菩提・翠石千尋・只生靈藥。倘嚴冬之際・雪封山磴・煙斷齋廚・豈能托衆香鉢・入舍衛城乞食耶。爰出橐金・買峯麓伏龍橋側田若干畝・施於招隱庵・聊以歲入之租・少助伊蒲之饌。昔棲霞素庵禪師・欲置千田以供僧衆·比示寂時·得三百有奇·其徒復丐袁主政作長生田碑記·且募足其數。若余之區區者·僅足充蔬僧之一飯耳。顧田雖千畝·施不一人·要由慫慂而成·累積所致。有與余同志者·爭扶淨土·廣獻芳疇。庶幾諸佛弟子·藉常有之貲·爲自然之食·無勞飯堷·復免干人·莫不面壁潛修·心田普潤矣。或曰·佛氏有福田三種·次爲功德田·謂是田卽功德田也·則吾豈敢。

重修化城寺記

清　劉含芳

九州之域·五岳而外·九華實居四大名山之一。奇峯峻嶒·縹緲霄漢·如青蓮華·爭開競發。煙雲蓬勃·翠紫萬狀·信爲東南第一勝境也。唐賢李白嘗遊茲山·以其峯巒秀美·有九芙蓉之異·遂易名曰九華。開元季年·金地藏自新羅至九華·巖棲土飯·苦行十餘年。至德初·諸葛節等·拓僧檀公舊地·建殿宇·延地藏居之。建中初·刺史張巖奏請寺額·名曰化城·遂爲地藏道場。厥後興廢不一。明萬曆間·先後勅賜藏經·庋於寺之後樓·供奉虔肅。國朝·香煙日盛·靈應逾常。康熙乙酉年·聖祖南巡·賜御書九華聖境扁額。乾隆三十一年。高宗南狩。復賜芬陀普教扁額。天使頻臨。奎章疊錫。璇題銀榜。照耀雲泉。斯山遭遇之隆。千古所未有也。迨咸豐七年。干戈蹂躪江南。而山中之梵宇琳宮。悉遭兵燹。唯藏經樓巋然獨存。殆有神護焉。而焚山股匪。卽戰敗盡殲於江。靈爽昭然。於斯可見。洎乎寰宇底定。民氣未蘇。而靈山諸刹。猶未復興。殊闕典也。光緒己卯春。芳假歸故里。嘗詣茲山。一展宿願。瞻眺之餘。見夫寺院傾頽。一片荊榛瓦礫。爲之慨然者久之。道出大通。晤吳君淦。縱談及之。互相唏噓。蓋亦有志未逮。毅然願任其勞。予至津門。告諸二三同志。因募款有成。寓書吳君。謀卜於己丑春王正月。鳩工庀材。依舊址而經營之。落成於辛卯孟秋。月昔之榛蕪穢者。至此而煌然煥然。頓復舊觀矣。凡費制錢一萬六千三百餘緡。總其事者。爲貴池吳君淦。襄事者。蕭君春庭。佛陀里僧守鎭。純心。龍庵僧守安。通慧庵僧法輪。梅檀林僧福星。勞瘁不辭。實事求是。俾共底於聿觀厥成也。因敍顚末。泐諸珉石。以詔來茲。後有作者。更閎肆而益拓大之。是則予之厚望也夫。光緒二十二年。歲次丙申孟春月記。

重建東巖精舍碑記

清　熊祖詒

九華山爲地藏道場、梵刹之衆、稱極盛焉。考地藏初至、實栖東巖、後乃建化城寺居之。其翼寺之東西者、爲僧寮。外此若東巖故蹟、及百歲庵、祇園、甘露、諸刹、則皆叢林也、唯東巖精舍爲最勝。巖之狀如巨龍昂首、鬣者、角者、齒者、鱗之而者、不假彫琢、而變化有神。其自芙蓉分支北下、逶迤一綫、至此乃斗起絕壁。登其巔、則澄江如練、繞流足下、遠近諸峯、平揖俯拾。蓋是山內奧而外削、層峯疊嶂、交蔽於前、而獨缺其北一隅、巖之勝處、適當山缺。昔人建亭一、日摘星、旁有禪院數楹、即宴坐堂故址也、自經喪亂、遺蹟盡矣。有定慧上人者、蜀蓬溪人也。幼習浮屠之教、及長徧遊名山、效善財五十三參善知識、至東巖而息焉。與禪侶修眞、妙參傳印、闢草鉏萊、相度陰陽。復赤足走東南數行省、丐施金錢、積其所得、召匠鳩工、以同治九年冬落成。隨其岡巒蜿蜒、坡陀曲折、窪者閒之、峻者梯之。於巖之北建大雄殿、後爲萬佛樓、跨巖而南爲地藏殿。飾以紺碧、周以欄楯、禪房靜室、錯落其間、其規制視昔爲有加焉。噫、佛力廣大。固如是哉。而要非定慧之心之誠且專。蓋不及此。余以公事數數來山中。稔其爲人。戒行清苦。心恆敬之。一日者告余曰。寺成且二十年矣。而顧未有記。願乞一言以文貞石。余考之志乘。東巖本名舍身巖。金地藏於茲成道。舍卻幻身。故九華勝境。莫若東巖。其改今名。自明王文成始。夫佛之爲教。內觀返照。明心見性。以六塵爲緣影。等身世於幻泡。其足以警人世之貪瞋癡者。正復不少。而末世沿失。乃至自殘其身。毀棄遺體而不顧。則奉佛者之過也。吾文成憫其愚而正其失。造福豈有涯哉。在佛言佛。吾願定慧略其粗。求其精。遺其迹。契其眞。而吾儕之來此者。聞錫名之由。亦可憬然於文成之風而興起矣。乃樂得而爲之記。光緒十有二年二月吉記。

修暗阬橋路記

清 彭同育

九華分水嶺之南。流歷數級。至暗阬。巖谷尤邃。神蛟宅焉。舊有石橋。爲蛟所圮。明經陳翁巽三。伐石新之。乙巳夏。蛟汛復發。路截如壑者數處。翁即集工修築之。越數月。平如康莊。登斯途者。前望七賢二十諸峯。回顧筆架嶺。筆竹寨等勝。仰慕留連。未嘗不歎翁之好善也。予聞翁性穎異，讀書目數行下，嘗慕陳文範、郭有道之爲人。平生善不勝紀，郡伯寶公特表其恤行。即如橋路之修治，亦皆彰彰在人耳目。乾隆癸未，率衆創建長阬橋，己丑修考阬橋，又與其弟徽五同修華溪橋，皆有記載郡邑志。辛丑修暗阬橋，是冬修華溪橋西路長楓樹路。今年近八十，猶孳孳爲善如此，可謂篤行君子矣。夫有善必錄，官斯土者之責也。况翁之身，衆善皆集乎？故予樂其善而爲之記。

重建甘露庵記

清　李端遇

化城者，佛於險道化一城以安衆。此九華山頂平處，所由以化城名寺也。然自東北平地登化城，直上可二十里。行至山腰，身罷口渴，於此開甘露一門，斯顯佛力。乃自唐代有化城以來，覽勝者、禮佛者至定心石畔，但坐而作望梅之想焉。國朝康熙丁未，玉林國師至九華進香，謂此處幽篁蔽天，清泉漱石，宜構蘭若。於是洞安法師體慈悲心，募建一庵，額曰甘露。憩者如醍醐灌頂矣。乾隆間，傳燈及優曇殿宇益閎，而宗風尤暢、咸豐兵戈所及、梵宇劫灰。同治甲子亂平、法源上人、結茅於舊址、爲參禪地。後玉田唐公歸敬、倡捐殿宇、始復舊觀。及光緒乙未、大航和尚發大願力、笠屐葛冒霜雨、犯寒暑、走萬里、詣燕都、請藏經以歸。由是貝葉金花、光生寶殿、遂媲美化城焉。蓋九華之有藏經、化城則前明萬曆朝所勅賜、其由僧請者、唯寶身與大航而已。山門志九華、而囑予記其由、以見與東吳甘露之以年名者異也。

重建祇園庵記

清　汪宗沂

西方有祇園、乃須達多長者、爲佛出金布地所營精舍。本祇陀太子園、故曰祇園、亦曰給孤獨園。夫乃知釋迦在世、所居非寺非院、但居精舍與園耳、此九華祇樹庵所以名祇園也。庵在東巖之麓、嘉慶間、住持乏人、棟宇頹壞、時隆山禪師隱居伏虎洞、柯吳檀越、與諸寺長老、商請主持祇園。由是紺碧其殿宇、金繡其佛像、寺院煥然一新、而香火日盛。隆山以八十有四歲涅槃、其徒引無瑕、故事金其蛻而龕之、咸豐兵燹、池有劫灰、而金蛻無恙。其禪裔大根上人、本仁孝之性、以抒其歸依之誠、白足擊柝。叩募十方。其忍飢渴。犯風霜。幾歷寒暑。乃得集巨款而興大功。其願力之宏。誠不在須達多長者下。琳宮寶刹。既復舊觀。至其開壇宣戒。傳燈於高座。淮海及今年闍揚法華要義。又其餘事。光緒庚子夏。予訪山門於青陽山門方主稿九華山志。而以祇園丐余言。余謂如大根者。眞釋氏之孝子慈孫矣。乃本祇園之義而爲之記。

九華山志卷五終

附錄節略地藏本願經末後囑累人天品文

經云。若未來世有善男子善女人見地藏形像及聞此經。乃至讀誦。香華飲食衣服珍寶布施供養讚歎瞻禮得二十八種利益。一者。天龍護念。二者。善果日增。三者。集聖上因。四者。菩提不退。五者。衣食豐足。六者。疾疫不臨。七者。離水火災。八者。無盜賊厄。九者。人見欽敬。十者。神鬼助持。十一者。女轉男身。十二者。爲王臣女。十三者。端正相好。十四者。多生天上。十五者。或爲帝王。十六者。宿智命通。十七者。有求皆從。十八者。眷屬歡樂。十九者。諸横消滅。二十者。業道永除。二十一者。去處盡通。二十二者。夜夢安樂。二十三者。先亡離苦。二十四者。宿福受生。二十五者。諸聖讚歎。二十六者。聰明利根。二十七者。饒慈愍心。二十八者。畢竟成佛。復次虛空藏菩薩。若現在未來天龍鬼神聞地藏名。禮地藏形。或聞地藏本願事行。讚歎瞻禮。得七種利益。一者。速超聖地。二者。惡業消滅。三者。諸佛護臨。四者。菩提不退。五者。增長本力。六者。宿命皆通。七者。畢竟成佛。

九華山志卷六

內攝二門　一營建門第七　二流寓門第八

營建門第七

內分八　一書堂　二道觀　三祠廟　四樓閣　五亭館　六橋梁　七塔墓　八屯寨

前哲流風、後賢斯軌。肯構肯堂、明禋昭祀。或建祠堂、高山仰止。或修橋路、周道如砥。于以嘯歌、于以燕喜。歸與歸與、君子所履。志營建。

一書堂

計書堂九　附隱居一　書院二　山房一　附別業一　祠三　庵一　精舍六

李太白書堂、在化城寺東、龍女泉之側、唐天寶末建。宋南渡後、堂宇蕪沒。嘉熙初、邑令蔡元龍、作草堂於化城寺之東偏。明成化間、邑人柯志洪、吳瓛、僧德侃、重建、增置兩廡、前立石坊。隆慶三年、毀於火。萬曆五年、知縣蘇萬民、訪舊址、即僧房後高阜補建。二十二年、知縣蔡立身、閱舊址狹隘、乃相地於東巖之下、重建祠宇三間、東西兩廡、徙石坊其前。●清喻成龍詩、微雨散西林、羣峯忽晴霽。著屐蹋新泥、迢遙任所計。泉石開心神、涼風吹松際。青翠入荒祠、古砌衣薜荔。殘碑臥檐楹、白日門猶閉。廢興固有時、我來閱千歲。豈不深慷慨、聊與陳瑣細。君本謫仙人、自矜多才藝。詞賦凌滄洲，致身外科第。空慚明主恩，遂使讒佞蔽。丈夫感義氣，忍被利名繫。脫身事五岳，宇宙同參契。襄陽杜子美，愛君如兄弟。從此下吳越，江山來休憩。浩然懷英風，精魂隨波逝。歌君蜀道難，爲君一掩袂。●宗觀詩。空山吹杜蘭，香與紅泉匯。緬彼謫仙人，書堂垂曠代。端明亦有言，白眼高四海。順逆智豈昏，遣會磷淄改。爲稽新唐書，天寶分藩在。懿親急蒙塵，從師詎云罪。以此謝紛紛，一洗遺俗累。弔古憩東巖，鬱盤何磈磊。林樹多虎熊，悲風嘯山鬼。欲往溪無梁，世遠英名倍。綠水吐蓮華，想像餘文彩。逸才不再得，爭殺毋庸悔。願附玄鶴翼，招子翔雲澥。

費拾遺書堂，在少微峯下。或云臥雲庵其舊址也。前爲天香嶺。●清喻成龍詩。少微高隱白雲端，苫塊圍罏血淚乾。丹詔身榮全節易，孤臣心死報恩難。空山日落猨啼急，古墓松深月到寒。流水不關人代謝，秋生巖谷野花殘。

王季文書堂，在頭陀嶺下，卽今無相寺也。●柯崧詩。祇樹何年閟，茶蘼此度花。看山攢玉筍，酌水聚金沙。勾邑眞人宅，唐朝處士家。雲霞護金碧，瞻眺夕陽斜。

李昭象書堂、在碧雲峯下。僧希坦詩、有孰謂堂空人已往、溪聲還作讀書聲、之句。

雙峯居士書堂、在福安院前、待制程鵬飛讀書處、面雙峯、因號焉。張紫微爲之記。

湯侍郎書堂、在文殊峯下、宋侍郎湯允恭所築。

滕子京書堂、在雲外峯下、又名滕司諫書堂。思賢巖、諫堂山、皆以此得名。郡志載、滕嘗稱池之九華山、上陵紫霄、下盤洪流。千巖白雲、萬壑淸風。草木多靈、民人熙熙。書契以降、不知干戈。居者得其壽、藏者得其朽。可以隱志、可以宅先。於是葬其父於邑東石嶺鋪、遂築書堂於雲外峯下、讀書其中。

閎肅書堂、在天柱峯前、程待制鵬飛子槐、讀書之所。

天柱書堂、在天柱峯下、邑人施達講學處。

九華先生隱居、姓名失考、以爲宋齊邱、非也。廣福寺、本超回書堂、然此必另是一人。

九華書院、宋處士陳巖建。中爲樓三楹、扁曰溪山第一。左室曰靜觀、右室曰燕居、前有月池、池上有臨淸亭。義士方時發、以巖號九華山人、故題今額。後因兵燹失所在。正德五年、巖六世孫陳九疇、請建祠於邑城。●元楊少愚詩、布韋高遯卜安居、富貴浮雲意自如。醉裏有懷嘗倚劍、閑邊無事且觀書。落花疎雨吟成後、修竹淸風睡醒初。客到莫嫌生計薄、九華山水任樵漁。●明李之世詩、三十年游未了緣、詩魂如夢寄蒼煙。九華亦有閒樵子、山月山花不管年

雲波書院、在劉冲、邑人吳鍾隱居處。

九華山房、元末時、義士錢淸建、以面對九華、故名。王禕有記。久廢、嗣孫登、重建。

曾侍中別業、在雲門峯南。

仰止祠、在化城寺西、內祀王陽明。陽明於宏治、正德兩至九華、宴坐、學者多從之遊。及嘉靖七年、知縣祝增、爲建祠。尋廢、後知縣蘇萬民、蔡立身、又重修焉。●邑人王一楨詩、蝌蚪尼山學、麒麟漢代功。人分千古局、公擅一身雄。玄水珠先握、迷川筏早通。靑雲蔭汗簡、赤日照葵忠。自奮神羊觸、寧甘伏馬充。直聲寒九域、正氣惱重瞳。儋耳投蘇老、雷州遺寇公。憑天驕國狗、射影伏沙蟲。劫盜遙行刺、孤臣但叩衷。

誰知膏刃客．猶作泝波翁。信有良知在．無憂直道窮。終焉迴聖怒．無復據神叢。風力南溟厚．龍光北斗冲。爲霖開幕府．仗劍領元戎。義戰宸濠縛．妖氛彭蠡空。康侯勞汗馬．楓陛賜彤弓。河帶盟淮上．茅封出海東。濟川才既偉．銘鼎志尤洪。道牒終無擯．經箱老更豐。尋山同袒裼．聚石倚崆峒。兩度芙蓉嶺．諸峯錦繡中。曼陀花似雨．聽講狖吟風。半偈東巖唱．纖歌絕頂工。整衣致樽俎．縹緲浙雲紅。

甘泉祠在化城寺東．中峯之下。湛甘泉若水曾遊此。嘉靖十三年．督學聞人詮．知府侯緘．同知任柱．建。尋廢。萬曆五年．知縣蘇萬民．重建。前有石刻甘泉二字。

陳明兩公孝義祠。汪廷珍記曰．公名良台．字明兩．世居九華南麓．爲池之青陽人。自其高祖以來．世積內行。其父諱懋詔．少失怙．事後母以孝聞。嘗以鄉勇拒左夢庚兵於邑之龍口．鄉賴以安．鄉之人固視其有賢子孫矣。方公年十二．其父遇難．即能號泣請代．父竟得脫。公家嘗不戒於火．而母章孺人尙在內室．公自外至．突入負之出諸烈燄中．身無恙．若有神護者。父嘗晨起．思鄰邑佳果．公潛往取之．去復八十里・比夕以獻。凡公之先意承志・率類此。父素厚鄰里・公尤能推廣爲之・周恤益至。凡代其里人輸稅課・與完人婚娶者・殆不可勝計。康熙戊子歲歉・至減値鬻產・易穀以贍飢者。蓋公之事亡如事存・其好施與・匪惟其性然・周鄰贍族・凡皆如其親之自爲之者。其體親之心・既沒不忘・故其濟貧之行・亦至老不倦。孝經云・資於事父以事母・而愛同・資於事父以事君・而敬同。予嘗推論之・以爲推事親之心以待人・則愛敬之心・無時可忘。而凡事必求乎親心之安・而後可以無愧・公亦可謂安乎親之心者哉・其列諸祀典也・固宜。噫・凡事之不本於誠者・必不能始終如一。以予所見高行畸節・豈無一二事・卓卓可驚喜・而按其生平・劃若兩人・其本不立・其他固無足觀耳。若一統志及公家傳載・公還旅次金・歸鄰園墜果諸事・其亦細行之克謹哉。要之公唯一念之篤於其親・而其內外行習・遂以此一念貫之。故其所爲・雖若平平無奇・而皆足薰閭閻而傳不朽・則洵乎誠之足以動人・而庸德之可貴如此也。故從壤請而爲之辭・俾覽者庶有感焉。壤・即公之裔孫陳壤・清人・汪公門生。

劉世疎庵·在雙峯下·保眞院東北。僧希坦詩·有藏卻胸中萬卷書·卻來山頂結茅廬·之句。

鳳臺精舍·在仰止祠左·府同知任柱建。

雙華精舍·在仰止祠右·邑人侍御柯喬建。

柱明精舍·在新太白祠右·爲方伯王一楨建。●王之璘詩·九子何嵬崒·春遊展齒芳。鑿抽瑤草秀·峯拔古蓮香。鳥道通仙窟·鶯花覆佛場。於茲歌陟屺·霞嶺鶴猶翔。

南臺精舍·在陽明祠東·爲給諫吳文梓建。

還素精舍·在會文堂左·爲封侍御劉織建。

欽所精舍·在會文堂右·爲副憲羅賜祥建。

二道觀 計道觀二 附堂二

開元觀·在雲門峯下·三級泉西。唐開元中建·詔以館元眞。今雪潭後有觀沖·即其遺址也。

延華觀。在鳳凰嶺東。唐乾寧中。趙知微所居。今沙彌庵。卽其故址。

雲峯堂。在雲峯下。

玄夷堂。在望華亭下。

三祠廟 計祠三 廟二

協濟祠。在山東北麓。又名望仙祠。由縣入九華者。必由此去。

東協濟祠。在覆甌峯之東南。

西協濟祠。在呈鳳嶺之西。

白龍廟。在白龍池側。梁天監二年建。

白鶴廟。在雲峯絕頂。昔有白鶴來集其上。故名。

四樓閣 計閣一 樓一

聚華閣。在化城寺後。督學御史耿定向題。

陽華樓。在五溪橋左。萬曆五年。知縣蘇萬民建。●明顧元鏡詩。簾捲谿雲上玉鉤。泉聲和雨入谿流。山山瀑布頻驚雪、樹樹松篁並耐秋。洞口煙霞閒吐納、沙邊鷗鷺任沈浮。停驂且盡今朝興、更上前溪百尺樓。

五亭館 計亭卅一 館一 附坊四

望華亭 在五溪橋側、舊名玩華亭、都御史彭禮建。後廢、萬曆五年、兵備副使馮叔吉、命知縣蘇萬民重建、易今名。●明蕭良有詩、亭上風光好、招攜總雋才。九華雲外聳、五水座中來。露積璠爲樹、霞飛錦作堆。使君棠影在、安得共徘徊。

覽勝亭 在聖泉寺前、僧宗道建。

秀華亭 在延壽寺前、李太白所命名也。

靜觀亭 在崇壽寺前。●宋陳巖詩、打圍行蟻時時戰、觸紙癡蠅日日鑽。有客雲山深處臥、靜中回向此心觀。

心期亭 在無相寺前。

涌泉亭 在半霄亭下。

碧霄亭在半霄亭之上。今廢。半霄亭、因神秀庵在、故列入梵刹門、寺庵類。

望江亭在碧霄亭上。●淸許承家詩、澎湃江聲壯、登臨到此亭。浪浮千里白、光逼萬山靑。洲島連荒漠、蛟龍入窈冥。凭高聊眺望、今古眼前萍。

玄覽亭在望江亭上、明萬曆六年、知縣蘇萬民建。今廢。

懷賢亭在化城寺禪堂之東。賢蓋指李靑蓮王陽明諸先生也。今廢。

綏步亭在東巖之麓。

漸昇亭在綏步亭之上、卽東巖之翠微也。今廢。

環奇亭在堆雲洞前。今廢。

摩空亭在摩空嶺上。俱萬曆七年、知縣蘇萬民建。今廢。

一中亭在甘泉書院之左。南陵汪景邑人施宗道建。今廢。

秀綠亭在頭陀嶺下。取程雙峯詩一水綠繞環千峯秀攢聚之句。今廢。

三級亭在廣修院側。巖泉左界。懸流千仞。飛瀉凡三激。其石今廢。

雪浪亭。三級水。至此百餘步。驚湍駭浪。長如噴雪。今廢。

激淸亭。在協濟祠前。大溪環石。淸流激湍。而一亭石上。佳景也。今廢。

笑指亭。在地藏塔前。今廢。●宋陳巖詩。多少人間狹路。偏山川還是舊山川。澹然忘笑兼忘指。默默眞成第一禪。

洗心亭。舊志缺。今補。

玉香亭。在地藏塔下。今廢。

最勝亭。在玉甑峯下。宣和中。曹令機建。詩僧了機。於亭前栽茶。名夢覺香。今廢。

三笑亭。在淨信院前溪橋上。取遠公送陶陸過虎溪之意。今廢。

忘歸亭。在資聖庵前。面揖五老。對之可以忘歸。

迎仙亭。在金剛尖分水嶺上。今廢。

瀑翠亭。在崇聖院前。

戛玉亭。在翠瀑亭側。

環翠亭、在西洪嶺。北通縣治、南趨九華、前列雙峯、後擁靈鶴、東峙蓮花、而蒼翠環繞、故名。今廢。

捧日亭、在天台峯、清郡守李暐建、有讚見後、光緒二十三年、金陵劉益卿、重建。

同善亭、在化城寺東、光緒十五年、法輪募建。

芙蓉館、在西協濟祠左、宋嘉定中、邑令林奇之建。今廢。

華雲深鎖坊、在塔寺前、南康知府吳炳庶題、戶科給事中高鶴書。今廢。

太白書堂坊、在書堂前。邑人王友益、重建書堂時、併建。置祀田、供春秋祭。其後王遜綸等重修。今廢。

江左名山坊、在大仙橋。今廢。

如來眞境坊、在小仙橋、此二坊、俱萬曆六年、知縣蘇萬民建。今圮。

六橋梁 計橋十五

五溪橋、在望華亭下、原名五溪。萬曆四年、知縣蘇萬民建、兵備副使馮叔吉、改化城橋。清乾隆三十四年，李世傑重修。●清楊李玨詩：五溪橋似虎溪橋，過此悠然息世囂。二十里餘蘭若出，三千丈外劫塵超。人行松杪雲生屐，江繞沙湍雨助潮。識否廬山眞面目，休教容易賦逍遙。

小石橋，在邃谷巖下。水流巨石間，或鋪平石上，臥而觀之，眞枕流也。傍有大石，字倒書於上云：端平甲午中和節，廬陵虞晉、錢塘趙直、建安劉煥、四川梁明卿同來。字頗清麗。

會仙橋，在玉香亭下。

集慶橋，在廣福寺前半里許。橋下水潺湲，高低而下，亦曰延慶橋。

迎仙橋，在懷賢亭北。

伏龍橋，舊名集福，在山麓大橋庵南。橋傍有庵，橋頭有亭，知縣蘇萬民扁曰：第一禪關。

大仙橋，有萬壽庵，兵後，常山復興。

小仙橋、長五六丈、闊止三尺許、傍臨不測之險、兩岸欲絕、一徑通之、若畚土而成、故名。

仙人橋、在捧日亭前、光緒二十三年、金陵劉益卿、捐建。

利涉橋、在老田、光緒乙未、吳登厚秀冬倡建。（舊作老田更、無在字。查各書、凡載老田之地、皆無更字、故改之。）

永豐橋、跨舒溪。光緒間、柯德風倡建。

義興橋、在廟前北。光緒戊戌、吳宇輝、陳月軒、袁訓之、周在川等、倡捐建。

善心橋、跨濂溪。光緒甲午、僧心徹、募蘇繼美、及七八九都吳宇輝、劉漢章、陳月軒、袁訓之等、同建。

龍池橋、跨曹溪。光緒丁酉、劉鄉林觀察首捐、吳宇輝、劉漢章、陳月軒、袁訓之、周在川等、同建。○○以上五橋、皆跨五溪。

善繼橋、跨雲鶴山考坑之閒。光緒甲午、劉鄉林首捐、吳宇輝、劉漢章、陳月軒、袁訓之等、同建。○○此澗水至五溪橋之北、始合流也。

七塔墓 計塔四 墓七

疊石塔、在淨居寺前。唐人疊亂石而成、高丈餘、敧而不仆。●宋陳巖詩、無復晨鐘暮鼓聲、慧雲猶護法燈明。佛乘大有支持力、舊塔雖敧不更傾。

永安塔、在西洪嶺。●宋陳巖詩、心不能安總是魔、亭亭孤塔鎮巖阿。倘無佛力三千行、奈此邱蛇井鼠何。

永慶塔、在南陽永慶庵、凡七級。明萬曆時、里人鮑楚倡建。

普同塔、在化城寺東、閔公墓左。光緒二十二年、東寮同建。

費拾遺墓、在鷄母山、近拾寶巖。●唐杜荀鶴詩、凡弔先生者、多哀荊棘間。不知三尺墓、高並九華山。天地有何物、子孫無一閑。當時若詔起、未必得生還。

閔公墓、在石塔東崖下。

湯侍郎墓、在淨信寺腳庵之側。

法鑑墓、在化城寺東、文殊庵前之西。

福慶墓。在西塔院後。

道泰墓。在化城寺後。卽東塔院。

甘贊墓在曹山南麓。

八屯寨計寨五

劉相公寨。在廣化院上。宋建炎中。寇張遇犯境。鄜王劉光世。因險立寨於此●宋陳巖詩。毒霧腥雲染寇鋒。萬家鄉井雉羅罿。山前堆滿縱橫骨。換得將軍不戰功。

毛萬戶寨。在福海寺西北。

常開平寨。在六泉口。

錢元帥寨。在六泉口。元帥名清。八都人。元末。集義旅以衞鄉邑。與趙普勝寨相拒。

江元帥寨。在文殊峯。元末。池郡邑爲趙普勝所據。守將曲律不花。不能拒而遁。統兵官鄧公。總制宣城。令各邑互相保障。以邑人江華甫雄武。劄付稱元帥。結寨於九華山文殊峯。與錢淸相犄角。率義勇固守邑里以安。

流寓門第八 內分四 一名賢 二隱逸 三文苑 四仙道

世法之中。莫尙吾儒。身修國治。萬姓楷模。世路迍邅。蘊玉藏珠。考槃阿澗。嘯歌自娛。文誇吐鳳。道幻飛鳧。空谷足音。一道同趨。志流寓。

一名賢

明

王守仁。字伯安。號陽明。浙江餘姚人。父華。仕至吏部尙書。母懷孕十四月而生。祖母夢神人自雲中送兒下。因名雲。五歲不能言。有異僧過之曰。可惜道破。更名守仁。乃言。宏治己未。進士第二十四年。辛酉。以刑部淸吏司。審錄江北。多所平反。事竣。遊九華。因見道者蔡蓬頭。及地藏洞不火食之異人。論最上乘。異人曰。周濂溪。程明道。是儒家兩箇好秀才。次年壬戌。告病歸越。築室陽明洞。行導引術。故號陽明。遂能先知。衆驚異。以爲得道。久之悟曰。此簸弄精神。非道也。即屏去。思遺棄世累。

獨不能置念於祖母與父。久之・忽悟此念生於孩提・若可去・是斷滅種性矣。明年・移疾西湖・往來南屏虎跑諸刹。乙丑在京師・專志講學・時年三十四。正德改元・奄瑾竊柄・逮繫言官。守仁抗疏救之・下詔獄・杖謫貴州龍場驛丞。瑾遣賊欲加害・守仁至錢塘・託迹投江・附估舶遯・風飄至閩境・夜奔山寺・不納・趨野廟卧。夜半虎繞廊・哮吼不入。於是由武夷歸省親・冬赴龍場。其地在萬山叢棘中・蛇虺蠱毒瘴癘之藪。無屋舍・就石穴而處。從行僕病・躬析薪汲水自爲石槨以待盡。於時不唯得失榮辱胥已解脫・即生死念頭亦無動於中。端居澄默・日夜參求。一夕忽大悟・不覺呼躍。至此始信聖人之道・吾性自足・時年三十六也。庚午移廬陵・不事威刑・專開導人心・僅七月・治幾無訟。正德十一年丙子・以尚書王瓊薦・陞左僉都御史・巡撫南贛汀漳等處。時江西・福建・廣東・湖廣之交・方千餘里皆亂。以贛南爲巢穴・阻山作寨・而宸濠陰與之通・以至嘯聚至數十萬。守仁莅任旬日・練民兵進剿・凡三月・而破賊巢三十八・積年逋寇悉平。十四年己卯・寧藩宸濠反・陷南康・九江・進圍安慶。守仁舉兵破南昌，宸濠悉衆回援，守仁迎擊，大破之，遂擒濠。太監張忠等，導上親征，令縱濠於鄱陽湖，俟駕至戰而執之。守仁以宸濠付張永，而還南昌。張忠許泰等，恨失濠，譖守仁必反。帝詔之，立馳至。忠泰沮，不令見，乃入九華山，宴坐一室。帝覘之，曰道學人也，何謂反乎。遣還鎮。庚辰，重過開元寺，留石刻讀書堂後，仍還南昌。辛巳年五十歲，始揭致良知之敎。六月，進兵部尚書。世宗踐祚，錄擒宸濠功，封新建伯。嘉靖元年壬午，守父喪。丁亥，以左都御史征廣西思田蠻，開示恩信，自縛來降者七萬餘人，薄懲之，令歸農。以歸師襲破兩廣斷籐峽猺，勦寇萬衆，猺寇盤據三百餘里，郡縣罹害者數十年，至是一舉悉平。而桂萼譖之，賞格不行。守仁病篤，乞骸骨，歸至南安。門人問遺言，答曰：此心光明，亦復何言。遂卒。時嘉靖七年戊子，十一月二十九日也，年五十七。按通鑑綱目，先生平斷籐猺，在戊子九月，其卒在己丑正月。今據黃梨洲明儒學案先生傳所載，以梨洲與先生同爲餘姚人，紀載較確也。隆慶初，贈新建侯，謚文成。守仁自經宸濠忠泰之變，益信良知眞足以忘患難，出生死。自言近來信得致良知三字，眞聖門正法眼藏。

自經多事以來、只此良知、無不具足。某於此良知之說、從百死千難中得來、不得已、與人一口說盡。只恐學者得之容易、把作一種光景玩弄、不落實用功、負此知耳。若向裏尋求、見得自己心體、卽無時無處不是此道。亙古亙今、無始無終、更有甚同異。知是心之本體、心自然會知、不假外求、善惡自辨、徹頭徹尾、無始無終、卽是前念不滅、後念不生。今卻欲前念易滅、後念不生、是佛所呵爲斷滅種性、入於槁木死灰矣。心體上、著不得一念留滯、如眼著不得些子塵沙。便好念頭、亦著不得、如眼中放金屑、亦開不得。七情皆良知之用、不可分別善惡、但不可有所著。有著謂之欲、俱爲良知之蔽。然纔有著、良知亦自會覺、覺卽蔽去、復其體矣。良知不由見聞而有、而見聞莫非良知之用。故良知不滯於見聞、亦不離於見聞。單言心、恐無入處、故醒之以知。單言知、恐以情識當之、故揭之以良。良知者、無知而知也。知來本無知、覺來本無覺、然不知則遂淪埋。妄心則動、照心非動、恆照則恆動恆靜。照心固照、妄心亦照、有刻暫停則息矣、非至誠無息之學矣。照心非動者、以其發於本體明覺之自然、而未嘗有所動也、有動卽妄矣。妄心亦照者、以其本體明覺之自然者、未嘗不在於其中、但有所動耳、無所動卽照矣。有妄有照則猶貳、貳則息矣。無妄無照則不貳、不貳則不息矣。人問、用功收心時有聲色之聞見、恐不專一。守仁曰、非耳聾目盲、如何不聞見。只雖聞見而不流去、便是有人欲屏絕事爲。守仁曰、使在我無功利之心、雖錢穀甲兵、搬柴運水、無往而非實學。使我尚存功利之心、雖日談道德仁義、亦只是功利之事。用功在澄心、不在無事也。問上達功夫。答曰、凡目可得見、耳可得聞、口可得言、心可得思者、皆下學也。不可見聞言思者、上達也。故凡可用功者、皆下學、而上達卽在下學裏。吾輩用功、要心眞切見善卽遷、有過卽改、方是眞切工夫。若求用功時光景、或效驗、卻是助長外馳、不是工夫。問心無惡念時、亦須存箇善念否。曰既無惡念、便是善念。若又要存箇善念、卽是日光之下添燃一燈。問己私難克、奈何。曰將己私來替汝克。問古人論性各有異同、何者爲定論。曰性之本體原是無善無惡、至發用上則可爲善爲惡、譬如眼有喜時眼怒時眼若執定一邊便錯。孟子說性善從源頭上說。荀子說性惡從流弊上說。只是這箇性所見不同耳。每常誨人謂無善無惡心之體有善有惡意之用知善知惡是致知爲善去惡是格物而以默坐澄心爲下手工夫。其學偏天下而分各派東流至日本成明治維新事業實有體有用之學也。有九華詩册見本志藝文門。九華立陽明祠在化城寺西下爲仰止亭。明儒學案及聖學宗傳。

湛若水字元明號甘泉廣東增城人魁宏治壬子鄉試尋從白沙先生遊卽以隨處體認天理爲宗誓不復仕。以母命出應乙丑會試第二人編修時陽明王公在史館講學相與倡道京師。而呂柟王崇輩皆公場屋所取士和之道望日著學者稱甘泉先生。母喪廬墓三年。遊九華愛其奇秀卽刻甘泉二字於石創書院於山平生足迹所至必建書院以祀白沙。從游者徧天下卒年九十五。

呂柟字仲木陝西高陵人學者稱涇野先生正德戊辰會試第六人廷試第一。公立教以正心修身忠君孝親爲本。有劾甘泉之學者則曰聖君在上豈可使明時有僞學之禁。有問朱陸之學者、則曰、初時同法堯舜、同師孔孟、雖入門路徑微有不同、而究竟本原、其致一也。公於九華、有甘泉記、仰止亭記。

張元忭、字子藎、別號陽和、山陰人。嘉靖戊午舉於鄉、父官太僕、就逮於滇、元忭侍以往。及釋歸、乃入京訟冤。事解、又歸侍於家。一歲中往返奔走三萬餘里、其至性如此。隆慶辛未南宮射策第一、授修撰、仕至翰林侍讀。學從王龍溪、得其緒。唯龍溪只談本體、不言工夫、元忭則謂本體無可說、可說者皆工夫也。主義在善有善幾、惡有惡幾。於此而愼察之、善必眞好、惡必眞惡、格不正以歸於正、爲格物、可謂善學龍溪者。遊九華、有九九峯頭無限樂、何年卜築細攀躋之句。卒年五十一。舊志、及明儒學案。

鄒元標、字爾瞻、號南皋、吉水人。萬曆初進士、官至總憲、諡忠介。天啓初、建首善書院、與馮恭定同講學。工部郭興治曰、今干戈倥偬之際、禮樂潤色、性命精微、無裨短長。元標曰、天下治亂、係於人心、人心邪正、係於學術、凡法度風俗、進賢退不肖、舍明學末由。今之學者、除訓詁括帖外、無功課、除靑紫榮名外、無意趣、其惡聞講學固宜。殊不知不聞道、即位極人臣、勳銘旂常、了不得本分事。生是虛生、死是虛死、骨朽青山、而本有昭昭者、不知飄泊何所、誠爲可哀、此臣所以至老不敢退墮自甘也。其學以識心體爲本、以行恕於人倫事物間、與愚夫婦同體爲功夫、以不起意空空爲極致、故於禪學在所不諱。其求見本體、卽佛家所謂本來面目。其所謂恕、亦非孔門之恕、而爲佛家事事無礙。嘗遊九華、登地藏塔詩、有煉性臺空在傳心偈尚存之句。舊志、及明儒學案。

羅賜祥、字應敬、號欽所、青陽人。幼好學、在九華僧舍篝燈夜讀、焚其巾、不自覺、山僧稱爲焚巾秀才。隆慶四年、舉應天鄉試、歷官武庫司郎中、出爲湖廣按察司副使。師事耿恭簡公定向、悉本良知宗旨、以主敬爲先務、不欺爲實際。分守湖北時、苗夷雜居、俗悍而貫淫、乃以坦易化之、不加束縛、一意噢咻、洞燭谿苗、讋伏嚮邇、有精舍、附陽明祠、卽以陪祀焉。九華紀勝卷七

畢似范、字一衡、號心坡、石埭人、少保尚書鏘之仲子。幼篤學、有希聖之志。長以廕歷

戶部員外郎。萬曆間。命中使採珠寶於滇廣。疏請罷之。不報。遂棄官歸。益研精心性之學。於九華築精舍。延四方來學之士。歡欣接引。適館授餐。雖貧竭不顧也。後遭母喪。辟踊七晝夜。裂肺而死。學者祠之九華東壁。九華紀勝卷七

二隱逸

唐

費冠卿。字子軍。登元和丁亥第。未及拜官。聞母病。泣奔抵家。而母已葬。遂廬墓側。哀慟不輟。長慶二年。李仁修舉冠卿孝節。召拜右拾遺。制曰。前進士費冠卿。嘗預計偕。以文中第。祿不及於榮養。恨每積於永懷。遂乃屏身邱園。絕蹟仕進。守其至性。十有五年。峻節無虧。清標自遠。夫旌孝行。舉逸民。所以厚風俗而敦名教也。宜承高獎。以儆薄夫。擢參近侍之榮。載佇移忠之孝。冠卿歎曰。祿以養親耳。親沒何以祿爲。賦詩云。拾遺帝側知難得。官緊才微恐不勝。好是中朝絕親友。九華山下詔來徵。三千里外一微臣。二十年來任運身。今日忽蒙天子詔。自慚驚動國中人。遂

終隱少微峯下。

費曙。字禹錫。秋浦人。號九華處士。詳鄭薰詩序

王季文。字宗素。少厭名利。隱居九華。遇異人。授九仙飛化之術。曰。子當先決科於詞籍。後策名於眞列。冥注使然。不可移也。登咸通中進士第。授祕書郎。尋謝病歸。築室頭陀嶺下。日浴龍潭。人見之風雨不失期。將死。以所居宅捨爲寺。請鄰僧智英主之。卽今之無相寺是也。

李昭象。字化文。池州刺史方玄之子。父卒。因家焉。懿宗末。以文謁相國路公巖。深器重之。後避黃巢亂。入九華山。築室碧雲峯下。與張喬顧雲輩爲友。龍紀中。楊行密貢宣州。以書招之。堅志不就。同時有鄭參軍者。隱居九華。昭象將赴舉出山。留詩寄參軍云。

宋

孫冕。臨江人。直史館三十年。晚守蘇州。有詩自寓云。寄語姑蘇孫太守。也須抖擻老

精神。乃拂衣退隱九華。朝廷高其風。累詔再任。不起。後還籍。

滕宗諒。字子京。河南人。祥符八年進士。官司諫。以言得罪。謫祠部員外郎。知信州。又監鄱陽郡榷酤。請改池州。就九華山以葬父。築室雲外峯下。讀書其中。著九華新錄一卷。尋調去。後入爲天章閣待制。卒。

劉放。字世疎。隱居九華雙峯下。手書石上淸隱巖三大字。著九華拾遺二卷。

元

陳巖。字淸隱。宋亡。隱居不仕。元世祖徵求隱逸。巖乃汗漫江湖以避徵。及老始歸山。築九華書院。溪山第一樓。嘯歌其中。號九華山人。當時有作詩輓之者。曰宋家海宇一孤舟。野服黃冠共白頭。所著有九華詩集。行於世。○四庫全書總目云。九華詩集一卷。宋陳巖撰。靑陽人。咸淳末屢舉進士不第。入元。遂隱居不仕。築室於高陽河。日嘯歌其內。徧游九華。至一處。則作一詩紀之。其詩瀟灑出塵。絕去畦徑。有高人逸士風格。○按淸隱詩多有見道之言。舊志所載寥寥。今志特補錄之。

楊少愚·家九華山下·好讀書·屢試不第。所著有孝經衍義·九華外史。

明

施達·字下之·青陽人。生平以約禮爲宗·不應制科文字。嘗北面長林畢心坡·四方會講·懽欣接引。後卜築九華天柱峯下·彈琴著書·生徒景從·不應辟命·終老於九華。所著有周禮通義·孝經注·序卦圖·闡集·天柱志·諸書。門人梓施子語錄十五卷行世。

吳鍾·字空之·穎敏博學·善詩賦古文詞。遭亂·隱九華之劉冲·足迹不入城市·人稱劉冲先生。劉冲即少微峯·北費拾遺隱居故地。著有呵凍錄·諸集行世。

章福·一傭人·僦居長林旗嶺村。孑身無妻子·日行傭·得米積之。至年終·轉赴河埠間·擊小鐘·呼貧者·聽自取·不問姓名·米盡乃歸。歲以爲常·垂老不倦。後入九華·莫知所終。

三文苑

唐

李白・字太白・隴西人・興聖皇帝九世孫。母夢長庚入懷而生・因以命名。既長・隱岷山・州舉有道不應。賀知章・稱爲謫仙人・言於玄宗・有詔供奉翰林。沈香亭牡丹盛開・召爲樂章。適白已醉・左右以水頮面・醉稍解。帝使貴妃爲之捧硯・卽成淸平調三首・筆無留意・帝奇其才。嘗使高力士脫靴殿上・力士譖之貴妃。帝欲官白・時朝事日非・請雲游四方・賜金牌・署曰・海上釣鰲客。嘗騎驢過華陰縣・縣令止之・索筆供云・曾用龍巾拭唾・御手調羹・力士脫靴・貴妃捧硯。金鑾殿前・尙容走馬・華陰縣裏・不許騎驢。令大驚・謝之。太白與孔巢父等・號竹溪六逸・與賀知章等・稱飲中八仙。嘗遊并州・救郭子儀・及安祿山反・永王璘起兵敗・繫太白於潯陽獄・子儀以百口保之。時族人李陽冰・爲當塗令・太白訪之・江中望九子山・改名九華・所寓爲太白書堂云。

許棠・字文化・登咸通十三年進士・爲涇縣尉。後避世亂・歸隱九華。時與張喬・俞坦之・

劇燕、任濤、張蠙、鄭谷、李棲遠、李昌符、輩、謂之詩中十哲。棠嘗過洞庭、有詩云、四顧疑無地、中流忽有山、人因號曰許洞庭。

張喬、秋浦人、有詩名、咸通中、京兆府解試月中桂、詩云、與月轉洪濛、扶疎萬古同。根非生下土、葉不墜秋風。每向圓時足、還從缺處空。影高羣木外、香滿一輪中。未種丹霄日、應虛白兔宮。如何當羽化、細得問神功。其年李建州頻主試、以許棠老於場屋、爲首選。尚書能以詩唁喬、有何事盡參差、惜哉吾子詩之句。後大順元年、登進士第。黃巢亂、喬曰、尚可以行道乎哉、見幾而作、此其時矣。遂與伍喬、顧雲、殷文圭、杜荀鶴、許棠輩互相倡詠、棲老九峯。

顧雲、字垂象、池州人。風韻詳整、與杜荀鶴、殷文圭相友善、同肄業九華。咸通中、登第、爲高駢淮南從事。師度之亂、退處舊隱、杜門著書。宰相杜讓能奏雲與盧知猷、司空圖等分修宣懿德三朝實錄、書成、加虞部員外郎。乾寧初卒。有文號鳳策聯華編稿。

殷文圭小字桂郎。池州人。卜居九華。潛心苦學。所用墨池底爲之穴。赴舉時。中途遇一叟。熟視之曰。如學道。當冲虛不爾。大有名於天下。乾寧中。及第。爲裴樞宣諭判官。子行義。自江南歸宋。避諱改姓湯。名悅。

杜荀鶴。字彥之。會昌末。牧之自齊安移守秋浦。妾有娠。妻逐之。以嫁石埭長林鄉杜筠。生荀鶴。大順初。擢進士第。授翰林學士。主客員外郎。知制誥。自號九華山人。昔荀鶴生。有獻詩者曰。金榜曉懸生世日。玉書潛記上昇時。九華山色高千丈。未必高於第八枝。荀鶴擢第時。正第八名也。李昭象詩云。深巖貧復病。榜到見君名。貧病渾如失。山川頓覺淸。一春新酒興。四海舊詩聲。日使能吟者。西來步步輕。殷文圭詩云。一戰平疇五字勞。書鄉歸去錦爲袍。大鵬出海翎猶溼。駿馬辭天氣正豪。九子舊山增秀色。二南新格變風騷。由來稽古扶公道。平地丹梯甲乙高。

周繇。字惟憲。建德人。登咸通進士第。著明皇夢鍾馗賦。得名。爲河南尉。秩滿。隱九華。詠詩自娛。僕射王徽稱其孝友可以表俗。奏爲建德令。李昭象以詩送之曰。投文得仕而今少佩印還家古所榮。弟繁亦有文聲。時稱二周。有二周紀略四卷行世。

宋

湯允恭。本殷文圭之後。登宣和六年進士第。歷常州通判。刑部員外郎。殿中侍御史。兵部侍郎。歸老九華。築書堂於文殊峯下。卒。葬於淨信寺之麓。

程九萬。字鵬飛。號雙峯居士。以書堂面雙峯故也。淳熙二年登第。仕至文華閣待制。所著有九華詩百篇。又合九華六圖爲一圖。其子槐復於天柱峯側建閟肅書堂。苦志讀書。後官監給賞庫。贈朝奉大夫。

明

程懋。宋待制鵬飛之後裔。於天柱峯下重建閟肅書堂。讀書其中。經術通明。問學該博。中正統十二年鄉試。官平山學諭。歸隱舊業。授徒講學。至老不輟。

四仙道

漢

竇伯玉，字子明，丹陽人。世稱陵陽子明者。漢元封間，爲陵陽令，無欲而民自化。釣得白龍，放之。後數十年，釣得白魚，魚腹中有書，教子明服食，遂上黃山採石脂服之。三年，白龍來迎，止陵陽山百餘年，騎白龍仙去。二女亦化凫飛昇。今九華山凫山，皆有白龍潭。蓋漢時九華山本名陵陽山也。

晉

葛洪，字稚川，句容人。家貧，好學，以儒知名。學道得仙，著抱朴子一百一十六篇。嘗鍊丹於九華。今臥雲庵北有葛仙丹井，雙峯下有葛仙洞。

唐

張果老，初隱中條山，乘白驢，日行萬里，息則折爲紙，納笥中。明皇以璽書迎至京，欲以玉貞公主降之，果大笑不奉詔。嘗乘驢至拾寶巖看花，驢行石上，蹄跡一道至今宛然，號果老石。

趙知微，乾寧中建延華觀於鳳凰嶺，屢詔不出，乃賜碧雲星冠、青霞羽衣。人多從之遊、值中秋陰雨、知微率衆登峯之絕頂、則萬里無雲、月如明鏡、別一天也。於巖下種桃千株、花皆碧色。桃落水中、流出澗外、居民得之、鬻以自給。後知微仙去、人名其巖曰碧桃巖、澗曰浮桃澗。

明

蔡蓬頭、不知其名、常蓬頭、因以爲號。宏治十四年、王陽明先生審錄江北、事竣、遊九華、聞其善談仙、待以客禮。請問、蔡曰、尚未。有頃、屏左右、引至後亭、再拜請問、蔡曰、尚未。問至再三、蔡曰、汝後堂後亭、禮雖隆、終不忘官相、一笑而別。據王文成公全集增改

甯成、九華黃石溪田父也。立志不欺。一日、鋤山側、遇一翁導之、叩石壁、壁啓有宮室、非人間居。翁卽其地拾半桃食成、成食之、心知其爲遇仙矣。顧念家尚有母、未畢養、奈何。翁卽知其意、謂之曰、汝欲還、當閉目、否則墮水中也。成如言、聞波濤澎湃者久之。翁語之曰、至矣、令張目、則在其家屋上。拳其背、使嘔所食半桃、復訂曰、萬曆二十四年之某月某日、當俟我於山中。言訖、翁不見。成乃叫號、屋上家人聞其

聲，掖之下，則去家已三載，母尙無恙。成復事母，盡孝六年，母逝。適往山中採石耳，

遂不歸，其日月，適如翁前所訂云。

清

鄧羽，一都金家冲人。入九華採薪，遇異人授符籙，遂能呼風喚雨，療病除妖，不受謝。道光甲辰六月，池郡大旱，井涸禾槁。郡守裘太尊延之設壇祈禱。施掌心雷訣，霹靂一聲，雲興雨降。復東嚮長嘘，成黑雲東行。既而太守詢其故。謂青亦患旱，寄雨三分，聊慰霓望。是日青邑亦得甘霖，從西來，正羽登壇時也。太守命以駟輿送歸，已飄然長往矣。後入九華山，不知所終。

附神仙感遇傳 費冠卿，及第將歸，別相國鄭公餘慶。公素與秋浦劉令善，喜費之行，託寓書緘授費。乃戒之曰，劉令久在名場，所以不登甲乙之選者，以其褊率不拘，捨高科而就卑宦。可善遇之。費至秋浦，投刺於劉，委案上不顧。費悚立良久。卽以相國書授閽者。劉發緘慢駡曰，鄭某老漢，用此何爲。擘而棄之。費懼，趨拜於前。劉憫顧揖

坐與語。其時・日已昏黑・費乞於廳廡下席地一宵。劉已入良久・出曰・此非待賓之所・引費挈氈席入廳後小閤子中。既而閉門・鎖繫甚嚴。費莫知所以・據榻而息。於門竅中窺劉自操箒畚掃除內外庭廡階壁。將及二更・忽異香郁烈異常。劉執版恭候於庭・香氣彌甚。即見雲冠紫衣仙人長八九尺・數十人擁從而至。劉再拜稽首・仙人直詣堂中・劉侍側。俄而筵席羅列・香溢閤中。須臾奏樂飲酒・命劉席地侍飲。一切均非人世所有。仙人問劉・得鄭某信否。對曰・得甚安。又問・得鄭書否。對曰・費冠卿自長安來・得書。仙人笑曰・冠卿及第矣・今在此耶・吾未合與見・命劉酌酒一杯・送閤子中・並令囑・早修行・即得相見。費窺劉自呷半杯・以盆中水投杯中・疑未飲。仙人即與徒從乘雲去。劉拜辭嗚咽。仙戒曰・汝見鄭・但令修行・即得相見。遂去。劉詣閤見酒猶在・驚曰・此酒萬劫難遇・何不飲。引而飲之。費力爭得一兩呷。劉即與費爲修道友。費卜居九華山・以右拾遺徵・竟不起。鄭相國尋去世。劉費頗祕其事・不知所降是何仙也。

九華山志卷六終

九華山志卷七

藝文門第九（內分疏·記·銘·賦·讚·偈·文·詩·八子目。）

詩以言志·歌以永言。述今考古·教化淵源。文堪載道·德行同尊。寄懷詠物·多識之門。胸中邱壑·筆下蘭蓀。如金如玉·式我後昆。志藝文。

疏一篇

禮地藏菩薩疏（照時代·此疏應居最後。因茲志以大士爲主體·此疏乃專讚禮大士之文·故首列之。）　高慕淨（許止淨代作）

伏以法王御世·大悲切同體之心。菩薩度人·有求獲必果之應。故聚沙作塔·天人之所應供。而舉手低頭·福德總歸無量。蓋卽心卽佛·自他不隔於毫端。爲果爲因·始終不離於當念也。恭維

地藏菩薩摩訶薩·生大長者家·憫六道而度生。發願爲婆羅門女·歷三海而救母生。天青蓮示夢·痛殺生之惡業難逃。聖母垂詢·說地獄之苦毒無量。爲愍受苦衆生·發願不成佛道。於是百千塵劫·不證寂光·億萬化身·恆來堪忍。集會忉利天宮·深受能

仁佛託·盡三界之人天·爲一肩之負荷。洵乎於閻浮有大因緣·諸菩薩莫能企及也。當像法之中年·爲示生之瑞應。出胎於新羅之國·振錫爲震旦之遊。軀盈七尺·猛若象王。力敵十夫·奮同獅子。寰中六籍·唯第一義心性相諳。池陽九華·歷七十載安居不動。山神饋藥·敬獻靈泉。閣老齋僧·虔供勝地。送童子之下山·金沙宣偈。感國人之渡海·白墡爲糧。苦行烹土·人始建乎伽藍。正法資神·衆更尊乎枯槁。迨至百年願滿·悲應石鐘。三稔函開·音流金鎖。此不徒當時之信士·志切瞻依·抑且使後世之凡愚·情殷悲仰者矣。弟子生當末法·瞬已千年。障重無明·身成五漏。幸有夙根·得聞正法。如火宅之逢親父·一乘同登。似苦海之遇慈航·三生有幸。弟子之夫許止淨·曾經數載·未瘉。採薪爰以去年·仰求慈蔭。果也禮敬而福德來臨·持名而壽命獲永。蓋以無緣之慈·故有求必應。無作之德·故所感皆通也。今者再叩蓮臺·重瞻寶相·一香一花·聊學獼猴之獻。三請三叩·更伸螻蟻之忱。竊以彈指歸依·三途免報。聞名讚歎·百返生天。對像作禮·擁護徧於鬼神。志心誦經·解脫及於眷屬。而弟子幼侍重慈·久尊聖教。長隨夫子。曾繡契經。更兼禮敬之誠。敢乞慈恩之佑。夫止淨。自棄官不仕以來。爲閉戶潛修之業。持彌陀佛號。發願往生。誦大乘經文。隨機度衆。以此善因。普爲回向。願隨夫壻。同取金臺。更望衆生。共登寶筏。此日靈山加被。深沐慈悲。他年樂國逍遙。長爲侍從。民國戊午九月

止淨民國甲寅發胃氣疾。粒米不能入口者兼旬。醫藥罔效。纏緜數載。屢瀕於危。內子憂之。幾欲自殺。予曉以人生夢幻。佛法無邊。彼乃發心朝九華。央我作疏。予謂祇求生淨。不願求壽。目的不合。乃求其父作。至戊午。予病稍痊。彼再往九華還願。時熏習漸深。乃代作此文。願同生淨土。今編本志。特爲錄入。而彼謝世已兩年。得如願生西否。尚不可知。唯祈大士哀憐。援手而已。弟子許止淨和南附記。

記七篇

九華山房記

明翰林待制 浙江義烏人 王禕字子充

九華山。在池之靑陽。按九域志。舊名九子山。輿地志云。上有九峯。出碧雞之類。唐李

白乃易今名、曰九華、其詩有秀出九芙蓉之句。而劉禹錫所爲九華歌、其詞尤奇譎。宋宣和紹興間、縣令曹公機、宋公文堪、嘗列爲六圖。其後縣人吳天錫合之爲圖四、而程九萬又賦詩凡百篇。於是九華之奇形祕迹、瓌譎幽邃之觀、攬拾無遺矣。論者謂是山與衡廬茅蔣灊皖相伯仲、特以地僻江左、舜巡禹奠足迹有弗及、故名不大著。山之西、錢氏世居之。錢氏家饒於貲、而尙詩禮、在其鄉爲望族。有子公淸者、倜儻好義、遭時多故、集義旅以衞城邑、人賴以爲安。兵燹之餘、田野蕪萊、則率鄉人使耕墾荊棘之墟、荐爲稼穡、民以故不饑。其有功於鄉邦甚厚、朝廷嘗授閫帥之職。且其於術數尤精、一時士大夫多慕而與之游。公淸嘗卽所居之旁、別築館舍、以爲遊息之所。開軒東望、九華秀色近在目睫、若可攬結、因名其館曰九華山房、求余文以記之。蓋自昔君子、其志于丘壑者、初未嘗忘情於用世、及既爲世用矣、乃始遂其素願、而高蹈以遠引、此出處之節所以全也。考之前紀、若王季文、費子軍、皆靑陽人。季文在唐末、嘗擢科第、爲祕書郞。然後移疾而歸、築室九華之西、受異人天皇九仙飛昇之術。遂以仙去。子軍博學能文。登元和進士。聞母病。趨歸而母已葬。遂隱九華少微峯下。朝廷屢徵不起。見其餘芬遺躅。去今未遠。猶有存者。公清生長於茲。庶幾聞風而興起。顧今方嚮任用。雖林澗羞或所不免。他日功成名遂。獲返初服而逍遥林壑。以樂其眞。媿之昔人又何愧耶。余辱交公淸。故爲之記。旣志九華之勝。又以論君子出處之槪。不可以不審。毋謂古今人之不相及也。

陽明書院記

明狀元 安福人 鄒守益字謙之

青陽九華山之勝。與匡廬武夷競秀。至李太白始發其奇。嗣是詩人隱士仙釋之流。相與經營其間。而未有以聖賢之學倡而振之者。宏治壬戌。陽明王先生以恤刑至池。愛其勝而遊焉。至正德庚辰。以獻俘江上。復攜邑之諸生江學曾柯喬施宗道以游。盡蒐山川之祕。凡越月而去。嘗宴坐東巖作詩曰。淳氣日凋薄。鄒魯亡眞承。各勉希聖志。毋爲塵所縈。慨然欲建書屋于化城寺之西。以資諸生藏修。而未果也。嘉靖戊子。金臺祝君增令茲邑。諏俗稽典。始克成其志。中建正堂。大書曰勉志。東西有廊室・而亭其後・曰仰止。合而命之・曰・陽明書院。池守韓君楷・二守張君邦敎・往視而嘉之・更議置田以膳學者。而九華之名・將與白鹿雲谷・煥然照方策矣。諸生樂其績之成・也不遠南都以來徵言・守益竊聞緒言之教矣。先生之學・以希聖爲志。而希聖之功・以致良知爲則。良知也者・非自外至・天命之性・靈昭不昧・自塗之人・至於聖人・同也・特在不爲塵所縈而已矣。二三子・亦知塵之害乎・目之本體・至精至明・妍媸皁白・卑高大小・無能遁形者也。一塵縈之・則泰山秋毫・莫之別矣。良知之精明也・奚啻於目。而物欲之雜然前陳・投閒而抵隙・皆塵也。故戒愼恐懼之功・如臨深淵・如履薄冰・所以保其精明・不使纖塵之或縈之也。纖塵不縈・則無所好樂忿懥・而精明之凝定・廓然大公矣。親愛賤惡・無所辟・而精明之運用・物來順應矣。大公之謂中・順應之謂和。中以立天下之大本・而天德純矣。和以行天下之達道・而王道備矣。此鄒魯之眞承也。古先聖王・兢兢業業・克勤克儉・不邇不殖・亦臨亦保・率是道也。故堯舜禹湯・以是道君天下。而孔顏曾孟・以是道爲天下師。後之學者・見聖賢之君師天下・其成功文章、巍巍若登天然、而遂以爲不可階。譬諸入明堂淸廟之中、見其重門層閣、千萬方圓、前瞻後盼、眩然以駭矣。而不知所以創造方圓、規矩之外、無他術也。二三子其將求之規矩乎、將求之方圓乎。良知之教、操規矩以出方圓也。而摹方倣圓者、復鬪然以禪疑之。嗚呼、愛親敬長、吾良知也。親親長長、以達天下、將非致吾之良知乎。惻隱羞惡、吾良知也。擴而充之、以保四海、將非致吾之良知乎。孰爲禮、孰爲非禮、吾良知也。非禮勿視聽言動、而天下歸仁、將非致吾之良知乎。是鄒魯之眞承也。而禪之。疑禪之學、外人倫、棄事物、遺肝膽耳目、而要之不可以治天下國家、其可以同年而語乎。書院之建、羣多士而育之、固將使脫末學之支離、闢異端之空寂、而進之以聖賢之歸也。二三子之朝夕于斯也、其務各致其良知、勿使縈於塵而已矣。處則以是求其志、達則以是行其義、毀譽不能搖、利害不能屈、殀壽不能貳。使尙論道術者、按名責實、炳炳有徵焉、則知良有司鼓舞之典、眞爲聖代作人之助、規摹宏遠矣、豈緊山水巖壑之遇而已乎。

止淨按、禪者定也、正是使纖塵不縈、而保存其良知。又定能生慧、故大學稱定而后靜以至能安能慮、能得正是致其良知。儒佛無二理、記者咎禪學爲外人倫棄事物非能知禪者。但於儒理有所發明、故存之。

雙華精舍記

明舉人 東莞人 任柱

昔陽明先生、倡絶學於天下、凡兩居九華。唯時侍御柯君、及江施輩偕焉、日相與漱清陟奇、尋幽剔奥、探造化以供吟弄、曠盈視以暢天樂者、何莫而非道也、而非學也、而非教也、是固曠世之勝遊也哉。先生逝矣、至今陵隰奠其文、草木含其芬、空潤澄其神、光風流其形、霜雪雷露、融聚凝結、庶物露生、錯然人事之前、陳而先生之道之學之教、迥然獨存於口耳形迹之外者、則亦何莫而非先生之在目也哉。今柯君以外艱山居、一日蕭然悽愴、悲此意之莫將也、商于鳳臺子、相與構堂以祀焉、築舍兩偕以居、業同志若汪子、又遠來從柯君遊、日與切磋、篤良知之學、明天地之奥、觸物感通、隨處有得。取善於山、培其至靜之體、相忘于鹿豕木石、平其萬物一體之視。酌泉於澗·通其變易之神。聆鳥聲於林·悟其天機之自動。俯仰乎榮悴開落於時·安其始終造化之自然。感不淆寂·內不遺外。一時來學·懦者乃作·夢者乃覺·汙者乃有攸濯·罔不知其至簡至易·通一無二焉。則夫先生之道之學之教·流布於山水之間者·又何莫而不復見于柯君講誦進修之內也哉。先生逝矣·而又不與先生俱逝者·是固柯君示我也已·君其𢘿懋也哉。先時先生怡情九華也·先生主之·九華其賓也。今君亦舍以居焉·不又九華之主矣乎·不又天下之來遊九華者之主矣乎。予將有約九華訪君問道·賴君有斯道主也·欣然先爲之記。

甘泉祠記

明　呂柟（字仲木，狀元·學者稱涇野先生·陝西高陵人。）

九華者·池州府青陽縣西南之山也。其下有五溪·曰龍溪·瀾溪·漂溪·雙溪·曹溪·出山五谷合爲一流·妙當山央·宛若地肺。九華羅綻乎芙蓉·六泉旁涌乎金碧。於是南引翚翠·北入大江。世傳江南之山·莫秀於九華·而九華之勝·實衍於五溪。蓋信吳楚之美石·鍾江湖之英者也。嘉靖乙酉·青陽生江學曾·施宗道·來南都·受學於吾甘泉先生暇或談及九華、先生飄然有往之意。二生對曰、願築書堂立以候也。越明年、柯生喬亦及門受業、勃興共構之心。又明年、邑尹德興祝增北覲而還、亦翻然欲助舉之。二生乃徧選九華之妙、獲茲五溪之邃、諏日程工、召匠計木。其地舊有小庵、後帶涇祠、祝尹卽日廢撤、用廣厥基。宗道曰、經營出於民力、於義則弗堪。創建舉於公家、其事則難久。乃出身貲金以董其務、而祝君捐俸以贊其能。後以他阻、未竟厥成。未幾、甘泉先生自南少宰被命徵入宗伯。二生及潮陽周孚先、永豐呂懷、宜興周衝、懷寧尹唐、送先生至淮安、或至彭城。先生猶拳拳不忘九華也。使道通堯臣居五溪、限之以三年、有詩以遺使克道汝德遊九華、望之以九秋、有詩以送諸君歸、皆示予而施江二生星言先往、哀是地之秀、俊以俟也。今甲午春、提學聞人君同巡按虞君、共奠陽明王先生祠。於是池州侯守因白其事、二君乃相基於化城寺之東、命侯守構講堂齋舍、曰甘泉書院。而同知任君柱遂捐金買田、計二十畝、以爲書院資。既落成、學曾請記其事。予歎曰、嗟夫、九華者、古九子山也。今茲之名、則唐李白之所改也。白與高霽韋權輿嘗訪道江漢隱於夏侯迴之堂循簷岸幘坐眺松雪以茲山舊云九子按圖徵名無所依據太史公南遊略而不書事絕古老之口復缺名賢之紀雖靈異往復而賦咏罕聞於是始改爲九華有聯句云然其詩或歎標日壁霞之景或羨玉樹羽人之況若甘泉先生之遺尹周也其詩則曰人人有眞源自酌乃自得送呂周也其詩則曰神物貴變化九仞安可停彼李白之訪道曾至此乎夫先生嘗患人之徒知而不能行也則著知行並進之說又嘗患人之徒養心而忘所有事也則著心事合一之說而以隨處體認天理發之諸君之九華築居者以是爲居而無忘乎寢興遺行者以是爲行而無忘於動履游觀者以是游觀而無忘於登覽察之隱微之際驗之飲食男女人倫事物之間久當見五溪同出一源九華生於一本也夫揚州有甘泉行窩葛澗所作也予嘗記之以是爲說矣金陵有新泉精舍史際所作也予嘗記之以是爲說矣九華先有仰止亭祝尹爲陽明王先生所作也予亦嘗記之以是爲說矣今又於甘泉書院云云蓋相爲先生禮闈所取士受教最久且深故敢發

先生之旨、以告諸君。願從事於力行、而不文飾於外也。不然、則行窩也、精舍也、書院也、適足爲先生多而予記之爲贅辭。

本記所標五溪之名、明清各志、皆訛作龍、池、漂、雙、汨、只四溪。此依九華紀勝本記文所改。但查光緒周志山水全圖、（本記一樣同訛）五溪橋所收之水、爲濂、舒、漂、龍、雙、之五溪、（合瀾、曹、二流爲雙溪。瀾溪、即南塘。）且與此文又異。今特註之。

東壁祠記

明大學士貴池人　丁紹軾

人特患無必爲聖人之志、有必爲聖人之志、則富貴貧賤、一切視爲幻境、不足滓其太虛。乃人言富貴如行滓田、足起足蹈、學問之功、十倍於窮。此以警中下則可、非通論也。吾茲有得於畢心坡先生、爲宮保尚書公仲子、生於公登第之四年、以任子歷官戶部員外郎、豈非生長富貴中者哉、而先生恬如也。一日聞道、遂慨然勵必爲聖人之志、其夜形諸夢寐、對之妻子、出語之人、人人者、無不以爲聖人必可學而至、盡以其貲爲開館延賢之資、即困無餘蓄、猶爲裹糧四方之計。迄今想其一段嗜學光景、眞如飢之求食、渴之求飲也。其于四方來學、欣欣接引、眞如探寶投于懷、骨肉之聚於庭也。其四方之會、招之即趨、聞之即赴、眞不啻鳥之投林、水之就下也。余猶記童子時、見先生與先子論學、夜分不輟。布衣蔬食、抑志降心、人爭訝之。越數年、譽望嘖嘖、遠近咸尊且信之、久且有感而化之者。嗟乎、使天假之年、先生之進、豈有旣哉。因是而論古、於陵沾沾曲謹、捐棄世祿、爲蚓不足道。卽如原嘗諸人、藉有士卿相之貴、好行其德、食客數千、周人之窮、振人之急、斯亦卓犖奇偉矣。而爲俠爲霸、於道未聞、孰如先生醇乎其醇也。先生沒且十餘年、弟子志之不倦、已祀於澤宮、茲復立祠九華之東壁。往華山陽明先生、嘗論道其間、有祠、先子皆與配饗。今先生相繼而興、茲山其開壇設帳之處、爲祠固宜。九十九峯之上、理學名儒、後先輝映、後之人益可聞風而起矣。祠構於甲寅、成於乙卯、爲堂三楹、爲地幾畝、守僧爲某、經紀其事、則門人某輩、而嗣子某、猶子某、考厥成焉。猥以余屬先生世講、知先生者莫若余、乃屬之記。諸懿行、備傳誌者、不具論、第論其嚮道之篤、以明作祠之意云。先生名似范、字一衡、心坡、別號宮保、公名鏘、號松坡、敢併記之。

欽所精舍記

明進士、青陽令、河南羅山人　羅華衮

余昔治韶之曲江也距城十里許有香鑪峯排列霄漢間殊愛其奇峭及今莅青邑而九十九芙蓉飛來片片蒼翠撲人景色又倍奇焉深山大澤龍蛇蟄藏豈無先賢芳蹤令人山斗仰者我欽所中憲公以理學陪祀王文成公於茲土一日過九華行奠禮登先生之堂譬之過太山梁父有金檢玉篆石刻之書可讀也時都諫心華公作九華主人出先生行狀誌銘示余予生也晚無由親炙竊讀其文想見其爲人丰骨崚嶒象如千尋壁立字曰應敬別號欽所志可知已故生平學力以主敬爲先實際在不欺雖穎異絕倫常於九子山習舉子業三閱寒暑不歸晨起不令僧磬先鳴篝燈夜讀神魂凝結至焚巾不自覺閤黎相謂往聞閉戶先生今見焚巾學者出應試三舉首補郡諸生適督學楚侗耿公以陽明良知之學闡示羣士唯先生言下省悟直透奧旨期篤行實踐繼先儒絕學不啻口頭禪塞責也登賢書後由學博以至藩臬二十餘年當其敭歷北雍則少司成楊公獨驚問學之淵含贊猷密院則大司馬田公更藉韜鈐以籌帷至若分守湖北苗夷雜居俗悍而貫淫先生簡重端慤率

其坦易之度、不俟束縛、一意嗅咻。洞棘豁苗、讋伏嚮邇、若葱蓊之翹陽光也。自非理學一燈、性光映合、安望其文章氣節、度越千古、以之同祀於文成公乎。乃從而歌曰、芙蓉之色、久而彌芳。先生之道、沒而彌光。山與人與、長發其祥。

遊九華記

明諸生貴池人　劉城　字伯宗

天啓二年壬戌秋、仲月幾望、自郡之青陽、爲九華也。次五溪、登望華臺、誦王文成公四詩。旁睨汪侍郎珊墓、展焉。晡入西門、宿妙音寺。會邑令縉雲李君如桂有世好、驩然道故。謂遊九華、必出青陽邑南、至龍口、迴視芙蓉修纖繡錯。然後歸而從西洪嶺廣勝寺、登化城。然後出六泉口、渡五溪梁、乃爲得之。余領其說。明日別李、抵龍口、凡八九十里、道甚險仄、罕從此上下九華者。還宿南郭。明日曉發、自西洪嶺、廣勝寺上山、宿於立庵。明日、禮地藏塔、徧歷東西寮。詰旦、謁李太白祠、陽明祠、有絕句。遂訪甘泉祠、憩化城寺。詰旦、上東巖、窺闃悚仄。僧曰、陽明先生來此時、未有闌履前出巖外者、足三分。諸從遊學士、皆變色戰戰。又曰、焚香之衆、誓舍身於茲者、歲數人、多不及防、或損肌膚、卒不得死、亦有失足損軀者。因募十方、甃石以干之、乃至今。余亦賦絕句。既讀陽明周經偈、復覽周公汝璣、黃公尊素諸題名。極目遐瞻、凡峯之有嘉名者、以數十計、可視而不可卽、猶之乎五溪望華臺也。暮返立庵、明日、下定心石、二聖廟、迴視鷹石、左右巖岫窈窕、去東巖不遠。至老田、少憩。至六泉口、已亭午、徘徊依戀不遽行。至陽華樓、迴視芙蓉、猶之乎東巖所見也。既暝、還入通遠門。踰三日、李行季達來問遊、與余以三事質之、曰、李太白久寓秋浦、特表茲山、是開元時也、在地藏前甚久、九華俎豆、宜無先此者、而乃雜處荒居、僅與一片亭垣、兩行翠柏、饗此煙霞、可勝歎乎。過此不葺、恐尙爲勢家之所奪、遊事之當講求者一也。宋人有言、新羅王子金地藏、非佛國地藏王也、按之九華碑版亦然。然地藏來此、在唐至德以前、其涅槃在貞元十載。使非諸佛應化之身、豈能生而地涌泉、沒而山隕石、鎖骨屈伸如故哉。歧地藏而二之、亦非通識、遊事之當講求者二也。陽明之學、所在必留兒東巖託迹、又有異於尋常題詠者。固不必效廬山白鹿洞、奏置弟子員、凡督學使者莅池、宜奠一爵以志作人，庶幾芹藻得以長存。且初名陽明書院，今僅稱曰祠，豈萬曆初年詔革書院之故歟。祠幸不廢，然不能必之千秋，遊事之當講求者三也。行季聞予說而題之曰，興廢有司職也，辯論學人職也，請以告後之遊者。

銘一篇

東巖天籟軒銘

清　禮部尚書　青陽人　吳　襄字七雲

東巖之東，翼然軒廡。倚洞若負，瞰巖而俯。日月當牖，煙霞啓戶。天台瀑懸，閔溪流聚。觸石爭鳴，乘風乍鼓。篁滴蒼嵐，松飛白雨。鳥寂千林，雲歸一隝。列翠成屏，陵虛結宇。芥子安居，蓮華坐溥。身接層霄，神遊太古。天籟在心，悠然領取。立洗塵根，來歸淨土。

賦一篇

九華山賦并序

明　江西巡撫，兩廣總督，浙江餘姚人。王守仁字伯安

九華為江南奇特之最，而史記所錄，獨無其名，蓋馬遷足迹之所未至耳。不然，當列諸天台四明之上，而乃略而不書耶。壬戌正旦，予觀九華，盡得其勝。已而有所

感遇・遂援筆而賦之。其辭曰。

循長江而南下・指靑陽以幽討。啓鴻蒙之神秀・發九華之天巧。非效靈於坤軸・孰構奇於玄造。遷史缺而弗錄・豈足迹之所未到。白詩鄙夫九子・實茲名之所肇。予將窮祕竊於崔嵬・極玄搜而歷考。涉五溪而徑入・宿無相之窈窕。訪王生於邃谷・掬金沙之清潦。陵風雨乎半霄・登望江而遠眺。步千仞之蒼壁・俯龍池於深窅。弔謫仙之遺迹・躋化城之縹緲。飲鉢盂之朝露・見蓮花之孤標。扣雲門而望天柱・列仙舞於晴昊。儼雙椒之闢門・眞人駕雲而獨蹻。翠蓋平臨乎石照・綺霞掩映乎天姥。二神升於翠微・九子鄰於積稻。炎熇起於玉甑・爛石碑之文藻。回澄秋於枕月・建少微之星旐。覆甑承滴翠之餘瀝・展旗立雲外之旌纛。下安禪而步岧嶢・覽雙泉於松杪。踰西洪而憩黃石・懸百丈之灝灝。瀨流觴而縈紆・遺石船於澗道。呼白鶴於雲峯・釣嘉魚於龍沼。倚透碧之峴屼・謝塵寰之紛擾。攀齊雲之巉峭・鑑琉璃之浩渺。沿東陽而西歷・餐九節之蒲草。樵人導余以冥搜・排碧雲之瑤島。羣巒翳其繆轇・失陰陽之昏曉。垂七布之沈沈、靈龜隱而復佛。履高僧而屧招賢、開白日之杲杲。試胡茗於春陽、吸垂雲之淵湫。陵繡壁而據石屋、何文殊螺髻之蟠糾、梯拱辰而北盼、隳遺光於拾寶。緇裳迓於黃匏、休圓寂之幽悄。鳥呼春於叢篁、和雲韶之鷺鷺。喚起促予之晨興、落星河於簷橑。護山嘎其驚飛、怪遊人之太早。攬卉木之如濯、被晨暉而爭姣。靜鐃聲之剝啄、幽人劚蕨於冥杳。碧雞噦於青林、白鷴翻雲而失皓。隱搗藥於樛蘿、挾提壺餅焦而翔繞。鳳凰承盂冠以相遺、飲沆瀣之仙醪。羞竹實以嬉翙、集梧枝之嫋嫋。嵐欲雨而霏霏、鳴濕濕於豐葆。躐三遊而轉青峭、拂天香於茫渺。席泓潭以濯纓、浮桃瀉而揚縞。淙澌澌而絡蔭、飲猨猱之捷狡。睨斧柯而昇大還、望會仙於雲表。以上上聲、篠韻、為前段。

憫子京之故宅、款知微之碧桃。倏金光之閃映、睫異景於穹坳。弄玄珠於赤水、舞千尺之潛蛟。並花塘而峻極、散香林之迴飆。撫浮屠之突兀、泛五釵之翠濤。襲珍芳於絕巘、裹金步之搖搖。莎羅躑躅、芬敷而燦燿、幢玉女之妖嬌。搴龍鬚於靈竇、墮鉢囊之飄颻。開仙掌於嶔嵌、散淸磬之迢迢。披白雲而踸崇壽、見參錯之僧寮。日既夕而山冥。挂星辰於隆敷宿南臺之明月。虎夜嘯而羆嗥。鹿麋羣遊於左右。若將侶幽人之岑寥。迴高寒其無寐聞冰壑之洞簫。溪女厲晴瀧而曝朮。雜精苓之春苗。邀予觴以仙液。飯玉粒之瓊瑤。湛辭予而遠去。颯霞裾之飄飄。復中峯而悵望。或仙蹤之可招。迺下見陵陽之蜿蜒。忽有感於子明之宿要。逝予將遺世而獨立。採石芝於層霄。雖長處於窮僻。迺永離乎阨囂。彼蒼黎之緝緝。固吾生之同胞。苟顛連之能濟。吾豈靳於一毛。矧狂寇之越獗。王師局而奔勞。吾寧不欲請長纓於闕下。快平生之鬱陶。顧力微而任重。懼覆敗於或遭。又出位以圖遠。將無誚於鵂鶹。嗟有生之迫隘。等滅沒於風泡。亦富貴其奚爲。猶榮蕣之一朝。曠百世而興感。蔽雄傑於蓬蒿。吾誠不能同草木而腐朽。又何避乎羣喙之呶呶。已矣乎。吾其鞭風霆而騎日月。被九霞之翠袍。摶鵬翼於北溟。釣三山之巨鼇。道崐崙而息駕。聽王母之雲璈。呼浮邱於子晉。招句曲之三茅。長遨遊於碧落。共太虛而逍遙。（以上平聲，蕭韻，爲後段。）亂曰。蓬壺之邈邈兮。列仙之所逃兮。九華之矯矯兮。吾將於此巢兮。匪塵心之足攪兮。念鞠育之劬勞兮。苟初心之可紹兮。永矢弗撓兮。亂用篠蕭兩韻。間而相叶。

讚二首

實庵和尙像讚　　同前

從來不知光閃閃氣象。也不知圓陀陀的模樣。翠竹黃花。說什麼蓬萊方丈。看那九華山裏金地藏。好兒孫。又生箇實庵和尙。噫。那些兒妙處。丹靑莫狀。

捧日亭讚并序　　淸池州太守靜樂人李暲號鑑溪

乾隆丁巳閏重陽。登九華。經再宿。九華佳處。在東巖天台。而天台尤高。玉屛峯頂。極目千里。心曠神怡。念此大觀。不可無以挹之。因捐貲建石亭。名曰捧日。創始戊午三月。至七月而竣。願後賢隨時修葺。勿爲風日所剝。以長保此勝。爰爲之讚。

雲門轉上。帝座可通。天都對峙。長江盪胸。城市歷歷。景象融融。忝膺五馬。結緣九峯。運逢淸晏。政自從容。遐瞻熙皞。長保和豐。廣宣陽德。上答高穹。構亭蓮頂。用傾葵衷。

偈一首

石佛偈一首　陳懋興

洞門幽邃中有石像。乃地藏古遺蹟也。朝拜者往往不知進謁。爰拈此偈。

不開不閉。何門可入。直進直出。門由自得。誦童子偈。會通靈心。頂禮大名。親覲佛形。是石非佛。佛由石成。是佛非石。石由佛靈。佛耶石耶。誰假誰眞。

文一篇

明天順間諭祭道泰文

制曰。爾以堅持梵行。擢爲宗師。克振法音。化人爲善。奄忽長逝。良用嗟悼。爾其有知。服茲諭祭。

此因勅賜萬壽戒壇住持道孚於正統十一年。題奏云。欽取宗師道本。年老不便登壇。今訪得直隸池州府九華山化城寺住持道泰。諳通釋典。道行純眞。堪補戒壇宗師。後亦以老歸九華。卒於天順元年。而諭祭在本年五月十六日也。

詩歌謠等　僧俗共計一百、十二名。悉附之。○共計詩一百七十、五首。

至陵陽山。登天柱石。酬韓侍御見招隱黃山。　唐興聖皇帝九世孫。隴西人。李白字太白

韓侯騎白鹿。同往華山中。玉女千餘人。相隨在雲空。見我傳祕訣。精誠與天通。何意到陵陽。遊目送飛鴻。天子昔遊狄。與君亦乘驄。擁兵五陵下。長策遏胡戎。時泰解繡衣。脫身若飛蓬。鸞鳳翻羽翼。啄粟坐樊籠。海鶴一哭之。思歸向遼東。黃山過石柱。巘崿山攢叢。因巢翠玉樹。忽見浮丘公。又引王子喬。吹笙舞松風。朗吟紫霞篇。請開藥珠宮。步欄繞碧落。倚樹招青童。何日可攜手。遁形入無窮。天子昔遊狄。有本作天子若避狄。

望九華贈青陽韋仲堪

昔在九江上。遙望九華峯。天河挂綠水。秀出九芙蓉。我欲一揮手。誰人可相從。君爲東道主。於此臥雲松。

九華之名。始見於此詩。則所謂改九子爲九華者。卽此詩也。

九華山歌并引　唐戶部尚書彭城人劉禹錫字夢得

九華山。在池州青陽縣西南。九峯競秀。神彩奇異。昔余仰太華。以爲此外無奇。愛

女几。以爲此外無秀。及今年見九華。始悔前言之易也。惜其地偏且遠。不爲世所稱。故歌以大之。

奇峯一見驚魂魄。意想洪鑪始開闢。疑是九龍夭矯欲攀天。忽逢霹靂一聲化爲石。不然何至今悠悠億萬年。氣勢不死如騰仚。音軒。輕舉貌。雲含幽兮月添冷。日凝暉兮江漾影。結根不得要路津。迥秀長在無人境。軒皇封禪登雲亭。大禹會計臨東溟。乘樏不來廣樂絕。獨與猨鳥愁青熒。君不見敬亭之山廣索漠。兀如斷岸無稜角。宣城謝守一首詩。遂使聲名齊五嶽。九華山。九華山。自是造化一尤物。焉能籍甚乎人間。

按尤物有二解。一左傳。以夏姬之子爲尤物。謂能敗國亡家。賤而遠之之詞。一莊子稱南伯子綦云。夫子物之尤。謂能抱道遺形。尊而敬之之語。夢得驚歎九峯奇秀。比之神龍夭矯。則必爲尊重而非輕賤可知。乃康熙江序。以尤物二字。遂比之西子王嬙。文人輕薄。多造口業。且點汙名山。故刪而不錄。且識數言於此。俾讀者勿誤會也。

代書問費徵君九華事　唐　蕭建

聞說九華峯頂寺．日宮猶在下方開。其中幽境客難到．爲寫詩中圖畫來。

答蕭建問九華　唐進士青陽人　費冠卿字子軍

自地上青峯．懸崖幾萬重。踐危頻側足．登塹半齊胸。飛狖啼攀桂．遊人喘倚松。入林寒痒痒．近瀑雨濛濛。徑滑石棱上．寺開仙掌中。幡花飄淨土．臺殿印晴空。勝境層層別．高僧院院逢。泉魚候洗鉢．老玃戲撞鐘。外戶凴雲掩．中廚課水舂。㴐泥時和麫．拾椽半添穜。渡壑緣槎險．持燈入洞窮。夾天開壁峭．透石蹙波雄。澗蠣青無土．潭深碧有龍。畬田一片淨．谷樹萬株濃。野客登臨慣．山房幽寂同。寒罏樹根火．夏牖竹梢風。邊鄙籌賢相．黔黎託聖躬。君能棄名利．歲晏一相從。

秋日與冷然上人化城寺莊觀稼

世人從所好．獨自愛身閒。玩景當新霽．隨僧過遠山。村橋出秋稼．空翠落澄灣。唯有林中犬．猶應待我還。

中峯

中峯高拄泬寥天。上有茅庵俯石泉。晴景獵人曾望見。靑藍色裏一僧禪。

寄費徵君九華隱居　　唐進士　硤石人　姚　合

逍遙繒繳外。高鳥與潛魚。闕下無朝籍。林間有詔書。夜眠幽洞石。曉飯白雲蔬。四海人空老。九華君獨居。此心誰復識。日與世相疎。

贈九華處士犟禹錫名疇。貴池人。隱白笥山。　　唐太子少師　鄭　薰號七松處士

九華犟處士疇。擅玄言之要道。通易老。其於淨名僧肇尤精邃。余在句溪時。車幣致之官舍。再說易。一說老。命兒輩執卷列坐。轉之業畢而寇至。與犟散去。不知其存亡。余既休居洛師。杜門習靜。己卯冬十一月望。風雪中有客叩門。樵童視之。則犟處士也。延入握手。話艱苦。犟草屨擔簦杖。靈壽下笠。且咍笑曰。聞公恬養瀟逸。不屑屑於榮利。故以玄來助成之。升榻解笈。散四束書。卽易老淨肇也。明日講肇論時。階前多偃松高桂。凍冰墮落。作琴瑟金石聲。理致明妙。神骨超爽。自謂極一

時之遇。日與古人爲徒。又意此樂之難諧也。遂成二十韻。敬以贈之。

密雪泠松桂。書牕導餘淸。風撼冰玉碎。階前琴磬聲。楊淨几硯潔。帙散縑緗明。高論展僧肇。精言資鞏生。立意加玄虛。析理分縱横。萬化悉在我。一物安能驚。江海何所動。丘山常自平。遲速不相閡。後先徒起爭。鏡明別妍醜。稱稱分重輕。顏容寧入鑑。銖兩豈關衡。蘊微道超忽。剖證音淸泠。紙上掣牢鍵。舌端搖利兵。圓徹保眞性。客塵排妄情。在住卽非住。無行方是行。疏越捨朱絃。哇淫鄙秦箏。淡薄貴無味。酌斟慚太羹。洪遠包乾坤。幽窅潛沈冥。罔煩跬步舉。頓達萬里程。廬遠尙莫曉。隱留曾誤聽。直須持妙說。共詣毗耶城。

登九華樓

唐中書舍人京兆人 杜 牧字牧之

晴光瀲灩含淺沙。高低繞郭帶秋華。牛浦漁笛山月上。鷺渚鷲梁溪日斜。爲郡異鄉徒泥酒。杜陵芳草豈無家。白頭搔殺倚柱徧。歸棹何時軋軋鴉。

登九華樓寄張祜

百感哀來不自由，角聲孤起夕陽樓。碧山終日思無盡，芳草何年恨卽休。睫在眼前常不見，道非身外更須求。何人得似張公子，千首詩輕萬戶侯。

郡樓望九華

陵空瘦骨寒如削，照水清光翠且重。卻憶謫仙詩格俊，解吟秀出九芙蓉。

和杜使君九華樓見寄　唐隱士清河人 張祜 字承吉

孤城高柳鳴曉鴉，風簾半鉤清露華。九峯聚翠宿危檻，一夜孤光懸冷沙。出岸遠暉帆欲落，入谿寒影雁差斜。杜陵歸去春應早，莫厭青山謝脁家。

題五老峯下費君舊居　唐進士蒲州人 楊巨源 字景山

解向花間栽碧松，門前不負老人峯。已將心事隨身隱，認得溪雲第幾重。

西隱寺憶九華　唐右僕射冀州人 封敖 字碩夫

二年未到九華山，終日披圖一室間。秋寺喜逢晴後賞，靈峯看待足時還。猨從有性留僧住，雲靄無心伴客閒。勝事儻能銷日月，已拌名利不相關。

望九華　唐進士　譚銖

憶彼九華山、尙在童稚年。浮沈任有路、窺仰會無緣。罷職池陽時、復遭迎送牽。因茲契誠願、矚望枕席前。況値春正濃、氣色無不全。或如碧玉靜、或似青靄鮮。或接白雲堆、或映紅霞天。呈姿旣不一、變態何啻千。巍峨本無動、崇峻性豈偏。外景自隱映、潛虛固幽玄。我來暗凝情、務道志更堅。色與山異性、性併山亦然。境變山不動、性存形自遷。自遷不阻俗、自定不失賢。浮華與朱紫、安可迷心田。自遷不阻俗、有本作自不阻俗自定。

九華謠　唐進士青陽人　王季文字宗素

九華崢嶸占南陸、蓮華擢秀山半腹。翠屏橫截萬里天、懸水落成千丈玉。雲梯石磴入杳冥、俯看四極如中庭。丹崖壓下廬霍勢、白石隱出牛斗星。松杉一歲抽數尺、暖草醅緣秀層壁。南風拂草雲霧開、滿山葱蒨鋪鮮碧。雷霆往往從地發、龍臥豹藏安可別。峻極遙看戛昊蒼、挺生豈得無英傑。神仙憚險莫敢登、馭風駕鶴蹤丘陵。陽烏不見峯頂樹、大火尙結巖中冰。靈光爽氣嘌復旭、晴天倒影西江淥。具區彭蠡夾兩𡶶正可別作一嶽當少陽。

和王季文題九華　唐　僧神穎

衆岳推分野。九華鎭南朝。彩筆凝空遠。崔嵬寄靑霄。龍潭古仙府。靈藥今不凋。營爲滄海鏡。煙霞作荒標。造化心數奇。性狀精氣饒。玉樹鬱玲瓏。天籟韻蕭寥。寂寂尋乳竇。兢兢行石橋。通泉漱雲母。藉草縈香苕。我住幽且深。君賞昏復朝。稀逢發淸唱。片片霜陵飆。

寄費徵君九華山居　唐盱眙尉蘇州人　顧非熊

先生九華隱。鳥道隔塵埃。石室和雲住。山田引燒開。久聞仙客降。高臥詔書來。一入深林去。人間更不回。

經費拾遺故居　唐處士澧州人　李羣玉字文山

雲臥竟不起。少微空隕光。惟應孔北海。爲立鄭公鄉。舊館苔蘚合。幽齋松菊荒。空餘書帶草。日日上階長。

秋日懷九華舊居　唐翰林石埭人　杜荀鶴字彥之

吾道在五字。吾身寧陸沈。涼生中夜雨。病起故山心。燭共寒酸影。蛩添苦楚吟。何當

遂歸去。一徑入松林。

江西歸九華

他鄉終日憶吾鄉。及到吾鄉値歲荒。雲裏峯巒看不徧。馬前歧路去何忙。無衣織女

桑猶小。缺食農夫麥未黃。好箇乾坤誰會得。醉鞭回首出陵陽。

旅中送人歸九華　唐進士宣州人　許棠字文化

分與仙山背。多年負翠微。無因隨鹿去。只是送人歸。項木晴摩日。根嵐曉潤衣。會於

猨鳥外。相對掩高扉。

經費徵君舊居　唐自號衡嶽沙門　僧齊己名得生

高眠當聖代。雲鳥未爲孤。天子徵不起。閒人親得無。猨猱狂欲墜。水石怪難圖。寂寞

荒齋外。松杉相倚枯。

貽九華上人

一法傳聞繼老能·九華閒臥最高層。秋鐘盡後殘陽暝·門掩松邊雨夜燈。

經九華山費徵君故居　唐進士秋浦人張喬

草堂蕪沒後·來往問樵翁。斷石荒林外·孤墳晚照中。數溪分大野·九子立寒空。煙壁曾行處·青雲路不通。

經費徵君舊隱　唐婺州人劉昭禹

節高終不起·死戀九華山。聖主情何切·孤雲性本閒。名傳中國外·墳在亂松間。依約曾棲處·斜陽鳥自還。

費徵君舊居　唐進士清河人張蠙字象文

浮世抛身外·棲蹤入九華。遺篇補樂府·舊籍隸仙家。池靜龜升樹·庭荒鶴隱花。古來天子命·還少到煙霞。

尋九華王山人　唐楊夔

下馬問荆扉。相尋春半時。捫蘿盤磴險。疊石渡溪危。松夾莓苔徑。花藏薜荔籬。臥雲情自逸。名姓厭人知。

樓上看九華二首　唐進士 貴池人 殷文圭字桂郎

九朵蓮雲勢欲騰。鳥飛難到最高層。誰家寫在屏風上。巖下松間盡是僧。

四顧巒峯峭莫登。翠峯長與曉光分。盡分明處無諸障。獨倚青天絕片雲。

靈芝鎭曉次五溪寄杜使君　唐 曹汾

戴月早辭三秀館。遲明初辨九華峯。嵯嵯玉劍寒鋩利。裊裊青蓮翠色重。奇狀卻疑人畫出。嵐光似爲客添濃。行春若到五溪上。此處褰帷正面逢。

九華觀廢月池　唐進士 蒲州人 薛逢字陶臣

曾發簫聲水檻前。夜蟬寒沼兩嬋娟。微波有恨終歸海。明月無情卻上天。白鳥帶將林外雪。綠荷枯盡渚中蓮。榮華不肯人間住。須讀莊生第一篇。

宿化城寺莊　唐 僧冷然

佛寺孤莊千嶂間。我來詩境强相關。巖邊樹動猨下澗。雲裏錫鳴僧上山。松月影寒生碧落。石泉聲亂噴潺湲。明朝更躡層霄去。誓共煙霞到老閒。

龍潭　唐　僧應物

石激懸流雪滿灣。五龍滑溜野雲閒。漸收雷電九峯下。且飲溪潭一水間。浪引浮槎依北岸。波分曉日浸東山。回瞻四面如看畫。須信遊人不欲還。

經費拾遺舊宅　唐　胡駢

林下茅齋已半傾。九華幽徑少人行。不將冠劍爲榮事。只向煙蘿寄此生。松竹漸荒池上色。琴書徒立世間名。白楊風起秋山暮。時復哀猨啼一聲。

望九華　唐　楊鴻

九華閒望簇清虛。氣象羣峯盡不如。惆悵都南挂冠吏。無人解向此山居。

答平甫舟中望九華　宋宰相臨川人　王安石字介甫

楚越千萬山。雄奇此山兼。盤根雖巨壯。其末乃修纖。去縣尙百里。側身勇前瞻。蕭條煙嵐上，縹緲浮青尖。徐行稍復逼，所矚亦已添，精神去亹亹，氣象來漸漸。卸席取近岸，移船傍蒼蒹。窺觀坐窮晡，未覺晷刻淹。江空萬物息，四面波瀾恬。峨然九女鬟，爭出一鏡匳。臥送秋月沒，起看朝陽暹。遊氛蕩無餘，瑣細得盡覘。陵空翠纛舞，照影寒鋩銛。冢木立紺髮，岸林張紫髯。變態生倏忽，雖神詎能占。當留老吾身，少駐誰云饜。惜哉秦漢君，黃屋上衡灊。等之事嬉遊，捨此何其廉。我疑二后荒，神物久已厭。埋藏在雲霧，不欲登昏儉。又疑避褒封，藏匿以爲謙。或是古史書，脫落簡與籤。當時備巡遊，今不在緗縑。終南秦之望，泰山魯所瞻。天王與秩祭，俎豆羅醯鹽。苟能澤下民，維此遠亦沾。方今東南旱，土脈燥不黏。尙無膚寸功，豈免竊食嫌。神莽吾難知，士病吾能砭。文章巧傅會，智術工飛箝。薦寶互珪璧，論材自楩枏。苟以飾婦妾，謬云活蒼黔。豈如幽人樂，茲山謝閭閻。穴石作戶牖，垂泉當門簾。尋奇出後徑，覽勝倚前簷。超然往不返，舉世徒呫呫。高興寄日月，千秋伴烏蟾。遐追商洛翁，秦火不能炎。所慕楚穆生，竟脫楚人鉗。吾意竊所尙，人謀諒難僉。◯◯盤根雖巨壯，其末乃修纖。寫出九華眞形。峨然九女鬟・爭出一鏡險・寫出九華神韻。

過九華山　宋進士眉山人蘇轍字子由

南遷私自喜・看盡江南山。孤舟少僮僕・此志還復難。局促守破牕・聯翩過重巒。忽驚九華峯・高拱立我前。蕭然九仙人・縹緲陵雲煙。碧霞爲衣裳・首冠青琅玕。揮手謝世人・可望不可攀。我行竟草草・安能拍其肩。但聞有高士・臥聽松風眠。松根得茯苓・壯若千歲黿。煑食一朝盡・終身棄腥羶。腹背生綠毛・輕舉如翔鸞。相逢欲借問・已往長松端。

望九華山　宋進士銅山人蘇舜欽字子美

輕舟出池口・遙望靑陽郭。雲間見九華・爭先出鋒鍔。參差欲背闕・尖銳圭首削。竹箭拔春芽・芙蓉攢秋萼。奇姿信明麗・遠勢仍聯絡。下有厓谷幽・眞靈諒茲宅。詭哉末世士・强以名號託。丹崖不受稱・青峯鎖如昨。千載知屬誰・含情寄冥漠。

登龜山次七兄韻　宋右丞相・江西廬陵人。周必大字子充注坡緣壁化城中。客愠奴瞋我亦慵。及到龜山還一上。爲憐高閣對雙峯。

遊化城寺　宋學士宜興人 蔣之奇 字穎叔

級級躋攀險肩輿。若上天。雲端開淨剎。峯頂見平田。水石淸無價。煙霞翠滿前。高僧卜居此。意欲斷塵緣。

滕學士九華山書堂　宋進士宣城人 梅堯臣 字聖俞

處山方畏淺。曾慕結深廬。要與雲峯近。寧將野客疎。澗苗來入俎。林鳥或窺書。何事輕茲樂。而從出塞車。

題九華山圖　宋吏部尙書鄄城人 張詠 字復之

每憶眠雲處。當簷列翠屏。有時聊極目。盡日坐忘形。去此心唯苦。懸圖恨忽醒。數峯秋欲活。虛籟夜重聽。地鎭三吳遠。天連萬古靑。幾人曾得道。是草卽通靈。野鶴閒窺鼎。龕僧暗誦經。終須卜長往。迴首謝明庭。

龍池　宋 高子洪

九朵芙蓉天琢開、煙霞靜處翠成堆。鹿銜花向林邊過、龍帶雲從樹杪來。最愛山中閒日月、何須海上訪蓬萊。翛然自覺清風爽、直欲臨風翹上台。

宋進士鉅野人　晁補之字无咎

過銅陵南望、一山高出雲上、奇秀可駭、余未嘗至江南、遽曰、此九華山也、問之、良是。

雲端忽露碧孱顏、如髻如簪縹緲間。驚駭舟中齊舉首、不言知是九華山。

九華山庵　宋進士青陽人　章賁字元明

松嶠與雲齊、雲門衲子棲。禪房花自潤、覺院鹿應迷。晝暝茶煙重、朝分塔影低。何當拂盤石、來聽白猨啼。

九華山

九子峯名勝、更題作九華。皆因謫仙句、適遇野人家。列岫分龍脈、尖峯擢象牙。布金黃粒稻、浮綠碧蓮華。霜過收松實、春深摘茗芽。雲根搜伏髓、玉液腐胡麻。道境同丹竈、仙巖薦白蛇。兩潭泉瀉雪、一柱氣棲霞。舐掌腴難擬、重脣味最嘉。乾源登緊棲、暘谷種西瓜。地狹農專業．民醇俗不奢。溪從虎頭去．雲趁鶴泉衙。仙字刊巖際．神宮鎮水涯。百靈扶表裏．千古斷妖邪。祕洞鼓銀甕．眞源暈寶沙。黃猴虔作供．白鹿皎無瑕。晚採柏庵筍．早供崇聖茶。有鍼垂檜柏．無核供枇杷。官絹丹青畫．公言賦詠誇。天河津可問．吾擬泛仙槎。

太白書堂　宋　柯敬之

久欲華山訪謫仙．謫仙書舍尙依然。青松翠柏疑無路．流水高山別有天。千片浮雲飛碧漢．一聲啼鳥破蒼煙。扶筇直上中峯頂．一看千山在眼前。

九華天台峯新晴曉望　宋宰相寧國人　吳　潛字毅夫

一蓮峯簇萬花紅．百里春陰滌曉風。九十蓮華一齊笑．天台人立寶光中。

過池州見九華有感　宋宰相吉水人　文天祥號文山

五老湖光遠．九華山色昏。南冠前進士．北部故將軍。芳草江頭路．斜陽郭外村。悤悤十年夢．故國黯銷魂。

宋末隱士，自號九華山人，青陽人。陳巖字清隱

清隱巖

平生不買眞清譽，平日不歌招隱詩。底事琢巖成大字，有名還被衆人知。

宋僧希坦

雙峯庵

藏卻胸中萬卷書，卻來山頂結茅廬。當時若也羈韁鎖，爭得高名是世疎。

元御史蒙古人薩都剌字天錫

重過九華山

萬壑泉聲瀉碧溪，小涼天氣過溪時。相逢橋上無非客，行盡江南都是詩。苦雨最嫌鳩喚急，看山不厭馬行遲。何當高上華峯頂，涼月蕭蕭生桂枝。

元敎授貴池人曹天祐字事一

登九華

問法尋空洞，憑高望遠山。人煙開合處，江練有無間。雲暖花繁塢，峯清月近關。禪心何最寂，鐘磬夜來閒。

王陽明先生九華詩冊附序

九華之山，自太白更名而名始高；自夢得稱爲尤物，而名始震。然太白僅江上一

望而已．夢得僅山外一見而已．豈若陽明先生．涉險尋幽．探奇攬勝．枕漱泉石．出入煙霞．往復流連．歌詠成帙．於九十九峯．愛之深而玩之熟哉。方之交情．九華於二賢．爲一見垂青之知己．於先生．則平生歡洽之知己也。又況詩以人重．先生以道學而建奇功．盛德大業．燦著兩間．其品誼更出謫仙詩豪上哉。故按王文成公全書中．宏治正德前後兩遊諸作．以次登之．予之夙願．於以償．而衆心亦於以慊。因於詩集中．特樹一幟．曰陽明先生九華詩册云。光緒庚子周賓識。先生詩歌再列於後

九華山下宿柯秀才家 宏治壬戌春前遊 王守仁 字伯安．明進士．江西巡撫兩廣總督．人稱陽明先生．浙江餘姚人。

蒼峯抱層嶂．翠瀑繞雙溪。下有幽人宅．蘿深客到迷。

題四老圍棋圖

世外煙霞亦待時．至今風致使人思。卻懷劉項當年事．不及山中一局棋。

化城寺六首

化城高住萬山深．樓閣憑空上界侵。天外清秋度明月．人間微雨結浮陰。鉢龍降處

雲生座巖虎歸時風滿林最愛山僧能好事夜堂鐙火伴孤吟。
雲裏軒窗半上鉤望中千里見江流高林月出三更曉幽谷風多六月秋仙骨自憐
何日化塵緣翻覺此生浮夜深忽起蓬萊興飛上青天十二樓。
雲端鼓角落星斗松頂袈裟散雨花一百六峯開碧漢八十四級踏紫霞山空仙骨
葬金椰春暖石芝抽玉芽獨揮談塵拂煙霧一笑天地眞無涯。
化城天上寺石磴入星躔雲外開丹井峯頭種石田月明猨聽偈風靜鶴參禪今日
揩雙眼幽懷二十年。
僧屋煙霏外山深絕世譁茶分龍井水飯帶石田沙香細雲嵐雜窗高峯影遮林棲
無一事終日弄丹霞。
突兀開穹閣氤氳散曉鐘飯遺黃粒稻花發五釵松金骨藏靈塔神光照遠峯微茫
竟何是老衲話遺蹤。

太白祠二首

千古人豪去。空山尙有祠。竹深荒舊徑。蘚合失殘碑。雲雨羅文藻。溪泉繫夢思。老僧殊未解。猶自索題詩。

謫仙棲隱地。千載尙高風。雲散九峯雨。巖飛百丈虹。寺僧傳舊事。詞客弔遺蹤。回首蒼茫外。青山感慨中。

雙峯

凌崖望雙峯。蒼茫竟何在。載拜西北風。爲我掃浮靄。

蓮華峯

夜靜涼飆發。輕雲散碧空。玉鉤挂新月。露出靑芙蓉。

列仙峯

靈峭九萬丈。參差生晚寒。仙人招我去。揮手靑雲端。

雲門峯

雲門出孤月。秋色生蒼濤。夜久萃籟絕。獨照宮錦袍。

芙蓉閣二首

青山意不盡．還向月中看。明日歸城市．風塵又馬鞍。

巖下雲萬里．洞口桃千樹。終歲無人來．唯許山僧住。

書梅竹小畫

寒倚春宵碧玉杖．九華峯頂獨歸來。柯家草亭深雲裏．卻有梅花伴竹開。

江上望九華正德庚辰正月後遊○此詩乃由江西赴詔．趨南都行在．途中作。

當年一上化城峯．十日高眠雷雨中。霽色曉開千嶂雪．濤聲夜渡九江風。此時隔水看圖畫．幾歲緣雲住桂叢。卻負洞仙蓬海約．玉函丹訣在崆峒。

其二

窮探雖得盡幽奇．山勢須從遠望知。幾朵芙蓉開碧落．九天屏嶂列旌麾。高同華嶽應無忝．名亞匡廬卻稍卑。信是謫仙還具眼．九華題後竟難移。

泊舟大通山溪間．諸生聞之．有挾冊來尋者。此至蕪湖．為忠泰等所阻．不得見帝．乃折回入九華山也。

扁舟經月住林隈。謝得黃鸝日日來。兼有淸泉堪洗耳。更多修竹好銜盃。諸生涉水攜詩卷。童子和雲掃石苔。獨奈華峯隔煙霧。時勞杖策上崔嵬。大通本·光緒本·作大同。

江上望九華不見

五旬三過九華山。一度陰寒一度雨。此時山色稍晴明。忽復昏霾起亭午。平生山水最多緣。獨此相逢容有數。人言此山天所祕。山下居人不常睹。蓬萊涉海或可求。瑤水崐崘俱舊遊。洞庭何止容八九。五嶽曾向囊中收。不信開雲掃六合。手扶赤日照九州。駕風騎氣覽八極。視此瑣屑眞浮漚。

將遊九華。移舟宿山寺。本集二首·誤列巖頭閒坐之後·謹移置於此。

逢山未愜意。落日更移船。峽寺緣溪徑。雲林帶石泉。鐘聲先度嶺。月色已浮川。今夜巖房宿。寒燈不待懸。

其二

維舟谷口傍煙霏。共說前岡石徑微。竹杖穿雲尋寺去。籐筐採藥帶花歸。諸生晚佩聯芳杜．野老春霞綴衲衣。風詠不須沂水上．碧山明月更淸暉。

江施二生．與醫官陶埜冒雨登山人多笑之．戲作歌。

江生施生頗好奇．偶逢陶埜奇更癡。共言山外有佳寺．勸予往遊爭願隨。是時雷雨雲霧塞．多傳險滑難車騎。兩生力陳道非遠．埜請登高覘路歧。三人冒雨陟岡背．既仆復起相牽攜。同儕咻笑招之返．奮袂徑往陵嶔崎。歸來未暇顧沾溼．且說地近山徑夷。青林宿靄漸開霽．碧巘絳氣浮微曦。津津指譬在必往．興劇不到傍人嗤。予亦對之成大笑．不覺老興如童時。平生山水已成癖．歷深探隱忘飢疲。年來世務頗羈縛．逢場遇境心未衰。埜本求仙志方外．兩生學士亦爾爲。世人趨逐但聲利．赴湯蹈火甘傾危。解脫塵囂事行樂．爾輩狂簡翻見識。歸與歸與吾與爾．陽明之麓終爾期。

遊九華道中

微雨山路滑．山行入輕舟。桃花夾岸迷遠近．迴巒疊嶂盤深幽。奇峯應接勞回首．瞻之在前忽在後。不道舟行轉屈曲．但怪青山亦奔走。薄午雨霽雲亦開．青鞵布韈無塵埃。梅蹊柳徑度村落．長林白石穿林隈始攀風磴出林杪．更涉懸崖聽瀑雷。亂山高頂藏平野．茅屋高低自成社。此中那得有人家．恐是當年避秦者。西巖日色漸欲下．且向前林秣吾馬。世途濁隘不可居．吾將此地營蘭若。

芙蓉閣

九華之山何崔嵬．芙蓉直傍青天栽。罡風倒海吹不動．大雪裂地凍還開。夜半峯頭挂明月．宛如玉女臨妝臺。我拂滄波寫圖畫．題詩還媿謫仙才。

登蓮華峯

蓮華頂上老僧居．脚踏蓮華不染泥。夜半華心吐明月．一顆懸空黍米珠。

觀九華龍潭本集在前．謹移置於此。

飛流三百丈．頑洞祕靈湫。峽坼開雷斧．天虛下月鉤。化形時試鉢．吐氣或成樓。吾欲鞭龍起．爲霖徧九州。

登雲峯望始盡九華之勝．因復作歌。

九華之峯九十九。此語相傳俗人口。俗人眼淺見皮膚。焉測其中之所有。我登華頂拂雲霧。極目奇峯那有數。巨壑中藏萬玉林。大劍長槍攢武庫。有如智者深韜藏。復如淑女避讒妒。閙然避世不求知。卑己尊人羞逞露。何人不道九華奇。奇中之奇人未知。我欲窮搜盡拈出。祕藏恐是天所私。旋解詩囊旋收拾。脫穎露出錐參差。從來題詩李白好。渠於此山亦潦草。曾見王維畫輞川。安得渠來拂織縞。

雙峯遺柯生喬

爾家雙峯下。不見雙峯景。如錐處囊中。深藏未脫穎。盛德心愈卑。幽人蹟多屏。悠然望雙峯。可以發深省。

夜宿天池月下聞雷次早知山下大雨三首

昨夜月明峯頂宿。隱隱雷聲在山麓。曉來卻問山下人。風雨三更捲茅屋。

野人權作靑山主。風景朝昏頗裁取。巖旁日腳半溪雲。山下聲聲一村雨。

天池之水近無主。木魅山妖競偷取。公然又盜山頭雲。去向人間作風雨。

文殊臺夜觀佛鐙

老夫高臥文殊臺。拄杖夜撞青天開。散落星辰滿平野。山僧盡道佛鐙來。

書汪進之太極巖二首

一竅誰將混沌開。千年樣子道州來。須知太極原無極。始信心非明鏡臺。

始信心非明鏡臺。須知明鏡亦塵埃。人人有箇圓圈在。莫向蒲團坐死灰。

重遊化城寺

愛山日日望山晴。忽到山中眼自明。鳥道漸非前度險。龍潭更比舊時清。會心人遠空遺洞。識面僧來不記名。莫謂中丞喜忘世。前途風浪苦難行。先生前遊九華。聞地藏洞異人。不飲食。臥松毛中。先生訪之。撫其足。驚曰。險遠何以至此。與談上乘。但云。周茂叔程明道。是儒家兩箇好秀才。正德重遊。其人已他移。故有此歎。

山寺重來十八秋。舊僧零落老比邱。簷松盡長青冥榦。瀑水猶懸翠壁流。人住層崖嫌洞淺。鳥鳴春澗覺山幽。年來別有閒尋意。不似當時孟浪遊。十八。有本作十九。

遊九華

九華原亦是移文、錯怪山頭日日雲。乘興未甘回俗駕、初心終不負靈均。紫芝香暖春堪茹、青竹泉高晚更分。幽夢已無塵土累、清猿正好月中聞。

宏治壬戌、嘗遊九華、値時陰霧、竟無所覩。至是正德庚辰、復往遊之、風日清朗、盡得其勝、喜而作歌。

昔年十日九華住、雲霧終旬竟不開。有如昏夜入寶藏、兩目無覩成空回。每逢好事談奇勝、即思策蹇還一來。頻年驅逐事兵革、出入賊壘衝風埃。恐恐晝夜不遑息、豈復山水能徘徊。鄱湖一戰偶天幸、遠隨歸凱停江隈。是時軍務頗多暇、况復我馬方虺隤。舊遊諸生亦羣集、遂將童冠登崔嵬。先晨霏靄尚瞑晦、卻疑山意猶嫌猜。肩輿一入青陽境、忽然白日開西嶺。長風擁篲掃浮陰、九十九峯如夢醒。羣巒踊躍爭獻奇、兒孫俯伏摩其頂。今來始識九華面、恨無詩筆爲傳影。層樓疊閣寫未工、千朵芙蓉抽玉井。怪哉造化亦安排、天下奇山此兼并。攬衣登高望八荒、雙闕下見日月光。長江如帶繞山麓、五湖七澤皆陂塘。蓬瀛海上浮拳石、舉足可到虹可梁。仙人爲我啓閶闔·鸞軿鶴駕紛翱翔。從茲脫屣謝塵世·飄然拂袖陵蒼蒼。

巖頭閒坐漫成

羃日巖頭坐落花·不知何處是吾家。靜聽谷鳥遷喬木·閒看林蜂散午衙。翠壁泉聲穿亂石·碧潭雲影透晴沙。癡兒公事眞難了·須信吾生自有涯。

登雲峯·二三子詠歌以從·欣然成謠二首。

淳氣日凋薄·鄒魯亡眞承。世儒倡臆說·愚瞽相因仍。晚途益淪溺·手援吾不能。棄之入煙霞·高歷雲峯層。開茅傍虎穴·結屋依巖僧。豈曰事高尚·庶免無予憎。好鳥求其侶·嚶嚶林間鳴。而我在空谷·焉得無良朋。飄飄二三子·春服來從行。詠歌見眞性·逍遙無俗情。各勉希聖志·毋爲塵所縈。

深林之鳥何閒關·我本無心雲自閒。大舜亦與木石處·醉翁唯在山水間。晴窗展卷有深意·絕壁題詩無厚顏。顧謂從行二三子·隨遊麋鹿俱忘還。

送周經和尚（經·有本作金。）

巖頭有石人。爲我下嶙峋。足曳破履五千兩。身披舊衲三十斤。任重致遠香象力。餐霜坐雪金剛身。夜寒猛虎常溫足。雨後毒龍來伴宿。手握頑磚鏡未成。舌底流泉梅漸熟。夜來拾得遇寒山。翠竹黃花好共看。同來問我安心法。還解將心與汝安。

巖僧周經自少林來。坐石竇中且三年。聞予至。與醫官陶埜來謁。金蓋有道行者。埜素精醫。有方外之緣。故詩及之。

有僧坐巖中。已三年。詩以勵吾黨。

莫怪巖僧木石居。吾儕眞切幾人如。經營日夜身心外。剽竊糠粃齒頰餘。俗學未堪欺老衲。昔賢取善及陶漁。年來奔走成何事。此日斯人亦啓予。

歸途有僧自望華亭來迎。且請詩。

方自華峯下。何勞更望華。山僧援故事。要我到渠家。自謂遊已至。那知望轉佳。正如酣醉後。醒酒卻須茶。〇〇此上陽明先生九華詩冊四十六首。

池陽大江望九華

明工部尚書吉水人　周忱　字恂如

九華信名山，崒嵂盤京甸。江淮數千里，秀峙真獨擅。我從池陽來，十載屢行縣。攬結非無懷，煙雲惜多變。勝處不易窺，或隱或半現。及茲泛長江，浪靜風亦便。回首豁晴空，九華一時見。千態與萬奇，指點堪數徧。倚篷過百里，注目心不倦。恍如逢故人，愿意欣覿面。緬懷唐詩僧，靈境構深院。又聞錦袍仙，書堂蔽蔥蒨。安得躋其崖，吟玩恣游衍。功名未有期，對此空眷戀。

大通見九華　　明初參政當塗人　陶　安　字主敬

雨消殘雪滑新泥，風撼枯梢響古堤。一霎路經三舍遠，兩行槳蕩十雙齊。初晴綠水浴鳧雁，落日空山啼雉雞。出得沙汀煙浪闊，九華只在暮雲西。

池口望九華　　明大學士吉水人　解　縉　字大紳

日日南風送客舟，舒州纔過又池州。九華雲捲芙蓉帳，挂在青天白玉鉤。

書塾後望九華　　明狀元貴池人　黃　觀　字尙賓

不識九華路，朝朝見九華。笑他千里客，辛苦入煙霞。

宿九華山　明進士臨川人湯顯祖號若士

滴翠峯前天柱高，雲門淸醮發仙璈。不知海上金輪月，夜夜神光起白毫。

詠九華　明太子太保華亭人董其昌號香光

嵐深山影寒，樵響不知處。綠樹早鶯啼，千峯一家住。

和許侍御李節推登九華山韻　原註　明禮部右侍郎休寧人程敏政字克勤

細從雲外數奇峯，九朵芙蓉翠萬重。月上老猨攀石葛，雨晴馴鹿臥沙茸。謫仙詩重天池錦，霸相身慙雪澗松。指宋齊邱 玉洞碧函無恙否，他時容啓綠苔封。

遊九華山値陰靄三首　明進士竟陵人鍾惺字伯敬

雲籜終幽壑，泉喧亦上方。山輿窺鵲牖，巖戶像蜂房。寒火千龕影，風林一縷香。似多僧舍柏，夏臘未全忘。

其二

摩空陰亦好，那更說晴朝。磴閣巖膚半，泉通海眼遙。旅行峯傴僂，人立樹僬僥。也有天台路。多春阻石橋。

其三

到悔三冬晚。緣纔二日慳。客能饒遠目。天未破愁顏。雲鎖將飛石。煙縫欲斷山。歲除花落徧。羨爾惜春閒。

送人遊匡廬九華

明兵部侍郎歙縣人 汪道昆字伯玉

晚遊匡嶽亦非遲。盡有眞形畫有詩。置我一邱差不惡。憐君三絕獨無癡。心諳勝蹟如曾到。山喜淸人似故知。扣罷彭郎逢九子。寄言予欲往從之。

遊九華懷李白

明陝西巡撫貴池人 柯相字元卿

白也風流遠。冥搜入九華。龍湫晴浴雪。獅阜晚明霞。禪榻淸分茗。吟亭笑問花。登登山屐瘦。嚮往藉蓬麻。

望九華

九華秋色媚江濱。片片芙蓉照水新。望裏蔚藍疑見佛。行邊空翠欲沾人。汗衣赤日眈長路。立馬青山負近鄰。百里未能窮窈窕。千年誰與闢嶙峋。

登九華山歌　明左都御史吉水人鄒元標號南皐

扁舟昨日過匡廬。沐浴焚香謁五老。今朝乘輿上青陽。九華蒼蒼色更好。歷歷星辰自可摘。迢迢直上青天道。青蓮居士何太奇。江上看山便題詩。胸蟠珠璣何磊落。千今巖壑光陸離。新建生平眞好遊。西江重來十八秋。心印只今誰具領。乾坤俯仰空悠悠。空悠悠。淚雙流。識得一眞萬事休。悟來只在刹那間。山僧含笑虎溪頭。石火光陰轉瞬過。文章道德莫蹉跎。古今多少奇遊者。幾人山色共嵯峨。

告辭九華四首存二　明大學士漳浦人黃道周號石齋

似爾千芙蓉。搖搖青玉甗。唾手不可攀。相思但目眩。

其二

當年看浮圖。只在地藏殿。今日地藏人。盡作浮圖面。

題唐六如山水卷送章尹戴給諫歸九華　明僧德清號憨山

淡淡江上山。悠悠江中水。望之不可窮。思君殊不已。君歸乘天風。輕帆若雲駛。揮袂拍洪崖。回首謝塵滓。我欲從翻飛。羽翰正披靡。浩浩江水深。舟楫誰爲理。安時智所欽。隨流任坎止。但以君恩重。艱虞何足齒。願言寶珍祕。聊以慰行李。煒煒九華芝。君歸色尚紫。

同弘安過秋浦輿中望九華作。

明進士桐城人　吳國琦字公良

奇峯奇雲太鑿鑿。峯亦變幻不可度。一里二里換幽姿。峯若追雲撐碧落。芙蓉層出隱金仙。至人止處猨鳥樂。秋空秋浦相澄徹。我不度江尋寥廓。少年意氣常爭奇。名山大川有深託。奔流西來擁建康。白岳黃河各紛錯。龍虎盤踞開明堂。此如閫奥構樓閣。天目具區與表裏。豐鎬元氣斯渾噩。世間尤物豈尋常。巫峽雁蕩舒州霍。月斧欲窮闢異境。碧霧濃嵐千萬鑿。仙鷄翔鳴五釵松。最高頂難飛鳥著。是則允爲南州望。五岳懸想外標格。略而不書胡爲乎。從來知己待夙約。曾居石溪常在窗。頻行楊子見舟幕。今日輿中面目眞。尖影撲人殊灼灼。子猶瞥爾初相逢。已覺精神甚踊躍。

蠟屐搜探過五溪。胸中定自文章作。

九華漫興　明進士沔陽人 童承敍 字漢臣

香岫雲門裏。藤蘿徑轉賒。塔藏金舍利。寺倚石蓮華。拄杖臨蒼薛。焚香臥絳霞。塵緣如可息。山下欲移家。

九華　明孝廉貴池人 曹芬 字子馨

家近華峯下。常遊古塔前。明霞看遠岫。清磬響諸天。石級層層掃。雲巖處處穿。從來無所住。翻得坐忘年。

登九華　明 張程

金碧唐朝寺。登臨愜素襟。雲深藏佛骨。月冷照禪心。峯矗天中柱。泉流沙裏金。焚魚猶未得。暫對碧山吟。

遊九華　明狀元宣城人 沈懋學 字君典

生平夢不借。偏與薛蘿親。秋色遙侵客。山光近媚人。莫教青眼舊。更說白頭新。明月珠林得期天問梵輪。

將遊九華·移舟宿山寺·次陽明韻。　明浙江學政寧國人　屠義英字枰石

借宿未遊寺·先移已泊船。九華初入夢一枕聽流泉。仰見雲歸岫·遙知月滿川。芳蹤追不得·心共佛燈懸。

偕賈岷嵝明府·暨陳孝廉·王文學·同登九華。　明楚人　何朝宗

九子開屏嶂·蓮華滿法臺。流霞飛紫去·疊巘送青來。僧定鳥親榻·坪空鹿臥苔。玩遊攜契友·把酒漫徘徊。

遊九華次少林沈太史詠　明銅陵人　張懋鼎字乃調

道心誰得借·梵境自相親。蘿月能迷客·松風故戀人。入圖標作古·行腳引來新。欲問青蓮舌·何如轉法輪。

遊九華山　明錢塘人　徐時泰

結氣馳名勝·攀登快大觀。列屏青未了·抽筍翠多端。天與蓮華秀·人從鳥道看。懸流

翻日彩。怪石聳星盤。一具袈裟地。千秋膜拜壇。神光常護塔。紫氣欲飛丹。戶迴狙爲伺。糧休霞作餐。偏于樵路險。不少苾蒭安。虎洞陰風峭。龍湫暑月寒。雲低時戀頂。松老故敧蟠。竹露香來細。苔煙鳥帶殘。自然無俗駕。唯有羨空翰。供奉名逾重。仙眞蹟不刊。按圖殊草草。何日徧巑岏。

登九華次前守胡公韻　明池州太守湖州人　顧元鏡

一宿三天境。疑登九品臺。連甍開法座。倚漢集如來。丹碧供圖畫。芙蓉雜薜苔。斷雲閒護蓋。空翠滴盈楣。鳥解觀心諦。溪攖濯足懷。鐘聲天半隱。幢影日邊排。梵語通三昧。宗風蕩積霾。客來將蕨筍。僧定掩荊柴。錫卓無塵徑。燈燃絕頂崖。偶淹居士駕。空羨謫仙才。安得九節杖。餐霞去復迴。

遊九華　明合浦人　包廣

山經雨過雲猶溼。人到春深路擁花。上界樓臺倚星漢。下方雞犬隔煙霞。仙鐺氣味冷芝耳。僧盌芳香點茗芽。他日重遊今有約。蓮峯咫尺豈天涯。

再登九華卽景　明　桐鄉人　沈子勉

乘興重登九子山。天仙橋下水潺潺。依稀雪樹淸猶在。多少樓臺翠已殘。夜靜笛聲吹梵語。月明松影護禪關。此中便是眞如境。玉露泠泠點石欄。

別九華山　明進士　桐城人　吳應賓字客卿

蹋碎蓮華路不迷。出門長嘯楚天低。靑山送客忘三笑。綠樹隨人過五溪。洞裏煙霞晴自散。雲邊鐘鼓鳥空啼。殷勤更上層臺望。怪得羣峯似掌齊。

九華望天台　明　桐城人　孫晉字魯山

何須渡越陟天台。點點奇峯對面開。半嶺旛幢齊日月。下方鐘磬雜雲雷。淺深幾見蓬萊水。蔥鬱長存金粟堆。今古勝遊誰絕唱。芙蓉削出謫仙才。

夜宿九華　明　莆田人　黃名世

嵯峨峯嶺拂天齊。寶殿煙籠五色迷。僧住上方雲作幔。人于下界石爲梯。時聞淸唳丹霄鶴。境比飛昇白晝雞。自笑塵蹤閒一宿。蓮華仍在數峯西。

同友人遊九華　明 貴池人 方元美

溪盡山攲石徑斜。遲君一探九蓮華。浮圖半壁陵蒼漢。舍利千秋御紫霞。茶熟欣從吾輩飲。劍飛慙向老僧誇。廣長舌在頻相乞。金篦容堪轉法華。

東巖有感　清 禮部尚書 青陽人 吳襄 字七雲

松石嶙峋奇山逢故人。往來天際路。吟嘯夢中身。三月雪猶凍。一巖花不春。泉聲雲外落。洗盡十年塵。

九華山寄池州顏太守　清 翰林侍讀 宣城人 施閏章 號愚山

人因訪舊來秋浦。天遣尋幽入九華。迴合松杉清磬遠。崚嶒宮闕白雲斜。吞江西嶺橫飛練。射日東巖倒作霞。遙憶使君驅五馬。何時乘興問山家。

寄懷九華效金地藏體并次其韻　清 僧了然

萬里雞林何處家。迢迢孤錫入中華。心頭法戒空無法。身後沙門多似沙。東國有詩傳貝葉。西方無地涌蓮花。不勞夢幻遊仙境。我但馳神望晚霞。

寄題天台峯高處．次定光佛韻。原註

滿路喧豗作梵聲．誰從山上聽獅鳴。人無勝境空成佛．我有天池作化城。豈意定光尋地藏．果然太白見陽明。定光佛詩．南戒俯看江影白．東巖坐待夕陽明．顯係以供峯對姚江。後四百年．陽明果至東巖。與陽明正德庚辰正月晦．開元寺刻石．嘉靖我邦國之文．同一前知。世人每習而不察。有道之釋．必不能外儒。共遺色相原眞性．儒釋何嘗有定名。

九華山　　清　禮部尙書青陽人　王懿修字春敭

拔地千峯秀．盤空萬笏分。嵐光晴灑翠．花氣暖蒸雲。頑石聽經慣．仙禽搗藥勤。一筇尋舊約．差免北山文。

入九華宿化城寺　　清　湖州太守江都人　吳綺字園次

我本黃山人．九華經信宿。未盡九子巔．一上一換目。秋高天宇澄．孤磬聲滿谷。忽墜龍女簫．竚望仙人鹿。一滌塵中襟．揮手謝拘促。適逢餐霞徒．清談互往復。願言住此中．坐臥靈泉曲。夜永對禪燈．妙香媚幽獨。

雪霽江上望九華　　清　安徽巡撫．漢軍正黃旗人。喻成龍字正菴暮江擁寒浪。淸旦林表霽。冰翼映幽靈。蒼茫坐迢遞。念昔登茲峯。倏焉已隔歲。況經暄和時。懷人風景麗。會當栖巖壑。投簪勿云滯。

聞遊者述天台奇景偶記　清無錫人　華　贊

客從天台來。爲說天台事。風雨在山腰。星雲出古寺。孤嶠挺千松。一泉供百箸。如此空靑中。胡爲不常住。

東巖偶成　清靑陽人　吳國靖字獻侯

掃石臥松陰。淸泉何繚繞。林靜無人來。會心唯自曉。偶然發長吟。驚起忘機鳥。

登九華　清吳縣人　金　佐字玉峯

茲山何巉岏。琢削謝斤斧。茫茫九點煙。日月共吞吐。遠望如芙蓉。菡萏自千古。攀援陟其巔。去天尺有五。飄然陵紫虛。身在神仙府。放眼天地空。衆山盡傴俯。天氣木末來。恍覺虬龍舞。足底躡白雲。衣上溼花雨。日落境逾淸。禪房發鐘鼓。萬念此俱寂。頓令輕軒組。

十一月十一日雪霽後遊九華晚宿定慧庵玩月次日登東巖陰霧無所見步陽明先生韻二首。原作四首，今擇要錄二。　清大學士泰安人趙國麟字仁圃

山頭明月映簾鉤，雪裏泉聲赴壑流。仙子臥雲丹竈冷，神光照夜塔燈秋。晶宮彩煥千珠動，銀海波搖萬玉浮。笙鶴數聲清客思，不知天上有瓊樓。

半徑白雲飛作雨，滿林凍雪綴成花。壑中陰霧鋪銀海，塔頂晴光映紫霞。一片袈裟藏佛骨，千秋溪澗長雲芽。於今巖下閔公墓，名附新羅寧有涯。

宿定慧庵用少陵韻。

未上窣堵峯，先宿招提境。月印萬谿光，雪繪千巖影。室虛夜白生，心清塵慮冷。身臥水晶宮，回首發深省。

望華亭用陽明韻。

九華遊未足，肩輿到望華。面前列五老，平地即仙家。凡事忌太盡，有餘味更佳。吾讀陽明句，如喫趙州茶。

化城寺　　清上元人鄭濂字蓮水

半指驚雷海一漚。曇枝香寫妙金樓。獅吟雪磵潮生夜。虎伏煙鐘月抱秋。京洛羅浮新入畫。犍陁波什舊停輈。雙丸跳擲爲車馬。禪喜風流到十洲。

九華山　　清揚州人黃吉迪字惠臣

廬霍山皆勝。幽多定九華。塔光金舍利。潭影石蓮華。日向峯尖斷。星隨殿角斜。參差諸梵宇。几席接丹霞。

九華晚眺　　清平遠人趙承烈字梅梁

晚過陵陽道。催鞭入九華。竹深寒夕照。峯隙漏明霞。樹杪聲聲磬。巖邊寂寂花。自慚勞役客。暫息梵王家。

東巖坐月　　清金州人朴懷德字溥哉

向曉疑當作晚林光動。東巖月上時。隔峯窺塔影。留鶴臥松枝。客似攢眉侶。僧閒立雪姿。浮名終是累。我欲事希夷。

九華　清　胡湛字潤脊　宣城人

登山逢日霽，翡翠亂芙蓉。瀑挂菩提樹，鶯啼羅漢松。香龕伏洞虎，濁水過池龍。蕭蕭諸天近，空山滿午鐘。

化城寺　清　李開先字南樵　石埭人

日軸開靈域，風輪轉法華。絕塵通月路，高掌出蓮華。雙樹傳經地，三乾選佛家。祇疑天竺寺，移送海雲槎。

東巖同楚遺山人　清　郎遂字趙客　貴池人

交得煙霞侶，登臨共唱酬。欲尋說法地，因上雨花樓。月向峯頭挂，雲從洞口收。前賢曾宴坐，遺蹟想風流。

春日九子山　清　徐純修字繼齊　青陽人

名山多隱秀，草木照春暉。路曲雲峯峻，溪深啼鳥稀。巖花明澗缽，石竹蔭松扉。薄暮疎鐘動，安禪願息機。

登天台　清 華亭人 錢又選 字幼青

天台南直上。九十九峯間。放眼心無相。扶笻步欲難。石梯雲折斷。松澗水飛還。衆寺山山裏。高僧靜掩關。

九華度夏　清 新城人 僧神駒 字興風

分得雲中屋。芙蓉徧探求。攜將書度夏。吟入雁來秋。身既同山住。心寧逐水流。月明如積雪。天柱夜深遊。

九華　清 貴池人 胡什一 字少游

此詩。乾隆光緒二志所載。皆無題。按詩意。似吟全山。故標九華。

爲赴尋山約。溪橋度幾重。石奇疑伏虎。樹老欲蟠龍。瀑布三千丈。芙蓉九十峯。幽奇難到處。回首白雲封。

九華　清 錢塘人 周 疆 字競菴

靈山探秀氣。來謁古先生。黃粒稻爲隴。靑蓮華作城。棲心三界上。到頂萬峯平。愧我皈依晚。禪燈空自明。

九華僧院

清蘇州人 申 樾字菽旆

尋山過竹院。習靜倚繩牀。漏轉蓮華水。鑪添柏子香。風林喧宿鳥。露井咽鳴螿。夜半聞空籟。鐘聲在上方。

入九華山出池陽城

清禮部尚書黃岡人 王澤弘字涓來

過客維舟覓路行。出門無數遠山迎。雲當薄暮垂如雨。日到寒流照更明。此去躋攀非攬勝。誰同竹石竟忘情。春暉寸草何由報。一叩慈容涕淚盈。

過五溪望九華

清施州人 張 都字僉廷

一峯翠壁一重天。名勝于今歷有年。遙望層巒皆畫錦。恍疑飛錫悟前緣。山形奇疊煙雲近。地氣遙通恆嶽連。數過溪橋徒遠眺。憑高何日謁金仙。

天台

清金華人 虞邦瓊字適廬

萬杉深處是天台。磴仄巖空鳥去迴。石液連雲飛玉屑。嵐光倒影晃金臺。煙生疊嶂迷城郭。風奏松濤起電雷。從此置身千仞上。不須別地覓蓬萊。

遊九華化城寺　清 桐城人 姚文熒 字玉青

內外峯圍涌玉蓮。過橋崖塔迴諸天。仙遺虎洞花明晝。僧汲龍池乳滴泉。指點劫灰生異色。常行坦道卽眞禪。絕人直上神光頂。枯坐薰修二十年。

太白書堂　清 石埭人 陳泉 字雪崖

閒向山中寄一枝。僧龕松老裏藤碑。研殘香露茶煙細。坐隱冰壺鶴語遲。怪石出雲朝壑變。遠泉經雨夜窗知。蓮華消息眞難覓。龍女池邊問導師。

遊九華山　清 工部主事 貴池人 章永祚 字錫九

攀蘿捫壁躡空行。墜石懸崖駭乍驚。正喜峯頭靑靄散。俄看杖底白雲生。一龕仙梵傳清響。萬壑松濤送暮聲。見說遠公開白社。重來可許虎溪迎。

登九華　清 興化人 李挽河

龍去潭空瀑水深。秋風一杖上遙岑。丹崖奇闢仙靈掌。白石高懸處士心。霞照諸峯浮翠彩。雨飛晴晝送寒陰。非徒採藥孤尋頂。只愛幽多祇樹林。

入山　清貴池人　姜能輿字以功

山磬迎孤客。隨風送客還。白眉僧坐定。不出九華山。

又　清貴池人　王時舉字友奚

千峯爭落照。兩寺並分泉。峯高常礙日。泉古不知年。

黃屯阪望九華　清寧國人　周文郁字絅齋

萬片青蓮華。亭亭插仙掌。我欲躡其巔。兀坐蓮華上。

題九華天台峯見宛雅

芙蓉深護洞仙家。天頂孤峯壓九華。呼吸此間通帝坐。不教劉阮看桃花。

九華　清無錫人　秦淵字緘三

青爲峯頂煙初滅。白是松間積雪明。衲子眼看明滅慣。不知煙雪幾時生。

同治甲子克復金陵。賊平。江上始見九華。　清兩江總督湖南湘鄉人　曾國藩字滌生

連年血戰久忘家。豈識江南有九華。今日數峯青到眼。凱歌江上看蓮花。

東巖夜坐懷古 清舉人寧國人周贇字山門

五百年來履迹新。蓮華峯頂卓孤臣。六軍齊下思鄉淚。一室誰安報國身。屏上閒行雲護影。壺中靜坐月窺人。東巖謦欬分明在。永祝馨香降岳神。

九華山志卷七終

九華山志卷八 內攝二門 一物產門第十 二志餘門第十一

物產門第十 內分穀・茹・茶・木・竹・花卉・鱗介・羽毛・各子目。

巍巍九華・名尊禹甸。毓秀鍾靈・物華藻絢。羅漢結條・菩薩垂綫。玉女擎幢・仙人把扇。念佛鳥鳴・傷生蛙譴。性相三千・隨緣不變。志物產

穀 附竹實

黃粒稻・舊傳其種由金地藏自新羅攜來。穎芒・肥粒・色殷・香輭・與凡稻異。●李之世詩・金粟原來是佛糧・僧云移植自殊方。山禽未敢銜遺粒・香鉢先擎供法王。

竹實明嘉靖年間凡再見。春夏開紫花・結實如麥可食。陸岡竹實表・已載靈應門。

茹

石芝・生懸崖峭壁・採者綆引而上。服之身輕延年。生陽厓者色紫・生陰厓者色黑。

竹蕈柔白如菌。採食者先以灰煑其汁如血・漂淨再煑・味若珍脯。宋陳仁玉菌譜云・生竹根・味極佳。按蕈菌通。舊志作簟・誤。

茶

金地茶。梗空如篠。相傳金地藏攜來種。●李之世詩。碧芽抽穎一叢叢。摘取清芳悟苦空。不信西來禪味別。醍醐灌頂雪山中。

閔源茶。乃閔氏源所產之茶。舊志作茗地源茶。誤。根株頗碩。生於陰谷。春夏之交。方發萌芽。莖條雖長。旗槍不展。乍紫乍綠。天聖初。郡守李虛己。太史梅詢。試之。以爲建溪諸渚不及也。

木

五釵松。松子如小栗。三角。其中仁香美。卽五粒松實也。蘇頌謂。粒當作鬣。謂之五釵松者。釵本雙股。松葉皆雙。故名。而此松有五葉。如釵有五股。因名爲五釵松耳。

千秋松。長數寸。卽草本之卷柏。生絕巘之處。人得之。多置於盆山之上。或置之乾燥處。日久雖然枯瘁。見水則依然蒼翠。此卽俗所謂九死還魂草。賫亦能活。

仙人燭。木似梧桐。大可盈握。長尺餘。多津液。逾年不枯。每燃一枝。可延數刻。好事者。多秉之以遊洞府。●李之世詩。梧心浥露釀成淚。竹榦迎風迸作珠。爲憫世人多漆睡、特留仙燭照昏衢。

羅漢柏高可一二尺、葉如側柏葉、而翠色可愛。

飛仙蓋一本高挺、無他枝、唯木末樛然下垂、數條散葉、圓密如蓋、或女蘿陵霄、彩燦相附。

羅漢條木本如檜、高數丈、翠葉閒垂、心白色、長尺餘、作結成條、故名之。●李之世詩、羅漢迢迢行道時、衣條解下挂巖枝。生來不作同心結、一任柔絲拂地垂。

菩薩綫如檜木、但枝葉長垂、欲及水石、紛然如散絲綫、色翠香清。●李之世詩、誰將弱縷散晴暉、菩薩峯頭喻法微。留與山僧閒補衲、白雲裁作七銖衣。

玉女幢葉細長而清澤、經霜不凋、高及一二丈、自根而上、皆成層級、狀如幢節、生陰巖絕巘之上、儼成行列。煙霞籠蔽、若羽衞然。

仙掌扇木端生葉三四、大如羽翣、兩面相合、色翠清香。峯嶺巖洞之前多生之。●李之世詩、仙掌搖風立翠巒、似迎毳翣下雲端。人間熱惱眞難遣、纔到蒼巖沁骨寒。

金錢樹·樹體挺直·榦黑枝青·春間布葉長而翠。夏秋之交·枝上透細條·如以綫貫錢。或一貫三四枚多者十二枚老作金色。一在太白書堂一在金沙泉畔·皆高二三丈。

竹

南天竹·虛中疎節·叢生如竹·稠密不凋。春青夏碧·秋丹冬紫。澗傍巖麓有之。

觀音竹·莖小葉細長不滿三尺。生巖石蒼翠·經冬不凋。

石竹·一名龍鬚竹·生紅紫色細花。

花卉

金步搖·叢生蔓衍·其花四出·皆偶對櫛比於枝葉間。無風亦常搖動·榦弱而花繁·故爾。●僧希坦詩·偶對叢條巧櫛成·動搖徐步寂無聲。仙花不識興亡事·豈學吳宮響屧行。

仙桂·葉細柔而色碧綠·其花如絳囊·其實如丹珠。每露凝枝上·風過林間·清香襲人。

玉瓔珞·其花圓潔·如眞珠散綴。柯條疎密·宛若流蘇·而四時不衰。

鉢囊花·木本高丈餘·葉細而長·色翠而澤。花生葉上·蕚如黃葵·香聞數里。或聞金地藏遊南臺·適有花落鉢中·他時不落·其以此而名與。

莎羅花·其木大小不常·與凡木頓別。每七葉九葉叢生·苞如人面·眉目宛然。花似牡丹·相倚而生。色類拒霜·香如菡萏。

蠟花·花五出·房小瓣厚·色紅黃·結子如蠟。

五色躑躅·花一種而五色。按黃者·爲羊躑躅·卽本草所謂鬧羊花·有毒·能迷人。

木蓮花·木本高數丈·皮似厚樸·葉大如扇·其端微凹·闊六七寸·長倍之。四月花開如蓮·香聞數里。有紅白二種。此依九華紀勝所錄·與舊志所載全異。德森在江西百丈山見過此物·且與紀勝所記情狀·及考異諸說·全同。

水仙花·花生幽澗中·與閩產無異·但花較瘦·而開於雪中耳。

松竹梅·榦有節如竹·葉細如松·花如梅·根如蒜·瓣有毒。

龍鬚草·長三尺·勁細無節·叢生巖壁。採者攀援而得之·織以爲蓆·精密可用。

九節菖蒲、叢生溪谷間砂石上、根一寸九節。方技家云、東流石上生者佳。天禧中、郡守曾公表進尙方。今且有一寸十二節、及二十四節者、九節不足道矣。謝枋得歌、一寸九節通仙靈。●張籍詩、石上生菖蒲、一寸十二節。仙人勸我食、令我頭青面如雪。●韓太史世能謝蘇令君惠菖蒲詩、邑侯元是九華神、遺我青蒲香可紉。爲問當年勾漏令、丹砂幾許解分人。

鳳尾草、生巖谷水次、葉如鳳尾、性最寒。

金星草、葉上有金星點、根中有黑筋如髮。

百合、根如未開蓮華、多瓣合成、可食。形如大蒜、故又名鬼蒜。土人取之、蜜煎爲果。

黃精、此物處處有之、要以九華爲尤勝。有正偏二種、正精葉細、形如荸薺、串生十二珠、閏年則十三珠。九蒸曬服之、益人。偏精葉大、亦串生、唯形偏如薑、俗呼野生薑。

鱗介

四腮魚、以十月出石巖潭中、松江秀雅、橋難獨擅奇也。

石斑魚、長寸餘、出雪潭、鱗具五色、
嘉魚、丙穴之種也、出涌泉中、白鱗紅鬐、巨如手掌、每歲一出。
綠魚、出魚龍洞、細口綠鱗、每暮春出。
鮦魚、出黃匏城溪中、極小、游泳可玩。
醫魚、即四足魚、俗稱水鼠、身黑腹紅、較蛇醫肥而短、生垂雲澗。久旱、出則得雨。
石梆、狀類蛙而大、有黃黑二種、生石巖澗中、即閩越間蛤也。其聲橐橐然、如梆、故名。

羽毛

喚起、形不踰反舌、春曉則鳴、每聲則連呼起字、其聲圓滑如鸝、林薄叢密處多棲息焉。韓退之詩云、喚起窗全曙、即此鳥也。●李之世詩、海白沙明風滿天、宿雲如絮裹山巔。曙窗喚起遊人夢、猶有山房熟睡禪。
念佛鳥、形大如鳩、羽色黃褐、翠碧間而成文、音韻清滑、如誦佛聲、一名念佛子。韋蟾詩云、靜聽林飛念佛鳥、細看壁畫駝經馬。●李之世詩、蓮華九瓣坐中央、欄楯重重樹幾行。是處海潮音不斷、人禽同說往西方。

搗藥鳥。形罕見、春夏之間、月夜獨鳴於深巖幽谷之中、啼曰克丁當、宛如杵臼敲戛之聲、清亮可聽。●王梅溪詩、江南一嶽古青陽、多少神仙此地藏。聞說仙翁搗藥處、鳥聲依舊克丁當。

雲部部。俗名音聲鳥、凡有二種。一種、形如練鵲、毛具五色、喙紅足碧。一種、形差小、羽雜玄黃、足或青赤、多居高峯絕頂、面暘谷而巢。飛翔有序、羣族必單、於春夏早秋時見之。每風輕煙暖、則音響互發、宛如一部簫韶。

山鳳凰、大如雄雉、繡頸衮背、勁敔悍目、朱冠特起、形如戴盂、夜以承雨露、則互飲之。亦不常見、或曰、竹實生則來棲隱焉。●李之世詩、苦竹無花詎足餐、禽聲閔嘿訟煩冤。人間亦有戴盆者、甘露誰爲灌頂門。

惜春鳥、形似燕而小、其聲清切、翅綺黃白、春深見人、啼曰、莫摘花果。或犯之、則羣飛掠人、連聲而呼、鄉人目之曰護山鳥。王梅溪詩曰、莫向山中摘花果、惜春啼鳥怒人攀。●李之世詩，名花偏妬鳥銜殘，多著金鈴樹底安。誰信山禽更解惜，聲聲啼切護春闌。

提壺蘆，狀類燕子，色錯黃褐。春日則呼曰，提壺蘆，沽美酒。

濕濕鳥，鳥自呼其名。晴鳴則雨，不鳴則晴。羽色黝翠，修尾揚翅，其形亦如燕。

婆婆餅焦，大不逾雀。每春夏秋，啼曰，婆婆餅焦。俗名胡須怪鳥。●僧希坦詩，綠柳含煙煙不消，紅花噴火火無燒。如何焦卻婆婆餅，每對春風舌苦饒。

碧雞，雌雄相逐，性不肯羣，形罙如鴉。翠膊碧臆，鳴聲甚清。每歲翼一雛，羽翮成，則奮著飛去。

羚羊，形如羊，色褐，角類竹節而蹙。能避網罟，人鮮得之。●周贇詩，獅豸同羣性嫉邪，長須蹋偏九蓮華。參禪許掛羚羊角，莫遺金剛獻佛牙。

蒼鹿，嘉靖中，鄉人於天柱峯邊見一鹿，毛甚長而色蒼，蓋五百年物也。

玄鹿，周鳳岡九華紀遊，嘉慶甲子，於黃山五老峯傍見黑鹿，有光，遇於爪徑，無可迴避，上有懸崖高二三丈，鹿一躍而登。及道光甲午遊九華，於天台峯下遇之，摩肩而過，疑卽黃山物，以問山僧。據云本山向有此物，必百餘年始一出，乃數千年仙獸也。

附九華扇，椶骨，兩夾鐫百壽圖。黑油紙面，以泥金圖九華。既爲青陽縣官歲修貢職，不得謂非方物也。況康熙乾隆御賜之額，每歲江南入貢之圖，皆九華之邀寵於天庭，而有光泉石者也。前志俱未載，至清光緒周志始附及，殊當。●周贇詩：青陽自古屬宣州，九華曾邀太白遊。一字名更醉草草，題詩不及敬亭好。謫仙去後劉郎來，看山巨眼公論開。尤物一見驚奇絕，敬亭不覺無山色。吾家山門天下奇，謫仙劉郎兩不知。青陽一官忝閒散，索圖先借九華看。白綾半臂世已無，縣官貢扇金模糊。年年遠向杭州買，金陵畫工價更倍。九重但知貢青陽，虛名要使九華當。廣文買扇自圖寫，不以官物飾文雅。虛聲附和耳食多，才薄將奈名山何。欲借劉郎詩題扇，恨君未識山門面。明朝揮扇入畫圖，看比山門山如何。

志餘門第十一 分三　一雜記　二自治　三生活

上下古今人事萬變。自治謀生．總歸佛眷．古木有靈．頑石善幻。人化涌泉．鬼吟循澗。斷爪殘鱗．聊廣聞見。寫以餘瀋．非關眞面。志志餘。

一雜記

新羅國在東海東．朝鮮國之東南。國王姓金．隋文帝時通貢．始封爲新羅國王。其人如中國．讀中國書．能詩。女子鬒髮色美．唐貞觀時．女主善德表請改章服．從唐．故稱爲君子之國。國有雞林州．賈人市香山詩．卽其都也。唐費冠卿化城寺記稱金地藏爲新羅國王子．金氏近屬．貞元十年．壽九十九歲．冠卿與地藏同爲貞元人．此實錄也。前史於外夷小國之王．多稱王子。地藏爲新羅王之家屬．國王姓金．故曰金氏近屬。

散騎常侍闕文衍．畫九華圖於白綾半臂．號九華半臂．自謂令此身常在雲泉之內。

新唐書高駢傳．呂用之者．鄱陽人．世爲商儈．往來廣陵．得諸賈之驩．既孤．依舅家私盜其室。亡命九華山。事方士牛宏徽。得役鬼術。賣藥廣陵市。始詣駢親將俞公楚。驗其術。因得見駢。署幕府。稍補右職。

陶守立。於九華草堂壁畫山程早行圖。筆致清逸。

宋滕宗諒。始作九華圖。今不傳。曹機有石刻九華六圖。程鵬飛改六圖爲東西二圖。

元吳天錫。復總東西二圖爲四圖。圖佳。亦無取多也。

清江九華圖一卷。畫秋浦兩岸中橫大江。林木樓臺。極其精細。筆意類燕文貴。後有石林二印。幷劉須溪跋。

胡應麟詩藪。南唐九華山人熊皎。早行云。山前猶見月。陌上未逢人。山居云。果熟秋先落。禽寒夜未棲。

周讓谷。形體豐碩。而性劇喜遊山。嘗同沈惕庵遊九華。方近半霄亭。數人掖之始得上。吟云。僕懶童瞋予亦倦。天風扶上半霄亭。及望天台險仄。益股栗不能登。作五古以謝同遊。後二韻云。我身如駏蛩。我行如觳觫。乘風復何能。甘作退飛鷁。

東巖有僧少時。每見雲生巖谷間。輒能辨色。或碧。或白。或黑。或紫。或易散。或不易散。一一識而收之。法以瓷瓶倒覆雲上。候其滿。以燥紙糊封之。客至。用鍼刺孔。則縹繞而出。須臾滿房屋間。以之餉客。東坡詩云。近來學得收雲法。擬把一囊贈我行。

明紀徐達傳。達還鎮池州。與遇春設伏敗陳友諒軍於九華山下。斬首萬級。生擒三千。遇春曰。此勁旅也。不殺爲後患。達不可。乃以狀聞。而遇春先以夜坑其人過半。太祖不懌。悉縱其餘。按中山開平。同佐太祖。功業相等。中山寬厚。子孫蕃昌。開平好殺。身後蕭條。卽此坑降一事。已見一斑。因果豈不可畏歟。

池州府齊山有石峯林立。蒼翠如削。號小九華。

新安有山九峯如芙蓉。號小九華山。

東坡壺中九華詩序云。湖口人李正臣蓄異石九峯。玲瓏宛轉。若窗櫺然。予欲以百金買之。與仇池石爲偶。方南遷未暇也。名之曰壺中九華。且以詩紀之云。淸溪電轉失雲峯。夢裏猶驚翠掃空。五嶺莫愁千嶂外。九華今在一壺中。天池水落重重見。玉女窗虛處處通。念我仇池太孤絕。百金歸買碧玲瓏。其後八年。復過湖口。則已爲好事者取去。乃和前韻以自解云·江邊陣馬走千峯·問訊方知冀北空。尤物已隨淸夢斷·眞形猶在畫圖中。歸來晚歲同元亮·卻掃何人伴敬通。賴有銅盆修石供·仇池玉色自瓏璁。崇寧元年五月·黃山谷繫舟湖口·正臣持此詩來·石既不可復見·而東坡亦下世矣。感歎不足·因次前韻云。有人夜半持山去·頓覺浮嵐暖翠空。試問安排華屋處·何如零落亂雲中。能回趙璧人安在·已入南柯夢不通。賴有霜鐘難席捲·袖椎來聽響玲瓏。

池州僧默公·住長安慈恩寺。鄭谷題其院云·雖近曲江居古寺·故山終憶九華峯。春來老病厭迎送·翦卻牡丹栽野松。

晉昌唐燕士·隱九華山·夜步林中·有白衣丈夫·戴紗巾·貌孤俊·循澗而來·吟步自若。吟曰·澗水潺潺聲不絕·溪壠茫茫野花發。自去自來人不知·歸時唯對空山月。將與之言·未及而沒。明日·燕士問里人·有識者云·吳氏子·舉進士·善爲詩·卒數年矣。按河東記·無名小鬼·贈韋齊休詩·與此正同。其詩云·澗水濺濺流不絕·芳草緜緜野花發。自去自來人不知、黃昏唯對青山月。

水月庵、有羅漢柏、高二三尺、羣鳥棲焉、似山雀而小、色蒼翠。庵中一老僧呼曰、徒弟、便就食。或客至、僧亦呼之、即羣下、甚馴擾不驚。後僧終、鳥盡飛去。

盧生、不知何許人。明鄭太宰用章贈詩云、九華盧生遠涉江淮、走雲中、歷太行、上天子之都、稱壯遊矣。貎敝言旋、賦此贈別。詩曰、九華仙客攬征衣、極目歸鴻逗雨飛。鄭重青萍休夜吼、風塵誰復辨支機。

士大夫道經青陽、無不登九華。一經大官駐節、邑令發一符牒、本山住持僧供帳勞費、不可言悉。鄖陵鄭公二陽撫皖時、過不往。有過青陽王令邀遊九華山、不赴、因賦詩示之曰。遙望華峯路不賒、飛雲片片墮簷牙。因憐輿卒肩頭苦、更揣僧徒腹內嗟。供億紛紛勞梵舍、送迎僕僕罷官衙。權將圖志當遊具、領略山光趣已奢。

池州府志言、九華深處、廣邃如堂、可容數百人、怪石咸仙佛之像、洞懸鐘乳若幢蓋、旁列金黃牡丹仙桂等花。有獵者逐鹿、偶值其勝、折花以歸、人驚異之。及復往、逐失其所。此山南魚龍洞中實境·非幻景也。

宣城記·載臨城縣西北四十里·蓋山高百餘丈·有舒姑泉。昔有舒氏女·與其父析薪·倦坐·牽挽不動·乃還告家人。比往·唯見清泉湛然。女母曰·吾女性好音樂·乃弦歌·而泉涌迴流·有朱鯉一雙涌出。○按蓋山·即九華翠蓋峯。舒姑泉·爲雪潭之源。○按此女乃化鯉·而非化泉。人身化魚·當爲罪報所致·何足詠歌。許止淨識。

胡長白家於武學之右·袁府巷內。偶鋤後園地·忽鏗然有聲·異之·以手擘土·見一研山·埋其下·出之·長可尺許·高數寸·峯巒峭崒·森秀·紋如胡桃·色黝然·眞几案之佳物也。長白以形類九華·因名小九華·如東坡先生仇池石故事。

蔡州蘇崐生·維揚柳敬亭·嘗客於左寧南武昌軍幕。柳以談·蘇以歌·爲幸舍重客。寧南沒九江舟中·百萬衆皆奔潰。柳先期東下。蘇生慟哭·削髮入九華。

楚寒碧上人·自竟陵入九華·譚友夏弟元聲·字韻遠·爲書導之於貴池劉徵君。寒碧名僧·能詩·有遊九華數章·今不傳。

雲仙雜記云・九華小民・浚池得物・狀類竹根。旁有一銘・曰浮陽筍・太古孕・投醬缶・三年不盡。民不識字・令人讀之。試以豆一斗造醬・投物其中・果三年不減。

九華茶・唯茗源最佳・見稱於陽明九華賦。諸峯所植・雖不及此・然味淸泉潔・較他山猶勝。（據光緒周志方產註明・茗源・應作閔源。）

梵書言・佛項有圓光・亦云白毫光。評文者・每借以喻題之元神・不知此固人人皆有・非其時地則不見耳。光緒庚子早秋・修九華志・方編詩・曉行九華山田間・時稻花含露・綺旭初昇・自顧影・橫碧毯頭上有氣暈・圓如車輪・白光閃爍・如罩一圓玻璃・從者詫異。予謂人皆有之・使以影就稻・果然・第有大小明暗盈虧之不同・蓋因人之邪正强弱壽夭而別也。周贇識。（按佛項有圓光・眉間有白毫・是兩事・非一物。山門誤爲一・及作頂有圓光・俱全不知佛之相好所致。又山門已知人人固有之光暈・有大小明暗盈虧之不同・即可判其人之邪正强弱壽夭・而仍一味毀謗佛法・亦自欺欺人之甚也。德森識。）

淸光緒二十年秋八月・有挑夫王某・素有煙癖。自徽之屯溪・肩貨至九華・行經洗手亭・薄暮倦極・息肩坐道旁。彷彿見茅屋內有燈火・亟思取茶止渴・甫入門・適舊相識者。仍以賣煙爲生計。略敍寒暄。飽嘗煙味。臨行。給銅錢。猶一再辭而始受。王某肩貨到山。已二鼓矣。明日卸貨於某號。言昨夜吸煙事。聞者驚異。謂某已死年餘。葬某處。王某愕然。邀人趨視。昨晚經行處。果黃土一坏。銅錢猶存在也。

二自治

甲。佛教會。民國三年成立。爲本山總機關。由叢林與各寺庵組織之。性質與地方自治相近。有圖記。文曰青陽縣九華山佛教會之圖記。以昭信守。地點在化城寺。公推正副會長。主持會務。任期三年。經費在印籤捐四成開支。民國十一年一月。改會長爲理事。公推六人。分任會務。掃除舊習精神。形式頓改舊觀。後以事權不一。轉滋糾紛。十三年冬。仍復會長制。

乙。教育。清宣統二年。縣教育會推廣教育。九華始辦初等小學。經常費由各寺庵募助。假太白書堂爲校址。僧俗同校。因地制宜。民國元二年。受軍事影響。香煙冷落。經費無著。遂停辦。十一年春。佛教會改組。各理事熱心公益。以規復學校爲前提。

旋以校舍建築尙待籌畫議遂寢十四年春西區第二初級小學始成立。

丙慈善九華陰騭堂歷有年所向有弓田三十三畝三分陰山八號市房三重無他項消耗。所有收入專事施棺掩埋由山主輪管每年冬十月十五日各姓執事齊集陰騭堂審查收支帳項以便接管而專責成。

丁警察九華屬靑陽西鄉廟前鎭向有警察分所九華五方雜處每屆秋冬香客雲集因劃爲西鄉特別區設警察分所以便保衞治安常年經費由佛教會擔任。

戊捐務九華化城寺天台頂地藏塔印籖兩捐始於淸宣統元年時以池州開辦中學經費由六縣攤認此外如貴池之鐵板洲靑陽之九華山每年認繳教育費若干圓九華印籖捐無定額以六成解中學四成供給地方公費自池州中學遷省城改爲省立第七中學省款開支六成捐務始由縣教育會收回近年印籖捐列入地方教育費項下由佛教會承辦全年總數一千四百一十圓分期呈繳自二聖殿至天台頂不准私售印籖妨礙捐務。

己．山董．九華廟宇林立．環月牙池三面．延及白馬亭．多爲商店。凡地方有關本山公務．由化城寺住持召集各寺庵暨各商號議決進行。向有商董．如現行商例．董事無定數。清宣統元二年．始有臨時山董名稱。然九華以寺庵爲主體．山董係幫辦性質。民國初年．涇邑吳君霖軒經商九華．毅然以本山義務爲己任．興利除弊。劉前知事．照會爲九華山董。十餘年來．維持提倡．僧俗景從。至於重建三元橋．修築二聖殿以下道路．尤多所援助。倪前知事贈額曰衞法保商．其嘉獎蓋有由也。

三生活

甲．九華廟宇有檀信捐助香燈田．有僧人自置田土．加以募化法事等項收入．以爲生計。其無田土者．有香火之貲．亦可稍以自給。迨民國以來．軍事旁午．香煙冷落．亦清苦異常。

乙．九華商業．以正八九十月爲極盛．時間雖短．而獲利頗豐。生貨變爲熟貨．商業多兼手工。玩具如木刀．木魚．木叫．竹笛。用品如木盤．竹箸．飯筒．果盒樣。包食品如薑片·黃精·茶葉·查餞·蔴糕·皆本山出品·工省而價廉·銷場頗旺。其他各貨·自外入者·運費增加·價亦昂貴。

丙·九華山田·峻如梯·小如笠·瘠如沙漠。唯泉水灌注·保無旱乾。午節後分秧·重陽前始收穫·每畝收不及三百斤。且多風災·若穀熟遭風·則收成更歉·山高性寒·無蠶桑之利。農事畢·則採薪·下季香客雲集·山路崎嶇·車馬不便·農人多充兜夫·挑夫·其工值較普通勞工爲優。

丁·游手好閒者·多依賴香客爲生活。秋冬之交·乞丐遂爲之塞·由二聖殿至山爲多數。野蠻無賴·每滋事端·進香者視爲畏途。自添設警察·派人巡邏·始掃除惡習。

新編後跋

九華山·自唐李靑蓮定名·金地藏卓錫·及見地藏生前滅後一切神異·凡稍知佛法端倪之士·即知其時金地藏實爲釋尊在忉利天宮囑累擔荷救度末世苦惱衆生之地藏菩薩·所示現·茲山即爲菩薩應化道場。應化之義·詳卷首印老序。了無疑義。故得香火肸鄧、與清涼、峨眉、普陀、並峙、稱爲震旦之四大名山。大士悲深願切、靈應昭著、衆生蒙福獲益之事、紙不勝書。奈開山以來、雖大明嘉靖、萬曆、崇禎、大清康熙、乾隆、光緒、七次（萬曆二次。）編輯山志、概由官廳主修、儒士秉筆、從未得一深通佛法之高僧鉅儒、參與其間、發揮佛法有關世道人心國家社會、普利衆生不可思議之實理實事、前六次雖未發揮、尚少毀謗。至光緒周志誣衊三寶之文、連篇累牘。稍知佛法利益者閱之、無不疾首痛心、實爲大士名山一大憾事。李圓淨居士、因見印老法師、已將王雅三先生所編之普陀新志、改正流通、（老人全不露有改正之迹。）又念茲山各志之紕繆、乃懇請將清涼、峨眉及此山三山志、一併改正流通。俾四大名山同得良好志乘、徧布寰宇、庶未讀佛經之士、亦有稍知文殊、普賢、觀音、地藏四大士、助佛宣化、救度衆生不可思議之大威神力、並知四大士之殊勝道場、漸增信仰、佛法前途、亦多利賴。老人素以宏揚佛法、利濟衆生爲己任、卽慨然允許、力任爲之。一面函許止淨居士佐助點綴。清峨二志、早已出書。（出書經過、已見各志流通序、及本志卷首二序中、此不贅。）茲志之延閣數年、遲遲難就者、厥有數因。老法師近年印行各書、多其自行訂定底稿、森與陳无我居士助校對及峨志尙未訂完、老人目力銳減、由森逐一奉命以蔵其事。至玆志但由許居士標出編訂大意、一切訂定安頓手續、老人目力日差、概命森次第料理。森本苦惱讟陋、何堪勝此重任。幸李居士徵集書籍頗富、許居士標明大意甚妥、及森常在老人座下、隨時可以請問。但各門多須重新編輯、實非淸峨略修之比。加之老人全不經手、森又心目暗鈍、此爲多延時日之一大原因。再森業障深重、値此法門多事之秋、爲南嶽佛法、求保存壽量寺及挽救江西第四第八兩行政區二次沒收寺產案、自癸酉春至丙子冬、四年之內、多爲此三事奔走呼號、函電馳求、籲請援救、雖仗三寶不可思議之威神加被、十方護法之大力維護、一一達到美滿結果、而森之光陰精神、大都消耗於此、至丙子夏、竟積勞成疾、迄今尙未全瘉。此又一再延宕之最大原因。森實應尸其咎。冀塞延宕之責、敍此縷瑣。今幸

大士慈光普照、老法師福德加被、逐卷多循許居士標示大旨、損益去留、多其指定。新增有關佛法之文、

更多由其指出。編訂完成。復得性寂大師、與陳无我、仇德恆、二居士、佐助校對、致能完成此舉。雖森知識譾陋、當然紕繆仍多。但今風氣大開、明達之士、多通佛理。想閱之自知佛法有益身心。取金遺鑛。不致徒計文辭工拙、買櫝還珠。較之六種舊志、或可稍慰讚仰大士之深心。至其中所有錯訛、切望閱者指示、庶可識之、俟後賢再版改正。又形勝、梵刹、建置、各門、編者不能親往勘對、祇依舊志指南等書斟酌而定。然時世推遷、古今莫定、挂漏重複、勢所不免。卷三梵刹門後、已略述所以、博雅君子、幸勿以現狀不符見責。如有指正、實所歡迎。此皆不慧馨香禱祝以俟之者。

中華民國二十七年、歲次戊寅、四月、

釋迦文佛聖誕日苦惱比丘德森謹跋。

九華山志卷八終

民國二十七年、歲次戊寅、夏月初版、印四千部。助印功德芳名列後。

眞達老和尚助洋二百圓　興慈法師印二十部　施省老　查賓臣　吳杭本德
李俊承　郭輔庭　聞蘭亭　仇復初　林璧予　趙惜陰　陳豫堂　叨庇難民
蕙玉珍　薦父丁公子常早生西方、上居士十三名各助洋一百圓。陳荻洲　倪雲來
馬師遠　朱仲華　陳士牧、五居士、各助五十圓　金子佩君三十圓　李圓淨
張詠裳　李慧勳　劉衡台　石松巖　沈祥麟、六居士各廿圓　金善生居士助
十七圓　郭海珊　顧聯丞　戴智生　趙運昌、四居士各十圓　李秀甫君八圓
劉慧雲　汪子櫟　章德洲　王袁曉椚、四居士各助洋五圓　喬恂如居士四圓
龐智頤　楊慧昌　張慧植　張契果　夏炎培、五居士各二圓　劉慧雲　王思
淨、二居士、各一圓　李慧度　李思仁、二居士、共一圓　普爲助印善信回向偈曰

願以此功德　莊嚴佛淨土　上報四重恩　下濟三途苦
若有見聞者　悉發菩提心　盡此一報身　同生極樂國

錄此古人成文、望諸善信悉符此願、亦可慰　大士之悲心。德森謹識。

附腦膜炎之治療法

病徵　腦膜炎名稱．原爲西文醫學名詞之譯義．卽中醫痙病之一種也。病狀．初起．頭痛．胸中煩悶．頸項强直．繼則角弓反張．神志昏迷．臥牀不起。雖危險然非不治之證。

治療法　用皁礬鍛煉存性．（此礬鍛之則赤）研爲細末過篩。病人左邊頭痛．以礬末少許．吹入右鼻孔。右邊頭痛吹入左鼻孔。如頭部左右皆痛．吹入兩鼻孔。兩三分鐘後．胸中自覺清爽。稍待．鼻流清涕．隨下血水。試吹一二次卽可霍然而瘉。屢試屢驗．實有起死囘生之效

製法　皁礬．卽玄青色染料用之綠礬．又名青礬．亦名黑礬．其色綠。鍛時．去其砂石．檢其結晶．用瓦器盛之．在木炭火上鍛煉。初則化爲流質．待乾其色變赤．研成極細粉末．再以絹篩過之。放在乾地上過一夜．去其火氣．再裝入瓷瓶．或玻璨瓶內．備爲濟人之需．其效甚著。

按皁礬．性質酸涼無毒．功同白礬．爲化痰解毒之品。治血分之淤積．其效最捷。曾經多人療治腦膜炎證．皆奏奇效。並有人將此藥投之津門某德醫．經其化驗．復函極爲贊許。儻有人展轉翻印．廣爲流傳．并配製礬末．貯以濟人．遇有患此病者．雖在窮鄉僻壤之區．亦得隨時起死囘生．實爲功德無量。尤望病者．勿以方之簡單而忽之．幸甚。經驗頗多．茲不繁述。